中华人民共和国
民法典婚姻家庭编
（实用版）

中国法制出版社
CHINA LEGAL PUBLISHING HOUSE

图书在版编目（CIP）数据

中华人民共和国民法典：实用版．婚姻家庭编／中国法制出版社编．—北京：中国法制出版社，2020
ISBN 978-7-5216-1077-2

Ⅰ．①中… Ⅱ．①中… Ⅲ．①民法-汇编-中国②婚姻法-中国 Ⅳ．①D923.09

中国版本图书馆 CIP 数据核字（2020）第 080178 号

责任编辑　卜范杰　　　　　　　　　封面设计　杨泽江

中华人民共和国民法典（实用版）·婚姻家庭编
ZHONGHUA RENMIN GONGHEGUO MINFADIAN (SHIYONGBAN)·HUNYIN JIATING BIAN

经销/新华书店
印刷/鸿博睿特（天津）印刷科技有限公司
开本/850 毫米×1168 毫米 32 开　　　　印张/ 10　字数/ 271 千
版次/2020 年 6 月第 1 版　　　　　　　2021 年 3 月第 4 次印刷

中国法制出版社出版
书号 ISBN 978-7-5216-1077-2　　　　　　　　　　定价：26.00 元

北京西单横二条 2 号
邮政编码 100031　　　　　　　　　　传真：010-66031119
网址：http://www.zgfzs.com　　　　　编辑部电话：010-66066621
市场营销部电话：010-66033393　　　　邮购部电话：010-66033288

（如有印装质量问题，请与本社印务部联系调换。电话：010-66032926）

■实用版

编辑说明

运用法律维护权利和利益，是读者选购法律图书的主要目的。法律文本单行本提供最基本的法律依据，但单纯的法律文本中的有些概念、术语，读者不易理解；法律释义类图书有助于读者理解法律的本义，但又过于繁杂、冗长。"实用版"法律图书至今已行销多年，因其实用、易懂的优点，成为广大读者理解、掌握法律的首选工具。

"实用版系列"独具五重使用价值：

1. **专业出版**。中国法制出版社是中央级法律类图书专业出版社，是国家法律、行政法规文本的权威出版机构。

2. **法律文本规范**。法律条文利用了本社法律单行本的资源，与国家法律、行政法规正式版本完全一致，确保条文准确、权威。

3. **条文解读详致**。本书中的【理解与适用】从庞杂的相互关联的法律条文以及全国人大常委会法制工作委员会等对条文的权威解读中精选、提炼而来；【典型案例指引】来自最高人民法院指导案例、公报、各高级人民法院判决书等，点出适用要点，展示解决法律问题的实例。

4. **附录实用**。书末收录经提炼的法律流程图、诉讼文书、办案常用数据等内容，帮助提高处理法律纠纷的效率。

5. **附赠电子版**。与本分册主题相关、因篇幅所限而未收录的相关文件、"典型案例指引"所涉及的部分重要案例全文，均制作成电子版文件。扫一扫封底"法规编辑部"即可免费获取。

中国法制出版社
2021 年 1 月

《中华人民共和国民法典婚姻家庭编》理解与适用

婚姻家庭制度是规范夫妻关系和家庭关系的基本准则，关系到家家户户的利益。1980年9月10日第五届全国人民代表大会第三次会议通过了《中华人民共和国婚姻法》（以下简称婚姻法），2001年4月28日第九届全国人民代表大会常务委员会第二十一次会议对婚姻法做出修改。1991年12月29日第七届全国人民代表大会常务委员会第二十三次会议通过了《中华人民共和国收养法》（以下简称收养法），1998年11月4日第九届全国人民代表大会常务委员会第五次会议对收养法做出修改。婚姻法、收养法实施以来，对于建立和维护和谐的婚姻家庭关系发挥了重要作用。随着婚姻观念、家庭关系的变化，婚姻家庭领域出现了一些新情况。为进一步弘扬夫妻互敬、孝老爱亲、家庭和睦的中华民族传统家庭美德，体现社会主义核心价值观，促进家庭关系和谐稳定，《中华人民共和国民法典》婚姻家庭编（以下简称婚姻家庭编）* 以婚姻法、收养法为基础，在坚持婚姻自由、一夫一妻等基本原则的前提下，结合社会发展需要，修改了部分规定，并增加了一些新规定。与婚姻法、收养法相比，主要修改内容有：

1. 修改禁止结婚的条件。婚姻法规定，患有医学上认为不

---

* 为便于阅读，本书中相关法律文件标题中的"中华人民共和国"字样都予以删除。

应当结婚的疾病者禁止结婚。这一规定在实践中很难操作，且在对方知情的情况下，是否患有疾病并不必然会影响当事人的结婚意愿。为尊重当事人的婚姻自主权，婚姻家庭编规定，一方患有重大疾病的，应当在结婚登记前如实告知对方；不如实告知的，对方可以请求撤销该婚姻。

2. 增加离婚冷静期的规定。实践中，由于离婚登记手续过于简便，轻率离婚的现象增多，不利于家庭稳定。为此，婚姻家庭编规定了三十日的离婚冷静期，在此期间，任何一方可以向登记机关撤回离婚申请。

3. 完善离婚赔偿制度。婚姻法规定了四种适用离婚损害赔偿的情形，为更好地发挥离婚损害赔偿制度的预防、制裁作用，促进婚姻关系的稳定，婚姻家庭编增加了离婚损害赔偿的兜底条款，将其他一些确实给对方造成严重损害的情形纳入损害赔偿范围。

4. 不再保留计划生育的有关内容。婚姻法、收养法中都有关于计划生育的条款。为适应我国人口形势新变化，婚姻家庭编不再规定有关计划生育的内容。

婚姻家庭编共五章七十九条，主要规定了结婚、家庭关系、离婚、收养等我国的基本婚姻制度、结婚的条件和程序、夫妻间的权利和义务、夫妻财产制度、离婚的处理原则、程序、条件及离婚后有关子女抚养、财产分割、过错方的损害赔偿、家庭成员之间的权利义务关系、收养等。

为正确审理婚姻家庭纠纷案件，根据《民法典》《民事诉讼法》等相关法律规定，结合审判实践，最高人民法院制定《关于适用〈中华人民共和国民法典〉婚姻家庭编的解释（一）》，于2020年12月25日由最高人民法院审判委员会第1825次会议通过，自2021年1月1日起施行。该司法解释修改原有六个司法解释，因而受到社会广泛关注。主要内容有：

一是促进婚姻家庭和谐稳定。注重引导树立良好的家教、家风，弘扬家庭美德，促进家庭文明建设。比如在反家庭暴力法明确规定家庭暴力的基础上，将持续性、经常性的家庭暴力认定为虐待，体现了对家庭暴力坚决说"不"的鲜明价值导向；

二是注重保护妇女、未成年人、老年人和残疾人的合法权益。比如，进一步细化了在法定情形下变更无民事行为能力人的监护人，并由新的监护人代理其提起离婚诉讼的规定，依法保护无民事行为能力人的合法权益；再比如，在未成年子女抚养权纠纷中，贯彻最有利于未成年子女原则，尊重8周岁以上子女的真实意愿，删除原来10周岁的规定，等等；

三是注重体系协调。婚姻法回归民法体系是此次民法典编纂的重要成果，相应地，对婚姻家庭编司法解释的具体规则设计进行了体系化整合。

此外，国务院颁布了《婚姻登记条例》，民政部发布了《关于贯彻落实〈中华人民共和国民法典〉中有关婚姻登记规定的通知》等文件。

本书有针对性地进行了遴选收录，希望能够对您处理婚姻法律问题有所帮助。

目 录

中华人民共和国民法典婚姻家庭编

第一章 一般规定

2	第一千零四十条	【婚姻家庭编的调整范围】
2	第一千零四十一条	【婚姻家庭关系基本原则】
3	第一千零四十二条	【禁止的婚姻家庭行为】
	[包办婚姻]	
	[买卖婚姻]	
	[借婚姻索取财物]	
	[重婚]	
	[有配偶者与他人同居] [同居关系的处理]	
	[虐待]	
6	第一千零四十三条	【婚姻家庭道德规范】
	[诉讼受理范围的限制]	
6	第一千零四十四条	【收养的原则】
7	第一千零四十五条	【亲属、近亲属与家庭成员】

第二章 结 婚

7	第一千零四十六条	【结婚自愿】
8	第一千零四十七条	【法定婚龄】
8	第一千零四十八条	【禁止结婚的情形】

1

9	第一千零四十九条	【结婚程序】
		[彩礼返还的条件]
		[补办结婚登记的效力]
		[未办理结婚登记的起诉离婚]
		[未登记而以夫妻名义共同生活的财产继承]
		[婚姻登记机关]
		[结婚登记程序]
12	第一千零五十条	【男女双方互为家庭成员】
12	第一千零五十一条	【婚姻无效的情形】
		[请求确认婚姻无效的主体]
		[无效婚姻情形已消失的处理]
		[无效婚姻的处理]
		[离婚案件中，发现婚姻关系无效的处理]
		[同一婚姻关系离婚和无效婚姻宣告的审理顺序]
		[婚姻关系当事人死亡后宣告婚姻无效的申请]
		[婚姻无效案件中当事人的地位]
		[结婚登记瑕疵的处理]
14	第一千零五十二条	【受胁迫婚姻的撤销】
		[胁迫的定义]
		[诉讼时效的适用限制]
15	第一千零五十三条	【隐瞒重大疾病的可撤销婚姻】
16	第一千零五十四条	【婚姻无效或被撤销的法律后果】
		[自始没有法律约束力]
		[婚姻无效或撤销婚姻]
		[无效或被撤销的婚姻同居期间的财产处理]
		[无效或者被撤销婚姻当事人的权利和义务]

　　　　［无效或者被撤销的婚姻当事人所生子女的权利义务］

第三章　家庭关系

18	第一节　夫妻关系	
18	第一千零五十五条	【夫妻平等】
18	第一千零五十六条	【夫妻姓名权】
18	第一千零五十七条	【夫妻人身自由权】
19	第一千零五十八条	【夫妻抚养、教育和保护子女的权利义务平等】
20	第一千零五十九条	【夫妻扶养义务】
21	第一千零六十条	【夫妻日常家事代理权】
	［夫妻一方擅自出卖共有房屋的处理］	
23	第一千零六十一条	【夫妻遗产继承权】
23	第一千零六十二条	【夫妻共同财产】
	［知识产权的收益］	
	［其他应当归共同所有的财产的范围］	
	［夫妻一方个人财产在婚后的收益处理］	
	［由一方婚前承租，婚后夫妻共同购买的房屋归属］	
25	第一千零六十三条	【夫妻个人财产】
26	第一千零六十四条	【夫妻共同债务】
28	第一千零六十五条	【夫妻约定财产制】
	［夫妻约定财产制约定的条件］	
	［夫妻约定财产制约定的方式］	
	［夫妻约定财产制约定的内容］	
30	第一千零六十六条	【婚内分割夫妻共同财产】

32	第二节　父母子女关系和其他近亲属关系
32	第一千零六十七条　【父母与子女间的抚养赡养义务】
	［父母对子女的抚养义务］
	［子女对父母的赡养义务］
	［不能独立生活的成年子女］
	［抚养费］
36	第一千零六十八条　【父母教育、保护未成年子女的权利和义务】
	［教育］
	［保护］
	［未成年子女造成他人损害的，父母应当依法承担民事责任］
37	第一千零六十九条　【子女尊重父母的婚姻权利及赡养义务】
38	第一千零七十条　【遗产继承权】
38	第一千零七十一条　【非婚生子女权利】
	［夫妻关系存续期间以人工授精所生子女的法律地位］
39	第一千零七十二条　【继父母子女之间权利义务】
40	第一千零七十三条　【亲子关系异议之诉】
	［拒绝做亲子鉴定的处理］
40	第一千零七十四条　【祖孙之间的抚养、赡养义务】
	［祖孙之间抚养或者赡养关系的形成］
42	第一千零七十五条　【兄弟姐妹间扶养义务】
	［兄、姐扶养弟、妹需具备的条件］
	［弟、妹扶养兄、姐需具备的条件］

第四章 离　　婚

43	第一千零七十六条	【协议离婚】
	［协议离婚的条件］	
	［协议离婚后的财产分割］	
	［离婚时未处理的夫妻共同财产］	
47	第一千零七十七条	【离婚冷静期】
	［离婚冷静期］	
48	第一千零七十八条	【婚姻登记机关对协议离婚的查明】
	［婚姻登记机关对协议离婚的查明］	
	［对离婚登记后有关问题的处理］	
49	第一千零七十九条	【诉讼离婚】
	［诉讼外调解］	
	［诉讼离婚］	
	［调解无效，应当准予离婚的主要情形］	
54	第一千零八十条	【婚姻关系的解除时间】
	［解除婚姻关系的时间］	
55	第一千零八十一条	【现役军人离婚】
	［"军人一方有重大过错"的判断］	
55	第一千零八十二条	【男方提出离婚的限制情形】
56	第一千零八十三条	【复婚】
57	第一千零八十四条	【离婚后子女的抚养】
	［离婚后，不满两周岁的子女的抚养］	
	［离婚后，已满两周岁的未成年子女的抚养］	
	［父或者母直接抚养子女的优先条件］	
	［轮流直接抚养子女］	
	［子女抚养关系的变更］	

60	第一千零八十五条	【离婚后子女抚养费的负担】

　　　［抚养费的数额］

　　　［抚养费的给付］

　　　［抚养费的增加］

| 62 | 第一千零八十六条 | 【探望子女权利】 |

　　　［探望权纠纷的诉讼受理］

　　　［探望权的中止和恢复］

　　　［提请中止探望权的主体］

　　　［对拒不执行探望子女等裁判的强制执行］

| 63 | 第一千零八十七条 | 【离婚时夫妻共同财产的处理】 |

　　　［军人复员费、自主择业费等的归属及计算方法］

　　　［投资性财产的分割］

　　　［有限责任公司出资额的分割］

　　　［涉及合伙企业中夫妻共同财产份额的分割原则］

　　　［独资企业财产分割］

　　　［夫妻共同财产中的房屋价值及归属］

　　　［所有权未确定的房屋处理］

　　　［离婚时一方婚前贷款所购不动产的处理］

　　　［购买以一方父母名义参加房改的房屋的处理］

　　　［夫妻间借款的处理］

66	第一千零八十八条	【离婚经济补偿】
67	第一千零八十九条	【离婚时夫妻共同债务的清偿】
67	第一千零九十条	【离婚经济帮助】
68	第一千零九十一条	【离婚损害赔偿】

　　　［离婚损害赔偿的范围］

　　　［离婚损害赔偿请求的主体与限制］

6

		[离婚损害赔偿诉讼提起时间]
		[登记离婚后损害赔偿诉请的提起]
		[离婚损害赔偿请求权的认定]
71	第一千零九十二条	【一方侵害夫妻财产的处理规则】
		[再次分割夫妻共同财产的时效]
		[离婚案件中的财产保全措施]

第五章 收 养

72	第一节 收养关系的成立	
72	第一千零九十三条	【被收养人的条件】
73	第一千零九十四条	【送养人的条件】
74	第一千零九十五条	【监护人送养未成年人的情形】
75	第一千零九十六条	【监护人送养孤儿的限制及变更监护人】
75	第一千零九十七条	【生父母送养子女的原则要求与例外】
76	第一千零九十八条	【收养人条件】
		[无子女或者只有一名子女]
		[有抚养、教育和保护被收养人的能力]
		[未患有在医学上认为不应当收养子女的疾病]
		[无不利于被收养人健康成长的违法犯罪记录]
79	第一千零九十九条	【三代以内旁系同辈血亲的收养】
		[收养三代以内旁系同辈血亲的子女]
		[华侨收养三代以内旁系同辈血亲的子女]
80	第一千一百条	【收养人收养子女数量】

80	第一千一百零一条	【共同收养】
81	第一千一百零二条	【无配偶者收养异性子女的限制】
81	第一千一百零三条	【收养继子女的特别规定】
81	第一千一百零四条	【收养自愿原则】
82	第一千一百零五条	【收养登记、收养协议、收养公证及收养评估】
82	第一千一百零六条	【收养后的户口登记】
83	第一千一百零七条	【亲属、朋友的抚养】
83	第一千一百零八条	【祖父母、外祖父母优先抚养权】
84	第一千一百零九条	【涉外收养】
		[外国人依法可以在中华人民共和国收养子女的实质要件]
		[外国人依法可以在中华人民共和国收养子女的形式要件]
85	第一千一百一十条	【保守收养秘密】
85	第二节 收养的效力	
85	第一千一百一十一条	【收养的效力】
86	第一千一百一十二条	【养子女的姓氏】
86	第一千一百一十三条	【收养行为的无效】
88	第三节 收养关系的解除	
88	第一千一百一十四条	【收养关系的协议解除与诉讼解除】
		[协议解除收养关系]
		[诉讼解除收养关系]
89	第一千一百一十五条	【养父母与成年养子女解除收养关系】
90	第一千一百一十六条	【解除收养关系的登记】

8

91	第一千一百一十七条　【收养关系解除的法律后果】
91	第一千一百一十八条　【收养关系解除后生活费、抚养费支付】

实用核心法规

94	最高人民法院关于适用《中华人民共和国民法典》婚姻家庭编的解释（一） （2020年12月29日）

一、综　合

107	中华人民共和国民法典（节录） （2020年5月28日）
134	中华人民共和国妇女权益保障法（节录） （2018年10月26日）
138	中华人民共和国老年人权益保障法（节录） （2018年12月29日）
140	中华人民共和国未成年人保护法（节录） （2020年10月17日）
144	中华人民共和国刑法（节录） （2020年12月26日）
146	中华人民共和国民事诉讼法（节录） （2017年6月27日）
157	最高人民法院关于适用《中华人民共和国民事诉讼法》的解释（节录） （2020年12月23日）
159	诉讼费用交纳办法（节录） （2006年12月19日）
161	中华人民共和国涉外民事关系法律适用法（节录） （2010年10月28日）

163	最高人民法院关于适用《中华人民共和国涉外民事关系法律适用法》若干问题的解释（一） （2020年12月23日）

二、婚　姻

166	婚姻登记条例 （2003年8月8日）
170	民政部关于贯彻落实《中华人民共和国民法典》中有关婚姻登记规定的通知 （2020年11月24日）
173	婚姻登记工作规范 （2020年11月24日）
188	中国边民与毗邻国边民婚姻登记办法 （2012年8月8日）
191	最高人民法院关于当事人申请承认澳大利亚法院出具的离婚证明书人民法院应否受理问题的批复 （2020年12月23日）
192	最高人民法院关于人民法院受理申请承认外国法院离婚判决案件有关问题的规定 （2020年12月23日）
193	最高人民法院关于中国公民申请承认外国法院离婚判决程序问题的规定 （2020年12月23日）

三、反家暴

196	中华人民共和国反家庭暴力法 （2015年12月27日）
201	民政部、全国妇联关于做好家庭暴力受害人庇护救助工作的指导意见 （2015年9月24日）

205	最高人民法院关于审理人身损害赔偿案件适用法律若干问题的解释
	（2020年12月23日）
209	最高人民法院关于确定民事侵权精神损害赔偿责任若干问题的解释
	（2020年12月23日）
210	最高人民法院关于人身安全保护令案件相关程序问题的批复
	（2016年7月11日）
211	最高人民法院、最高人民检察院、公安部、司法部关于依法办理家庭暴力犯罪案件的意见
	（2015年3月2日）

四、收养、寄养

219	中国公民收养子女登记办法
	（2019年3月2日）
222	外国人在中华人民共和国收养子女登记办法
	（1999年5月25日）
226	收养登记档案管理暂行办法
	（2020年10月20日）
228	收养登记工作规范
	（2020年10月20日）
243	家庭寄养管理办法
	（2014年9月24日）

五、继　承

249	中华人民共和国民法典（节录）
	（2020年5月28日）

257	最高人民法院关于适用《中华人民共和国民法典》继承编的解释（一）
	（2020年12月29日）
262	遗嘱公证细则
	（2000年3月24日）
266	赠养协议公证细则
	（1991年4月2日）
270	遗赠扶养协议公证细则
	（1991年4月3日）

实用附录

275	一、五代以内直系及旁系血亲表
276	二、夫妻共同财产和个人财产的计算公式
279	三、离婚诉讼管辖法院
280	四、婚姻家庭编新旧条文对比

电子版增补法规（请扫封底"法规编辑部"二维码获取）

最高人民法院关于进一步深化家事审判方式和工作机制改革的意见（试行）
　　（2018年8月1日）
涉及家庭暴力婚姻案件审理指南
　　（2008年3月）
家事纠纷案件审理指南（婚姻家庭部分）
　　（江苏高院民一庭　2019年7月印发）
广东高院发布反家庭暴力维护妇女儿童权益典型案例
　　（广东省高级人民法院　2019年3月1日）
北京市高级人民法院关于审理婚姻纠纷案件若干疑难问题的参考意见
　　（2006年）

中华人民共和国民法典婚姻家庭编

(2020年5月28日第十三届全国人民代表大会第三次会议通过 2020年5月28日中华人民共和国主席令第45号公布 自2021年1月1日起施行)

目　录

第五编　婚姻家庭

第一章　一般规定
第二章　结婚
第三章　家庭关系
　第一节　夫妻关系
　第二节　父母子女关系和其他近亲属关系
第四章　离婚
第五章　收养
　第一节　收养关系的成立
　第二节　收养的效力
　第三节　收养关系的解除

第五编　婚姻家庭

第一章　一般规定

第一千零四十条　婚姻家庭编的调整范围[①]

本编调整因婚姻家庭产生的民事关系。

▶理解与适用

婚姻家庭编，主要规定婚姻、亲属间身份关系的产生、变更和消灭，以及基于这种关系而产生的民事权利和义务。

第一千零四十一条　婚姻家庭关系基本原则

婚姻家庭受国家保护。

实行婚姻自由、一夫一妻、男女平等的婚姻制度。

保护妇女、未成年人、老年人、残疾人的合法权益。

▶理解与适用

婚姻自由，又称婚姻自主，是指婚姻当事人享有自主地决定自己的婚姻的权利。婚姻自由包括结婚自由和离婚自由。结婚自由，就是结婚须男女双方本人完全自愿，禁止任何一方对他方加以强迫，禁止任何组织或者个人加以干涉。离婚自由，是指婚姻关系当事人有权自主地处理离婚问题。双方自愿离婚的，可以协商离婚。一方要求离婚的，可以诉至法院解决。

一夫一妻制是一男一女结为夫妻的婚姻制度。

---

① 条文主旨为编者所加，下同。

男女平等是婚姻家庭编的一项基本原则,根据这个原则,男女两性在婚姻关系和家庭生活的各个方面,均平等享有权利,平等承担义务。

▶条文参见

《宪法》第49条;《残疾人保障法》第3条、第9条;《妇女权益保障法》;《未成年人保护法》

第一千零四十二条 禁止的婚姻家庭行为

禁止包办、买卖婚姻和其他干涉婚姻自由的行为。禁止借婚姻索取财物。

禁止重婚。禁止有配偶者与他人同居。

禁止家庭暴力。禁止家庭成员间的虐待和遗弃。

▶理解与适用

[包办婚姻]

包办婚姻,是指第三人违反婚姻自主的原则,包办强迫他人婚姻的违法行为。

[买卖婚姻]

买卖婚姻,是指第三人以索取大量财物为目的,强迫他人婚姻的违法行为。

[借婚姻索取财物]

借婚姻索取财物,是指除买卖婚姻以外的其他以索取对方财物为结婚条件的违法行为。

[重婚]

重婚,是指有配偶的人又与他人结婚的违法行为,或者明知他人有配偶而与他人登记结婚的违法行为。有配偶的人,未办理离婚手续又与他人登记结婚,即是重婚;虽未登记结婚,但事实上与他人以夫妻名义而公开同居生活的,也构成重婚。明知他人有配偶而与之登记结婚,或者虽未登记结婚,但事实上与他人以夫妻名义同居生活,同样构成重婚。不以夫妻名义共同生活的姘居关系，不能认为是重婚。法律明令禁止重婚，对于重婚的，不仅要解除其重婚关系，还应追究犯罪者的刑事责任。

[有配偶者与他人同居] [同居关系的处理]

"与他人同居"的情形，是指有配偶者与婚外异性，不以夫妻名义，持续、稳定地共同居住。

当事人提起诉讼仅请求解除同居关系的，人民法院不予受理；已经受理的，裁定驳回起诉。当事人因同居期间财产分割或者子女抚养纠纷提起诉讼的，人民法院应当受理。

[虐待]

"虐待"指持续性、经常性的家庭暴力。

▶条文参见

《刑法》第258条；《最高人民法院关于适用〈中华人民共和国民法典〉婚姻家庭编的解释（一）》第1-3条

▶典型案例指引

1. 黄某等与朱某等婚约财产纠纷上诉案（河南省商丘市中级人民法院民事判决书〔2010〕商民终字第398号）

案件适用要点： 男女双方订立或解除婚约，依照自愿原则。因缔结婚约而送给对方的财物是以结婚为目的的附条件赠与行为，当所附条件不成就时，赠与行为停止生效，受赠与方即有返还受赠物的义务，如不履行义务，应当承担民事责任。在本案中，被告朱某因与原告订立婚约收受原告黄某、刘某彩礼现金12400元、电动车一辆及烟、酒、糖、果等物品，现因原告刘某提出与被告朱某退婚，导致双方婚约解除，原告刘某具有一定的过错，应对自己的行为承担相应的民事责任。对于原告要求被告返还彩礼款合理部分的诉讼请求，法院依法酌情予以支持。对原告要求被告返还电动车、烟、酒、糖果等物品的诉讼请求，因上述物品属于一般赠与，且原告对婚约的解除有过错，法院不予支持。

2. 郑某丽诉倪某斌离婚纠纷案——威胁作为一种家庭暴力手段的司法认定（2014年2月28日最高人民法院公布十起涉家庭暴力典型案例）

案件适用要点：被告将一个裹着白布的篮球挂在家中的阳台上，且在白布上写着对原告具有攻击性和威胁性的字句，还经常击打篮球，从视觉上折磨原告，使原告产生恐惧感，该行为构成精神暴力。在夫妻发生矛盾时，被告对原告实施身体暴力致其轻微伤，最终导致了原、被告夫妻感情的完全破裂。被告对原告实施家庭暴力使原告遭受精神损害，被告应承担过错责任，故被告应酌情赔偿原告精神损害抚慰金。

3. 王玉贵故意伤害、虐待案（2014年5月28日最高人民法院公布五起依法惩治侵犯儿童权益犯罪典型案例）

案件适用要点：本案是一起典型的继母对未成年子女实施家庭暴力构成犯罪的案件，其中反映出两点尤其具有参考意义：一是施暴人实施家庭暴力，往往是一个长期、反复的过程。在这一过程中，大部分家庭暴力行为，依照刑法的规定构成虐待罪，但其中又有一次或几次家庭暴力行为，已经符合了刑法规定的故意伤害罪的构成要件，依法构成故意伤害罪。依照刑事诉讼法的规定，故意伤害罪属于公诉案件，虐待罪没有致被害人重伤、死亡的属于自诉案件。人民检察院只能对被告人犯故意伤害罪提起公诉，自诉人可以对被告人犯虐待罪另行提起告诉（即自诉）。人民法院可以将相关公诉案件和自诉案件合并审理。这样处理，既便于在事实、证据的认定方面保持一致，也有利于全面反映被告人实施家庭暴力犯罪的多种情节，综合衡量应当判处的刑罚，还有利于节省司法资源。本案的审判程序即反映出涉及家庭暴力犯罪案件"公诉、自诉合并审理"的特点。二是未成年子女的亲生父母离婚后，对该子女的监护权都是法定的，没有权利放弃、转让，不论是否和该子女共同居住，仍然属于该子女的法定代理人。在未成年子女遭受侵害的时候，未与该子女共同生活的一方，仍然可以以法定代理人的身份，代为提起告诉。本案被害人张某的生母张美丽，在与张某的生父张建志离婚后，虽然没有与张某共同生活，但其作为张某的法定代理人，代张某向人民法院提起虐待罪告诉，是合乎法律规定的。

第一千零四十三条　婚姻家庭道德规范

家庭应当树立优良家风，弘扬家庭美德，重视家庭文明建设。

夫妻应当互相忠实，互相尊重，互相关爱；家庭成员应当敬老爱幼，互相帮助，维护平等、和睦、文明的婚姻家庭关系。

▶理解与适用

［诉讼受理范围的限制］

当事人仅以民法典第一千零四十三条为依据提起诉讼的，人民法院不予受理；已经受理的，裁定驳回起诉。

该条属于倡导性的规定，并非是公民必须遵守的义务，故不得以该条款单独提起诉讼。

▶条文参见

《最高人民法院关于适用〈中华人民共和国民法典〉婚姻家庭编的解释（一）》第4条

第一千零四十四条　收养的原则

收养应当遵循最有利于被收养人的原则，保障被收养人和收养人的合法权益。

禁止借收养名义买卖未成年人。

▶理解与适用

收养应当最有利于被收养的未成年人，这是收养的最高指导原则。

婚姻家庭编的收养规定在突出保护被收养的未成年人的同时，也兼顾保护收养人的利益。

第一千零四十五条　亲属、近亲属与家庭成员

亲属包括配偶、血亲和姻亲。

配偶、父母、子女、兄弟姐妹、祖父母、外祖父母、孙子女、外孙子女为近亲属。

配偶、父母、子女和其他共同生活的近亲属为家庭成员。

▶理解与适用

男女因结婚互称配偶。配偶，亦即夫妻，是男女因结婚而形成的亲属关系。配偶在亲属关系中具有重要的特殊地位。

血亲是指因自然的血缘关系而产生的亲属关系，也包括因法律拟制而产生的血亲关系。有自然血缘联系的亲属，称为自然血亲；因法律拟制的抚养关系而形成的亲属，称为拟制血亲。

姻亲是以婚姻为中介形成的亲属，但不包括己身的配偶。一类是配偶的血亲，如岳父母、公婆。另一类是血亲的配偶，如儿媳、女婿、嫂、弟媳、姐夫、妹夫。姻亲也有亲等计算问题。

第二章　结　婚

第一千零四十六条　结婚自愿

结婚应当男女双方完全自愿，禁止任何一方对另一方加以强迫，禁止任何组织或者个人加以干涉。

▶理解与适用

根据本条规定，结婚应当男女双方完全自愿，这是婚姻自由原则在结婚上的具体体现。该规定的核心是，男女双方是否结

婚、与谁结婚，应当由当事者本人决定。它包括两层含义：第一，应当是双方自愿，而不是一厢情愿。婚姻应以互爱为前提，任何一方都不得强迫对方成婚。第二，应当是当事人自愿，而不是父母等第三者采用包办、买卖等方式强迫男女双方结为夫妻。

第一千零四十七条　法定婚龄

结婚年龄，男不得早于二十二周岁，女不得早于二十周岁。

▶理解与适用

法定婚龄的确定，一方面要考虑自然因素，即人的身体发育和智力成熟情况；另一方面要考虑社会因素，即政治、经济、文化及人口发展等情况。

本法关于婚龄的规定，不是必婚年龄，也不是最佳婚龄，而是结婚的最低年龄，是划分违法婚姻与合法婚姻的年龄界限。婚姻家庭编规定的婚龄具有普遍适用性，但在特殊情况下，法律也允许对婚龄作例外规定。比如，考虑到我国多民族的特点，我国一些民族自治地方的立法机关对法定婚龄作了变通规定。比如，新疆、内蒙古、西藏等自治区和一些自治州、自治县，均以男20周岁，女18周岁作为本地区的最低婚龄。但这些变通规定仅适用于少数民族，不适用生活在该地区的汉族。

第一千零四十八条　禁止结婚的情形

直系血亲或者三代以内的旁系血亲禁止结婚。

▶理解与适用

1. 直系血亲。包括父母子女间，祖父母、外祖父母与孙子女、外孙子女间。

2. 三代以内旁系血亲。包括：（1）同源于父母的兄弟姊妹（含同父异母、同母异父的兄弟姊妹）。（2）不同辈的叔、伯、姑、舅、姨与侄（女）、甥（女）。

第一千零四十九条　结婚程序

要求结婚的男女双方应当亲自到婚姻登记机关申请结婚登记。符合本法规定的，予以登记，发给结婚证。完成结婚登记，即确立婚姻关系。未办理结婚登记的，应当补办登记。

▶ 理解与适用

［彩礼返还的条件］

当事人请求返还按照习俗给付的彩礼的，如果查明属于以下情形，人民法院应当予以支持：

（一）双方未办理结婚登记手续；

（二）双方办理结婚登记手续但确未共同生活；

（三）婚前给付并导致给付人生活困难。

适用前述第二项、第三项的规定，应当以双方离婚为条件。

［补办结婚登记的效力］

男女双方依据民法典第一千零四十九条规定补办结婚登记的，婚姻关系的效力从双方均符合民法典所规定的结婚的实质要件时起算。

［未办理结婚登记的起诉离婚］

未依据民法典第一千零四十九条规定办理结婚登记而以夫妻名义共同生活的男女，提起诉讼要求离婚的，应当区别对待：

（一）1994年2月1日民政部《婚姻登记管理条例》公布实施以前，男女双方已经符合结婚实质要件的，按事实婚姻处理。

（二）1994年2月1日民政部《婚姻登记管理条例》公布实施以后，男女双方符合结婚实质要件的，人民法院应当告知其补办结婚登记。未补办结婚登记的，依据婚姻家庭编解释第三条规定处理。

［未登记而以夫妻名义共同生活的财产继承］

未依据民法典第一千零四十九条规定办理结婚登记而以夫

妻名义共同生活的男女,一方死亡,另一方以配偶身份主张享有继承权的,依据婚姻家庭编解释第七条的原则处理。

[婚姻登记机关]

根据《婚姻登记条例》的规定,内地居民办理婚姻登记的机关是县级人民政府民政部门或者乡(镇)人民政府,省、自治区、直辖市人民政府可以按照便民原则确定农村居民办理婚姻登记的具体机关。中国公民同外国人,内地居民同香港特别行政区居民(以下简称香港居民)、澳门特别行政区居民(以下简称澳门居民)、台湾地区居民(以下简称台湾居民)、华侨办理婚姻登记的机关是省、自治区、直辖市人民政府民政部门或者省、自治区、直辖市人民政府民政部门确定的机关。中国公民同外国人在中国内地结婚的,内地居民同香港居民、澳门居民、台湾居民、华侨在中国内地结婚的,男女双方应当共同到内地居民常住户口所在地的婚姻登记机关办理结婚登记。中华人民共和国驻外使(领)馆可以依照本条例的有关规定,为男女双方均居住于驻在国的中国公民办理婚姻登记。

[结婚登记程序]

结婚登记大致可分为申请、审查和登记三个环节。

(一)申请

1. 中国公民在中国境内申请结婚

内地居民结婚,男女双方应当共同到一方当事人常住户口所在地的婚姻登记机关办理结婚登记。办理结婚登记的内地居民应当出具下列证件和证明材料:(1)本人的户口簿、身份证。(2)本人无配偶以及与对方当事人没有直系血亲和三代以内旁系血亲关系的签字声明。

离过婚的,还应当持离婚证。离婚的当事人恢复夫妻关系的,双方应当亲自到一方户口所在地的婚姻登记机关办理复婚登记。

2. 香港居民、澳门居民、台湾居民在中国境内申请结婚

办理结婚登记的香港居民、澳门居民、台湾居民应当出具下

列证件和证明材料：(1) 本人的有效通行证、身份证。(2) 经居住地公证机构公证的本人无配偶以及与对方当事人没有直系血亲和三代以内旁系血亲关系的声明。

3. 华侨在中国境内申请结婚

办理结婚登记的华侨应当出具下列证件和证明材料：(1) 本人的有效护照。(2) 居住国公证机构或者有权机关出具的、经中华人民共和国驻该国使（领）馆认证的本人无配偶以及与对方当事人没有直系血亲和三代以内旁系血亲关系的证明，或者中华人民共和国驻该国使（领）馆出具的本人无配偶以及与对方当事人没有直系血亲和三代以内旁系血亲关系的证明。

4. 外国人在中国境内申请结婚

办理结婚登记的外国人应当出具下列证件和证明材料：(1) 本人的有效护照或者其他有效的国际旅行证件。(2) 所在国公证机构或者有权机关出具的、经中华人民共和国驻该国使（领）馆认证或者该国驻华使（领）馆认证的本人无配偶的证明，或者所在国驻华使（领）馆出具的本人无配偶的证明。

申请婚姻登记的当事人，应当如实向婚姻登记机关提供规定的有关证件和证明，不得隐瞒真实情况。

（二）审查

婚姻登记机关应当对结婚登记当事人出具的证件、证明材料进行审查并询问相关情况。对当事人符合结婚条件的，应当当场予以登记，发给结婚证；对当事人不符合结婚条件不予登记的，应当向当事人说明理由。

（三）登记

1. 予以登记

婚姻登记机关对符合结婚条件的，应当当场予以登记，发给结婚证。

2. 不予登记

申请人有下列情形之一的，婚姻登记机关不予登记：(1) 未到法定结婚年龄的；(2) 非自愿的；(3) 已有配偶的；(4) 属于直系血亲或者三代以内旁系血亲的。

婚姻登记机关对当事人的婚姻登记申请不予登记的,应当向当事人说明理由。

▶条文参见

《婚姻登记条例》;《最高人民法院关于适用〈中华人民共和国民法典〉婚姻家庭编的解释(一)》第5-8条

▶典型案例指引

杨清坚诉周宝妹、周文皮返还聘金纠纷案(《最高人民法院公报》2002年第3期)

案件适用要点:双方未办结婚登记,而是按民间习俗举行仪式"结婚",进而以夫妻名义共同生活。这种不被法律承认的"婚姻"构成同居关系,应当解除。原告杨某在同居前给付聘金的行为虽属赠与,但该赠与行为追求的是双方结婚。现结婚不能实现,为结婚而赠与的财物应当返还。一审根据本案的实际情况,在酌情扣除为举办"结婚"仪式而支出的费用后,判决被告周某将聘金的余款返还给原告,判处恰当。被告上诉认为23万元的聘金是原告杨某的无偿赠与,不应返还,其理由缺乏法律依据,不予采纳。

第一千零五十条　男女双方互为家庭成员

登记结婚后,按照男女双方约定,女方可以成为男方家庭的成员,男方可以成为女方家庭的成员。

第一千零五十一条　婚姻无效的情形

有下列情形之一的,婚姻无效:
(一)重婚;
(二)有禁止结婚的亲属关系;
(三)未到法定婚龄。

▶理解与适用

［请求确认婚姻无效的主体］

有权依据民法典第一千零五十一条规定向人民法院就已办理结婚登记的婚姻请求确认婚姻无效的主体，包括婚姻当事人及利害关系人。其中，利害关系人包括：

（一）以重婚为由的，为当事人的近亲属及基层组织；

（二）以未到法定婚龄为由的，为未到法定婚龄者的近亲属；

（三）以有禁止结婚的亲属关系为由的，为当事人的近亲属。

［无效婚姻情形已消失的处理］

当事人依据民法典第一千零五十一条规定向人民法院请求确认婚姻无效，法定的无效婚姻情形在提起诉讼时已经消失的，人民法院不予支持。

［无效婚姻的处理］

人民法院受理请求确认婚姻无效案件后，原告申请撤诉的，不予准许。

对婚姻效力的审理不适用调解，应当依法作出判决。

涉及财产分割和子女抚养的，可以调解。调解达成协议的，另行制作调解书；未达成调解协议的，应当一并作出判决。

当事人以民法典第一千零五十一条规定的三种无效婚姻以外的情形请求确认婚姻无效的，人民法院应当判决驳回当事人的诉讼请求。

［离婚案件中，发现婚姻关系无效的处理］

人民法院受理离婚案件后，经审理确属无效婚姻的，应当将婚姻无效的情形告知当事人，并依法作出确认婚姻无效的判决。

［同一婚姻关系离婚和无效婚姻宣告的审理顺序］

人民法院就同一婚姻关系分别受理了离婚和请求确认婚姻无效案件的，对于离婚案件的审理，应当待请求确认婚姻无效案件作出判决后进行。

[婚姻关系当事人死亡后宣告婚姻无效的申请]

夫妻一方或者双方死亡后,生存一方或者利害关系人依据民法典第一千零五十一条的规定请求确认婚姻无效的,人民法院应当受理。

[婚姻无效案件中当事人的地位]

利害关系人依据民法典第一千零五十一条的规定,请求人民法院确认婚姻无效的,利害关系人为原告,婚姻关系当事人双方为被告。夫妻一方死亡的,生存一方为被告。

人民法院审理重婚导致的无效婚姻案件时,涉及财产处理的,应当准许合法婚姻当事人作为有独立请求权的第三人参加诉讼。

[结婚登记瑕疵的处理]

当事人以结婚登记程序存在瑕疵为由提起民事诉讼,主张撤销结婚登记的,告知其可以依法申请行政复议或者提起行政诉讼。

▶条文参见

《最高人民法院关于适用〈中华人民共和国民法典〉婚姻家庭编的解释(一)》第9-17条

第一千零五十二条 受胁迫婚姻的撤销

因胁迫结婚的,受胁迫的一方可以向人民法院请求撤销婚姻。

请求撤销婚姻的,应当自胁迫行为终止之日起一年内提出。

被非法限制人身自由的当事人请求撤销婚姻的,应当自恢复人身自由之日起一年内提出。

▶理解与适用

[胁迫的定义]

行为人以给另一方当事人或者其近亲属的生命、身体、健康、名誉、财产等方面造成损害为要挟，迫使另一方当事人违背真实意愿结婚的，可以认定为民法典第一千零五十二条所称的"胁迫"。

因受胁迫而请求撤销婚姻的，只能是受胁迫一方的婚姻关系当事人本人。

[诉讼时效的适用限制]

民法典第一千零五十二条规定的"一年"，不适用诉讼时效中止、中断或者延长的规定。

受胁迫或者被非法限制人身自由的当事人请求撤销婚姻的，不适用民法典第一百五十二条第二款的规定。

当事人以民法典施行前受胁迫结婚为由请求人民法院撤销婚姻的，撤销权的行使期限适用民法典第一千零五十二条第二款的规定。

▶条文参见

《最高人民法院关于适用〈中华人民共和国民法典〉婚姻家庭编的解释（一）》第18条、第19条；《最高人民法院关于适用〈中华人民共和国民法典〉时间效力的若干规定》第26条

第一千零五十三条　隐瞒重大疾病的可撤销婚姻

一方患有重大疾病的，应当在结婚登记前如实告知另一方；不如实告知的，另一方可以向人民法院请求撤销婚姻。

请求撤销婚姻的，应当自知道或者应当知道撤销事由之日起一年内提出。

▶理解与适用

本条规定，请求撤销婚姻的，应当自知道或者应当知道撤销事由之日起一年内向人民法院提出。所谓"知道"是指有直接和充分的证据证明当事人知道对方患病。"应当知道"是指虽然没有直接和充分的证据证明当事人知道，但是根据生活经

验、相关事实和证据，按照一般人的普遍认知能力，运用逻辑推理可以推断当事人知道对方患病。如果不能在知道或者应当知道撤销事由之日起一年内提出，就只能通过协议离婚或者诉讼离婚的程序解除婚姻关系。

第一千零五十四条 婚姻无效或被撤销的法律后果

无效的或者被撤销的婚姻自始没有法律约束力，当事人不具有夫妻的权利和义务。同居期间所得的财产，由当事人协议处理；协议不成的，由人民法院根据照顾无过错方的原则判决。对重婚导致的无效婚姻的财产处理，不得侵害合法婚姻当事人的财产权益。当事人所生的子女，适用本法关于父母子女的规定。

婚姻无效或者被撤销的，无过错方有权请求损害赔偿。

▶理解与适用

[自始没有法律约束力]

民法典第一千零五十四条所规定的"自始没有法律约束力"，是指无效婚姻或者可撤销婚姻在依法被确认无效或者被撤销时，才确定该婚姻自始不受法律保护。

[婚姻无效或撤销婚姻]

人民法院根据当事人的请求，依法确认婚姻无效或者撤销婚姻的，应当收缴双方的结婚证书并将生效的判决书寄送当地婚姻登记管理机关。

[无效或被撤销的婚姻同居期间的财产处理]

被确认无效或者被撤销的婚姻，当事人同居期间所得的财产，除有证据证明为当事人一方所有的以外，按共同共有处理。

[无效或者被撤销婚姻当事人的权利和义务]

无效或者被撤销的婚姻，当事人之间不具有夫妻的权利和义务。本法规定，夫妻有互相扶养的义务。一方不履行扶养义务时，需要扶养的一方，有要求对方给付扶养费的权利。夫妻有相互继承遗产的权利。夫妻一方因抚育子女、照料老人、协助另一方工作等负担较多义务的,离婚时有权向另一方请求补偿。另一方应当给予补偿。离婚时,如一方生活困难,有负担能力的另一方应当给予适当帮助。因一方重婚或者与他人同居、实施家庭暴力、虐待、遗弃家庭成员或者其他重大过错而导致离婚的,无过错方有权请求损害赔偿。本法有关夫妻权利义务的规定,前提是合法婚姻,是有效婚姻。由于无效婚姻、可撤销婚姻欠缺婚姻成立的法定条件,是不合法婚姻,有关夫妻权利义务的规定对无效婚姻、被撤销婚姻的当事人都不适用。

[无效或者被撤销的婚姻当事人所生子女的权利义务]

无效或者被撤销的婚姻当事人所生子女的权利义务,与合法婚姻当事人所生子女的权利义务一样。如父母对未成年子女有抚养、教育和保护的义务,成年子女对父母有赡养、扶助和保护的义务。父母不履行抚养义务的,未成年子女或者不能独立生活的成年子女,有要求父母给付抚养费的权利。成年子女不履行赡养义务的,缺乏劳动能力或者生活困难的父母,有要求成年子女给付赡养费的权利。父母有教育、保护未成年子女的权利和义务,未成年子女造成他人损害的,父母应当依法承担民事责任。婚姻关系被确认为无效或者被撤销后,父母对子女仍有抚养和教育的权利和义务,一方抚养子女,另一方应负担部分或者全部抚养费。不直接抚养子女的父或母,有探望子女的权利,另一方有协助的义务。

▶条文参见

《最高人民法院关于适用〈中华人民共和国民法典〉婚姻家庭编的解释(一)》第20–22条

第三章　家庭关系

第一节　夫妻关系

第一千零五十五条　**夫妻平等**

夫妻在婚姻家庭中地位平等。

▶理解与适用

夫妻在婚姻家庭中地位平等，不是指夫妻的权利义务一一对等，更不是指夫妻要平均承担家庭劳务等。平等不是平均，权利义务可以合理分配和承担，家庭劳务也可以合理分担。对于婚姻家庭事务，夫妻双方均有权发表意见，应当协商作出决定，一方不应独断专行。

第一千零五十六条　**夫妻姓名权**

夫妻双方都有各自使用自己姓名的权利。

▶理解与适用

根据本条规定，自然人的姓名权不受婚姻的影响，男女双方结婚后，其婚前姓名无须改变，妇女结婚后仍然有权使用自己的姓名。这对于保障已婚妇女的独立人格，促进夫妻在婚姻家庭关系中地位平等，具有积极意义。

第一千零五十七条　**夫妻人身自由权**

夫妻双方都有参加生产、工作、学习和社会活动的自由，一方不得对另一方加以限制或者干涉。

▶理解与适用

生产、工作是指一切从事的社会职业和社会劳动。妇女享有参加生产、工作的自由权而不受干涉,是妇女享有与丈夫平等地位的前提。

学习,不仅包括正规的在校学习,也包括扫盲学习、职业培训以及其他各种形式的专业知识与专业技能的学习。

社会活动,包括参政、议政活动,科学、技术、文学、艺术和其他文化活动,各种群众组织、社会团体的活动,以及各种形式的公益活动等。

但要注意的是,本条规定了夫妻的人身自由权,并不意味着夫妻可以不顾家庭、为所欲为。夫妻行使人身自由的权利,必须符合法律与社会主义道德的要求,不得滥用权利损害家庭和他人的合法权益。

▶条文参见

《妇女权益保障法》第2条

第一千零五十八条　夫妻抚养、教育和保护子女的权利义务平等

夫妻双方平等享有对未成年子女抚养、教育和保护的权利,共同承担对未成年子女抚养、教育和保护的义务。

▶理解与适用

共同亲权原则实际上是男女平等原则的体现。根据本条规定,对未成年子女抚养、教育和保护的权利由该子女的父母即夫妻双方平等享有,如何行使这一权利夫妻双方应当共同决定,不允许任何一方剥夺对方的这一权利;同样,对未成年子女抚养、教育和保护的义务由夫妻双方共同承担,不允许任何一方不履行这一义务。

▶条文参见

《未成年人保护法》第15-24条

▶典型案例指引

何某锦诉周某英抚养纠纷案（最高人民法院公布49起婚姻家庭纠纷典型案例）

案件适用要点：本案的争议焦点是以没有能力抚养为由拒绝履行抚养义务是否应得到支持？父母对子女有抚养教育的义务，父母不履行抚养义务时，未成年或不能独立生活的子女，有要求父母给付抚养费的权利，这是法律赋予的权利和义务，也是中华民族的优良传统。无论以任何理由，均不能拒绝履行抚养义务，都不会得到支持。

第一千零五十九条　夫妻扶养义务

夫妻有相互扶养的义务。

需要扶养的一方，在另一方不履行扶养义务时，有要求其给付扶养费的权利。

▶理解与适用

夫妻互相扶养义务是法定义务，具有强制性，夫妻之间不得以约定形式改变这一法定义务。对不履行扶养义务的一方，另一方有追索扶养费的请求权。当夫或妻一方不履行扶养义务时，需要扶养的一方可以根据本条第2款的规定，要求对方给付扶养费。应当给付扶养费的一方拒绝给付或者双方就扶养费数额、支付方式等具体内容产生争议的，需要扶养的另一方可以直接向人民法院提起诉讼，或者向人民调解组织提出调解申请，要求获得扶养费。如果夫或妻一方患病或者没有独立生活能力，有扶养义务的配偶拒绝扶养，情节恶劣，构成遗弃罪的，还应当承担刑事责任。

▶条文参见

《刑法》第261条；《老年人权益保障法》第23条

▶典型案例指引

黄某某与张某某婚内扶养纠纷案（最高人民法院公布49起婚姻家庭纠纷典型案例）

案件适用要点：近年来，因夫妻一方患病导致夫妻感情淡化，因意外事故导致婚姻难以维系时，一方离家不离婚以及一方坚决离婚、不尽扶养义务，另一方坚决不离婚的情况时有发生，婚内扶养案件在婚姻家庭纠纷案件中愈来愈多。我国《婚姻法》第二十条[①]规定：夫妻有互相扶养的义务。一方不履行扶养义务时，需要扶养的一方，有要求对方给付扶养费的权利。婚内扶养义务不仅仅是一个道德问题，更是夫妻之间的法定义务，有扶养能力的一方必须自觉履行这一义务，特别是在对方患病，或是丧失劳动能力的情况下更应该做到这一点。如果一方不履行这一法定义务，另一方可通过法律途径实现自己的合法权益。扶养责任的承担，既是婚姻关系得以维持和存续的前提，也是夫妻共同生活的保障。本案中，黄某某、张某某系合法夫妻，现黄某某身患疾病，需大量医疗费，而张某某撒手不管，多次提出离婚，一、二审鉴于黄某某确实需要扶养，张某某又有一定的经济能力，酌定张某某婚内每月给付黄某某1000元扶养费，充分保护了需要扶养一方的权利，也给那些不尽夫妻扶养义务的具有一定的警示作用。

第一千零六十条　夫妻日常家事代理权

夫妻一方因家庭日常生活需要而实施的民事法律行为，对夫妻双方发生效力，但是夫妻一方与相对人另有约定的除外。

夫妻之间对一方可以实施的民事法律行为范围的限制，不得对抗善意相对人。

---

① 因"典型案例指引"选取的案例早于《民法典》公布时间，引用仍然是当时的法律规定，但裁判规则仍然有效，全书统一。新旧规定可参见"附录四、婚姻家庭编新旧条文对比"。

▶理解与适用

夫妻日常家事代理权,是指夫妻一方因家庭日常生活需要而与第三方为一定民事法律行为时互为代理的权利。夫妻一方在日常家庭事务范围内,与第三方所实施的一定民事法律行为,视为依夫妻双方的意思表示所为的民事法律行为,另一方也应承担因此而产生的法律后果。

需要强调的是,家庭日常生活需要的支出是指通常情况下必要的家庭日常消费,主要包括正常的衣食消费、日用品购买、子女抚养教育、老人赡养等各项费用,是维系一个家庭正常生活所必需的开支,立足点在于"必要"。随着我国经济社会和人们家庭观念、家庭生活方式的不断发展变化,在认定是否属于家庭日常生活需要支出时,也要随着社会的发展变化而不断变化。

夫妻任何一方行使夫妻日常家事代理权所实施的民事法律行为,对夫妻双方都发生效力,即该民事法律行为所产生的法律效果归属于夫妻双方。夫妻任何一方基于夫妻日常家事代理权所实施的民事法律行为所设立、变更、终止民事法律关系的一切结果都归属于夫妻双方,取得的权利由夫妻双方共同享有,产生的义务也由夫妻双方共同承担。但是,如果夫妻一方在行使夫妻日常家事代理权的同时,与相对人就该民事法律行为另有约定的,则法律效力依照该约定。比如,丈夫在购买家具时,与家具商约定,该家具购买合同只约束自己,不涉及妻子,则该家具合同所产生的债权债务关系仅在家具商与丈夫之间有效。

[夫妻一方擅自出卖共有房屋的处理]

一方未经另一方同意出售夫妻共同所有的房屋,第三人善意购买、支付合理对价并已办理不动产登记,另一方主张追回该房屋的,人民法院不予支持。

夫妻一方擅自处分共同所有的房屋造成另一方损失,离婚时另一方请求赔偿损失的,人民法院应予支持。

▶条文参见

《最高人民法院关于适用〈中华人民共和国民法典〉婚姻家庭编的解释（一）》第28条

第一千零六十一条　夫妻遗产继承权

夫妻有相互继承遗产的权利。

▶理解与适用

遗产按照下列顺序继承：（一）第一顺序：配偶、子女、父母；（二）第二顺序：兄弟姐妹、祖父母、外祖父母。

▶条文参见

《民法典》第1127条、第1153条、第1157条

第一千零六十二条　夫妻共同财产

夫妻在婚姻关系存续期间所得的下列财产，为夫妻的共同财产，归夫妻共同所有：

（一）工资、奖金、劳务报酬；

（二）生产、经营、投资的收益；

（三）知识产权的收益；

（四）继承或者受赠的财产，但是本法第一千零六十三条第三项规定的除外；

（五）其他应当归共同所有的财产。

夫妻对共同财产，有平等的处理权。

▶理解与适用

工资、奖金、劳务报酬。即劳动者的劳动收入，既包括工资、奖金，也包括各种津贴、补贴等劳务报酬。

生产、经营、投资的收益。这包括夫妻一方或者双方从事生产、经营所得的各种收入和投资所得的收入，如农村中的农业生产和城市里的工业生产以及第三产业等各行各业的生产经

营投资收益,有劳动收入,也有资本收益,如股票债券收入、股份、股权等资本利得,亦是夫妻共同财产的一种形式。

继承或者受赠的财产,但遗嘱或者赠与合同中确定只归一方的财产除外。夫妻任何一方继承或者受赠的财产属于夫妻共同财产,但如果遗嘱或者赠与合同中指明财产归夫妻一方所有的,是立遗嘱人或者赠与人根据自己意愿处分财产的表现,基于意思自治,应当尊重其对财产的处分权,该财产归一方所有。

[知识产权的收益]

民法典第一千零六十二条第一款第三项规定的"知识产权的收益",是指婚姻关系存续期间,实际取得或者已经明确可以取得的财产性收益。

[其他应当归共同所有的财产的范围]

婚姻关系存续期间,下列财产属于民法典第一千零六十二条规定的"其他应当归共同所有的财产":

(一)一方以个人财产投资取得的收益;

(二)男女双方实际取得或者应当取得的住房补贴、住房公积金;

(三)男女双方实际取得或者应当取得的基本养老金、破产安置补偿费。

[夫妻一方个人财产在婚后的收益处理]

夫妻一方个人财产在婚后产生的收益,除孳息和自然增值外,应认定为夫妻共同财产。

[由一方婚前承租,婚后夫妻共同购买的房屋归属]

由一方婚前承租、婚后用共同财产购买的房屋,登记在一方名下的,应当认定为夫妻共同财产。

▶条文参见

《最高人民法院关于适用〈中华人民共和国民法典〉婚姻家庭编的解释(一)》第24-27条

▶典型案例指引

彭丽静与梁喜平、王保山、河北金海岸房地产开发有限公司股权转让侵权纠纷案（《最高人民法院公报》2009年第5期）

案件适用要点：一、夫妻双方共同出资设立公司的，应当以各自所有的财产作为注册资本，并各自承担相应的责任。因此，夫妻双方登记注册公司时应当提交财产分割证明。未进行财产分割的，应当认定为夫妻双方以共同共有财产出资设立公司，在夫妻关系存续期间，夫或妻名下的公司股份属于夫妻双方共同共有的财产，作为共同共有人，夫妻双方对该项财产享有平等的占有、使用、收益和处分的权利。

二、根据最高人民法院《关于适用〈中华人民共和国婚姻法〉若干问题的解释（一）》第十七条第二款的规定，夫或妻非因日常生活需要对夫妻共同财产做重要处理决定，夫妻双方应当平等协商，取得一致意见。他人有理由相信夫或妻一方做出的处理为夫妻双方共同意思表示的，另一方不得以不同意或不知道为由对抗善意第三人。因此，夫或妻一方转让共同共有的公司股权的行为，属于对夫妻共同财产做出重要处理，应当由夫妻双方协商一致并共同在股权转让协议、股东会决议和公司章程修正案上签名。

三、夫妻双方共同共有公司股权的，夫或妻一方与他人订立股权转让协议的效力问题，应当根据案件事实，结合另一方对股权转让是否明知、受让人是否为善意等因素进行综合分析。如果能够认定另一方明知股权转让，且受让人是基于善意，则股权转让协议对于另一方具有约束力。

第一千零六十三条　夫妻个人财产

下列财产为夫妻一方的个人财产：
（一）一方的婚前财产；
（二）一方因受到人身损害获得的赔偿或者补偿；

（三）遗嘱或者赠与合同中确定只归一方的财产；
（四）一方专用的生活用品；
（五）其他应当归一方的财产。

▶理解与适用

婚前财产是指夫妻在结婚之前各自所有的财产，包括婚前个人劳动所得财产、继承或者受赠的财产以及其他合法财产。婚前财产归各自所有，不属于夫妻共同财产。

一方因受到人身损害获得的赔偿或者补偿，是指与生命健康直接相关的财产，具有人身专属性，对于保护个人权利具有重要意义，因此应当专属于个人所有，而不能成为共同财产。

为了尊重遗嘱人或者赠与人的个人意愿，保护个人对其财产的自由处分权，如果遗嘱人或者赠与人在遗嘱或者赠与合同中明确指出，该财产只遗赠或者赠给夫妻一方，另一方无权享用，那么，该财产就属于夫妻个人财产，归一方个人所有。

一方专用的生活用品具有专属于个人使用的特点，如个人的衣服、鞋帽等，应当属于夫妻个人财产。我国司法实践中，在处理离婚财产分割时，一般也将个人专用的生活物品，作为个人财产处理。

第一千零六十四条　夫妻共同债务

夫妻双方共同签名或者夫妻一方事后追认等共同意思表示所负的债务，以及夫妻一方在婚姻关系存续期间以个人名义为家庭日常生活需要所负的债务，属于夫妻共同债务。

夫妻一方在婚姻关系存续期间以个人名义超出家庭日常生活需要所负的债务，不属于夫妻共同债务；但是，债权人能够证明该债务用于夫妻共同生活、共同生产经营或者基于夫妻双方共同意思表示的除外。

▶理解与适用

本条规定了三类比较重要的夫妻共同债务，即基于共同意思表示所负的夫妻共同债务、为家庭日常生活需要所负的夫妻共同债务、债权人能够证明的夫妻共同债务。

"夫妻双方共同签名或者夫妻一方事后追认等共同意思表示所负的债务"，属于夫妻共同债务。这就是俗称的"共债共签""共签共债"。本条规定对这一内容加以强调意在引导债权人在形成债务尤其是大额债务时，为避免事后引发不必要的纷争，加强事前风险防范，尽可能要求夫妻共同签名。

"夫妻一方在婚姻关系存续期间以个人名义为家庭日常生活需要所负的债务"，属于夫妻共同债务。也就是基于夫妻日常家事代理权所生的债务属于夫妻共同债务。

"夫妻一方在婚姻关系存续期间以个人名义超出家庭日常生活需要所负的债务"，如果债权人能够证明该债务用于夫妻共同生活、共同生产经营或者基于夫妻双方共同意思表示的，就属于夫妻共同债务，否则，不属于夫妻共同债务，应当属于举债一方的个人债务。这里强调债权人的举证证明责任，能够促进债权人尽到谨慎注意义务，引导相关主体对于大额债权债务实行"共债共签"，体现从源头控制纠纷、更加注重交易安全的价值取向，也有利于强化公众的市场风险意识，从而平衡保护债权人和未举债夫妻一方的利益。

▶典型案例指引

1. 赵俊诉项会敏、何雪琴民间借贷纠纷案（《最高人民法院公报》2014年第12期）

案件适用要点：一、夫妻一方具有和第三人恶意串通、通过虚假诉讼虚构婚内债务嫌疑的，该夫妻一方单方自认债务，并不必然免除"出借人"对借贷关系成立并生效的事实应承担的举证责任。

二、借款人配偶未参加诉讼且出借人及借款人均未明确表示放弃该配偶可能承担的债务份额的,为查明案件事实,应依法追加与案件审理结果具有利害关系的借款人配偶作为第三人参加诉讼,以形成实质性的对抗。

三、出借人仅提供借据佐证借贷关系的,应深入调查辅助性事实以判断借贷合意的真实性,如举债的必要性、款项用途的合理性等。出借人无法提供证据证明借款交付事实的,应综合考虑出借人的经济状况、资金来源、交付方式、在场见证人等因素判断当事人陈述的可信度。对于大额借款仅有借据而无任何交付凭证、当事人陈述有重大疑点或矛盾之处的,应依据证据规则认定"出借人"未完成举证义务,判决驳回其诉讼请求。

2. 单洪远、刘春林诉胡秀花、单良、单译贤法定继承纠纷案(《最高人民法院公报》2006年第5期)

案件适用要点:最高人民法院《关于适用〈中华人民共和国婚姻法〉若干问题的解释(二)》第二十四条的规定,本意在于加强对债权人的保护,一般只适用于对夫妻外部债务关系的处理。人民法院在处理涉及夫妻内部财产关系的纠纷时,不能简单依据该规定将夫或妻一方的对外债务认定为夫妻共同债务,其他人民法院依据该规定作出的关于夫妻对外债务纠纷的生效裁判,也不能当然地作为处理夫妻内部财产纠纷的判决依据,主张夫或妻一方的对外债务属于夫妻共同债务的当事人仍负有证明该项债务确为夫妻共同债务的举证责任。

第一千零六十五条　夫妻约定财产制

男女双方可以约定婚姻关系存续期间所得的财产以及婚前财产归各自所有、共同所有或者部分各自所有、部分共同所有。约定应当采用书面形式。没有约定或者约定不明确的,适用本法第一千零六十二条、第一千零六十三条的规定。

夫妻对婚姻关系存续期间所得的财产以及婚前财产的约定，对双方具有法律约束力。

夫妻对婚姻关系存续期间所得的财产约定归各自所有，夫或者妻一方对外所负的债务，相对人知道该约定的，以夫或者妻一方的个人财产清偿。

▶ 理解与适用

[夫妻约定财产制约定的条件]

1. 缔约双方必须具有合法的夫妻身份，未婚同居、婚外同居者对他们之间财产关系的约定，不属于夫妻财产约定。

2. 缔约双方必须具有完全民事行为能力。

3. 约定必须双方自愿。夫妻对财产的约定必须出于真实的意思表示，以欺诈、胁迫等手段使对方在违背真实意思的情况下作出的约定，对方有权请求撤销。

4. 约定的内容必须合法，不得违反法律、行政法规的强制性规定，不得违背公序良俗，不得利用约定恶意串通、损害他人合法权益，约定的内容不得超出夫妻财产的范围，如不得将其他家庭成员的财产列入约定财产的范围，不得利用约定逃避对第三人的债务以及其他法定义务。

[夫妻约定财产制约定的方式]

关于约定的方式，本条第1款明确规定"约定应当采用书面形式"。当然如果夫妻以口头形式作出约定，事后对约定没有争议的，该约定也有效。

[夫妻约定财产制约定的内容]

关于约定的内容，本条第1款规定"男女双方可以约定婚姻关系存续期间所得的财产以及婚前财产归各自所有、共同所有或者部分各自所有、部分共同所有"。根据这一规定，夫妻既可以对婚姻关系存续期间所得的财产进行约定，也可以对婚前财产进行约定；既可以对全部夫妻财产进行约定，也可以对部分夫妻财产进行约定；既可以概括地约定采用某种夫妻财产制，也可以具体地对某一项夫妻财产进行约定；既可以约定财产所有权的归属或者使用权、管理权、收益权、处分权的行使，也可以约定家庭生活费用的负担、债务清偿责任、婚姻关系终止时财产的分割等事项。

▶条文参见

《民法典》第135条、第143条、第1062条、第1063条

▶典型案例指引

唐某诉李某某、唐某乙法定继承纠纷案（《最高人民法院公报》2014年第12期）

案件适用要点：夫妻之间达成的婚内财产分割协议是双方通过订立契约对采取何种夫妻财产制所作的约定，是双方协商一致对家庭财产进行内部分配的结果，在不涉及婚姻家庭以外第三人利益的情况下，应当尊重夫妻之间的真实意思表示，按照双方达成的婚内财产分割协议履行，优先保护事实物权人，不宜以产权登记作为确认不动产权属的唯一依据。

第一千零六十六条　婚内分割夫妻共同财产

婚姻关系存续期间，有下列情形之一的，夫妻一方可以向人民法院请求分割共同财产：

（一）一方有隐藏、转移、变卖、毁损、挥霍夫妻共同财产或者伪造夫妻共同债务等严重损害夫妻共同财产利益的行为；

（二）一方负有法定扶养义务的人患重大疾病需要医治，另一方不同意支付相关医疗费用。

▶理解与适用

根据本条规定，婚姻关系存续期间，夫妻双方一般不得请求分割共同财产，只有在法定情形下，夫妻一方才可以向人民

法院请求分割共同财产，法定情形有两种：

第一种情形是一方有隐藏、转移、变卖、毁损、挥霍夫妻共同财产或者伪造夫妻共同债务等严重损害夫妻共同财产利益的行为。

隐藏是指将财产藏匿起来，不让他人发现，使另一方无法获知财产的所在从而无法控制。

转移是指私自将财产移往他处，或者将资金取出移往其他账户，脱离另一方的掌握。

变卖是指将财产折价卖给他人。

毁损是指采用打碎、拆卸、涂抹等破坏性手段使物品失去原貌，失去或者部分失去原来具有的使用价值和价值。

挥霍是指超出合理范围任意处置、浪费夫妻共同财产。

伪造夫妻共同债务是指制造内容虚假的债务凭证，包括合同、欠条等，意图侵占另一方财产。

上述违法行为，在主观上只能是故意，不包括过失行为，如因不慎将某些共同财产毁坏，只要没有故意，不属于本条规定之列。

第二种情形是一方负有法定扶养义务的人患重大疾病需要医治，另一方不同意支付相关医疗费用。

本条规定明确仅指法定扶养。本法对法定扶养义务作了明确规定。第1059条规定："夫妻有相互扶养的义务。需要扶养的一方，在另一方不履行扶养义务时，有要求其给付扶养费的权利。"第1067条规定："父母不履行抚养义务的，未成年子女或者不能独立生活的成年子女，有要求父母给付抚养费的权利。成年子女不履行赡养义务的，缺乏劳动能力或者生活困难的父母，有要求成年子女给付赡养费的权利。"第1071条第2款规定："不直接抚养非婚生子女的生父或者生母，应当负担未成年子女或者不能独立生活的成年子女的抚养费。"第1072条第2款规定："继父或者继母和受其抚养教育的继子女间的权利义务关系，适用本法关于父母子女关系的规定。"第1074条规定:"有负担能力的祖父母、外祖父母,对于父母已经死亡或者父母无力抚养的未成年孙子女、外孙子女,有抚养的义务。有负担能力的孙子女、外孙子女,对于子女已经死亡或者子女无力赡养的祖父母、外祖父母,有赡养的义务。"第1075条规定:"有负担能力的兄、姐,对于父母已经死亡或者父母无力抚养的未成年弟、妹,有扶养的义务。由兄、姐扶养长大的有负担能力的弟、妹,对于缺乏劳动能力又缺乏生活来源的兄、姐,有扶养的义务。"应当根据这些法律规定来确定夫妻一方是否为负有法定扶养义务的人。

▶条文参见

《民法典》第1062条、第1071条、第1072条、第1074条、第1075条

第二节 父母子女关系和其他近亲属关系

第一千零六十七条 父母与子女间的抚养赡养义务

> 父母不履行抚养义务的,未成年子女或者不能独立生活的成年子女,有要求父母给付抚养费的权利。
>
> 成年子女不履行赡养义务的,缺乏劳动能力或者生活困难的父母,有要求成年子女给付赡养费的权利。

▶理解与适用

[父母对子女的抚养义务]

《宪法》第49条就明确规定,父母有抚养教育未成年子女的义务。

父母对未成年子女的抚养是无条件的,在任何情况下都不能免除;即使父母已经离婚,对未成年的子女仍应依法履行抚养的义务。

父母对成年子女的抚养是有条件的,在成年子女没有劳动

能力或者出于某种原因不能独立生活时，父母也要根据需要和可能，负担其生活费用或者给予一定的帮助。对有独立生活能力的成年子女，父母自愿给予经济帮助，法律并不干预。

因父母不履行抚养义务而引起的纠纷，可由有关部门调解或者向人民法院提出追索抚养费的诉讼。人民法院应根据子女的需要和父母的抚养能力，通过调解或者判决，确定抚养费的数额、给付的期限和方法。对拒不履行抚养义务，恶意遗弃未成年子女已构成犯罪的，还应当根据我国刑法的有关规定追究其刑事责任。

［子女对父母的赡养义务］

赡养是指子女在物质上和经济上为父母提供必要的生活条件。一切有经济能力的子女，对丧失劳动能力、无法维持生活的父母，都应予以赡养。如果子女不履行赡养义务，需要赡养的父母可以通过有关部门进行调解或者向人民法院提起诉讼。人民法院在处理赡养纠纷时，应当坚持保护老年人的合法权益的原则，通过调解或者判决使子女依法履行赡养义务。

［不能独立生活的成年子女］

尚在校接受高中及其以下学历教育，或者丧失、部分丧失劳动能力等非因主观原因而无法维持正常生活的成年子女，可以认定为民法典第一千零六十七条规定的"不能独立生活的成年子女"。

［抚养费］

民法典第一千零六十七条所称"抚养费"，包括子女生活费、教育费、医疗费等费用。

▶条文参见

《宪法》第45条；《老年人权益保障法》第4条、第13条；《最高人民法院关于适用〈中华人民共和国民法典〉婚姻家庭编的解释（一）》第41条、第42条

▶典型案例指引

1. 张老太与子女赡养纠纷案（最高人民法院公布49起婚姻家庭纠纷典型案例）

案件适用要点： 古话说"养儿防老"，虽说传统上老百姓一般把养老的义务主要放在儿子身上，但现代社会中，女儿和儿子一样具有对父母亲进行赡养的义务，这是法定强制义务，不会因父母的过错或其他原因而解除，父母能不辞辛苦抚育儿女长大成人，儿女也应不讲条件地照顾和赡养老人，动物尚有"乌鸦反哺"、"羊羔跪乳"之举，而作为万物之灵的人类，理应做得更好。

2. 朱绍昌诉朱正方、朱正德、朱立香赡养费纠纷案（最高人民法院公布49起婚姻家庭纠纷典型案例）

案件适用要点： 随着我国老龄化人口急剧增多，农村老人的赡养问题已成为一种突出的社会现象。

该案中，老人都已80多岁，而子女也已是60多岁的人，并且子女无正式工作，还依靠下一代来赡养，但因老人觉得赡养费太低还是要起诉60多岁的儿女。所以在审理该案时，承办法官综合考虑各方因素，我国《婚姻法》规定："父母对子女有抚养教育的义务，子女对父母有赡养扶助的义务。子女不履行赡养义务时，无劳动能力的或生活困难的父母，有要求子女付给赡养费的权利。"这说明父母子女间的权利义务是对等的，父母抚养了子女，对社会和家庭尽到了责任，当父母年老体衰时，子女也应尽赡养扶助父母的义务。我国《老年人权益保障法》则规定，老年人养老主要依靠家庭，家庭成员应当关心和照料老年人。赡养人应当履行对老年人经济上供养、生活上照料和精神上慰藉的义务，照顾老年人的特殊需要，对患病的老年人应当提供医疗费用和护理。赡养人不履行赡养义务，老年人有要求赡养人付给赡养费的权利。赡养人之间可以就履行赡养义务签订协议，并征得老年人的同意。

3. 吕某珍等二人诉李某有等四人赡养纠纷案（最高人民法院公布49起婚姻家庭纠纷典型案例）

案件适用要点： 本案的争议焦点是以财产分配不公为由拒绝尽赡养义务是否应得到支持？"养儿防老，积谷防饥"，子女对父母有赡养扶助的义务。子女不履行赡养义务时，无劳动能力的或生活困难的父母，有要求子女付给赡养费的权利。这是法律赋予的权利和义务，也是中华民族的优良传统。无论以任何理由，均不能拒绝尽赡养义务，都不会得到支持。

4. 张某诉郭甲、郭乙、郭丙赡养纠纷案（最高人民法院公布10起婚姻家庭纠纷典型案例（北京））

案件适用要点： 我国《婚姻法》第二十一条第三款规定："子女不履行赡养义务时，无劳动能力的或生活困难的父母，有要求子女给付赡养费的权利。"原告现已年迈，且体弱多病，丧失了劳动能力，确实需要子女赡养，其子女均有赡养原告的义务。

诚然，在多子女的家庭，在父母不反对的情况下，签订赡养协议分工赡养父母是合理合法的，法律上也是允许的。我国《老年人权益保障法》第二十条规定："经老年人同意，赡养人之间可以就履行赡养义务签订协议。赡养协议的内容不得违反法律的规定和老年人的意愿。"但是，如果客观情况发生变化，比如某位子女明显没有能力赡养好父或母，如果父或母提出赡养要求，其他子女无法免除。这也是《婚姻法》第二十一条第三款规定的题中之义，因为赡养义务是强制性的法定义务。

现实中，很多子女之间签订赡养协议时，仍然有封建思想，尤其是农村地区，如"嫁出去的女，泼出去的水"、"出嫁女无赡养父母的义务"，女儿对父母的赡养义务被人为地免除。但从法律上讲，子女对父母均有赡养义务，女儿不论出嫁与否都与父母存在法律上的赡养关系，不因任何原因而免除。而对于赡养协议中免除次子郭乙对母亲的赡养义务，属于约定免除了次子郭乙对母亲的法定义务，应属无效约定。故对原告要求三子女均需履行赡养义务的诉讼请求应当支持。

就张某的居住和日常照料问题,张某表示愿意随次子郭乙生活,而次子郭乙也表示同意,尊重当事人的意见。就赡养费的数额和医药费负担比例问题,考虑到次子郭乙已经履行了对父亲全部的赡养义务,长子郭甲应当多承担赡养费,体现法律与人情兼顾,也能更好促进家庭关系的和谐。

第一千零六十八条　父母教育、保护未成年子女的权利和义务

父母有教育、保护未成年子女的权利和义务。未成年子女造成他人损害的,父母应当依法承担民事责任。

▶理解与适用

[教育]

所谓"教育",是指父母要按照法律和道德要求,采取正确的方法,对其未成年子女进行教导,并对其行为进行必要的约束,其目的是保障未成年子女的身心健康。对未成年子女的管教应当尊重其人格尊严,根据适应未成年人身心发展的特点,通过多种形式进行教育和管束。虽然在管教过程中,父母可以对未成年子女使用适当的惩戒手段,但不得对其使用暴力或以其他形式进行虐待。

[保护]

所谓"保护",是指父母应当保护其未成年子女的人身安全和合法权益,预防和排除来自外界的危害,使其未成年子女的身心处于安全状态。《民法典》第34条第1款规定:"监护人的职责是代理被监护人实施民事法律行为,保护被监护人的人身权利、财产权利以及其他合法权益等。"根据该规定,父母对其未成年子女的保护主要包括人身保护和财产保护。对未成年子女的人身保护主要包括:照顾未成年子女的生活,保护其身体健康;保护未成年子女的人身不受侵害;为未成年子女提供住所等。对未成年子女的财产保护主要是指为未成年子女的

利益管理和保护其财产权益,除为未成年子女的利益外,不得处理属于该未成年子女的财产。如果父母未履行监护职责或者侵害未成年子女合法权益,造成未成年子女损失的,应当赔偿损失。父母对未成年子女的保护还体现在,父母代理其未成年子女实施民事法律行为。当未成年子女的权益受到侵害时,其父母有权以法定代理人身份提起诉讼,维护未成年子女的合法权益。

[未成年子女造成他人损害的,父母应当依法承担民事责任]

本条还明确规定:"未成年子女造成他人损害的,父母应当依法承担民事责任。"这是为了充分保护受害一方的合法权益,增强父母对其未成年子女教育的责任感。至于承担民事责任的条件、方法等,应当适用相关法律规定。《民法典》第1188条对此作了明确规定:"无民事行为能力人、限制民事行为能力人造成他人损害的,由监护人承担侵权责任。监护人尽到监护职责的,可以减轻其侵权责任。有财产的无民事行为能力人、限制民事行为能力人造成他人损害的,从本人财产中支付赔偿费用;不足部分,由监护人赔偿。"第1189条规定:"无民事行为能力人、限制民事行为能力人造成他人损害,监护人将监护职责委托给他人的,监护人应当承担侵权责任;受托人有过错的,承担相应的责任。"

▶条文参见

《未成年人保护法》第15-24条;《义务教育法》;《民法典》第34条第1款、第1188条、第1189条

第一千零六十九条　子女尊重父母的婚姻权利及赡养义务

子女应当尊重父母的婚姻权利,不得干涉父母离婚、再婚以及婚后的生活。子女对父母的赡养义务,不因父母的婚姻关系变化而终止。

▶理解与适用

老年人的婚姻自由受法律保护，子女应当尊重父母的婚姻权利，包括离婚和再婚的自主权利，尤其是不得因一己私利和世俗偏见阻挠、干涉父母再婚。父母是否再婚，与谁结婚应由其自主决定。

子女对父母的赡养义务，不因父母的婚姻关系变化而终止。《民法典》、《老年人权益保障法》和《刑法》的规定给老年人的婚姻自由和婚后生活提供了法律保障。

▶条文参见

《民法典》第26条、第1067条；《老年人权益保障法》第76条；《刑法》第257条、第261条

第一千零七十条 遗产继承权

父母和子女有相互继承遗产的权利。

▶理解与适用

根据本条的规定，子女可以继承其父母的遗产，父母可以继承其子女的遗产。这可以理解为，父母与子女之间相互有继承权。这种权利是以双方之间的身份为依据的。

享有继承权的父母，包括生父母、养父母和有抚养关系的继父母。被继承人的父和母，继承其死亡子女的财产的权利是平等的。

享有继承权的子女，包括亲生子女、养子女和有抚养关系的继子女。

第一千零七十一条 非婚生子女权利

非婚生子女享有与婚生子女同等的权利，任何组织或者个人不得加以危害和歧视。

不直接抚养非婚生子女的生父或者生母，应当负担未成年子女或者不能独立生活的成年子女的抚养费。

▶理解与适用

［夫妻关系存续期间以人工授精所生子女的法律地位］

婚姻关系存续期间，夫妻双方一致同意进行人工授精，所生子女应视为婚生子女，父母子女间的权利义务关系适用民法典的有关规定。

▶条文参见

《最高人民法院关于适用〈中华人民共和国民法典〉婚姻家庭编的解释（一）》第40条

▶典型案例指引

李某、范小某诉范某、滕某继承纠纷案（《最高人民法院公报》2006年第7期）

案件适用要点：本案中，范某某和李某夫妻关系存续期间，双方一致同意利用他人的精子进行人工授精并使女方受孕后，男方反悔，应当征得女方同意。在未能协商一致的情况下男方死亡，其后子女出生，尽管该子女与男方没有血缘关系，仍应视为夫妻双方的婚生子女。男方在遗嘱中不给该子女保留必要的遗产份额，不符合法律规定，该部分遗嘱内容无效。

第一千零七十二条　继父母子女之间权利义务

继父母与继子女间，不得虐待或者歧视。

继父或者继母和受其抚养教育的继子女间的权利义务关系，适用本法关于父母子女关系的规定。

▶典型案例指引

陈长臻诉陈路程、徐磊、徐春艳赡养纠纷案（最高人民法院公布49起婚姻家庭纠纷典型案例）

案件适用要点：赡养老人是中华民族的传统美德，做好农村老人赡养工作是个长期而艰巨的任务，而继父母的赡养问题更加复杂。当前农村存在很多继父母与继子女之间的关系。继父母与继子女间的关系问题,是一个较为敏感的社会问题。正确认识继父母子女的关系性质,适用有关法律对继父母子女关系进行全面调整,具有重要的社会意义。

法律规定,继父母与继子女之间有抚养关系的,继子女必须对继父母承担赡养义务。针对继父母这一特殊群体,法官应不断分析新情况、探索新办法、解决新问题,及时维护农村老人的合法权益,确保老人安度晚年,真正做到案结事了人和。

第一千零七十三条　亲子关系异议之诉

对亲子关系有异议且有正当理由的,父或者母可以向人民法院提起诉讼,请求确认或者否认亲子关系。

对亲子关系有异议且有正当理由的,成年子女可以向人民法院提起诉讼,请求确认亲子关系。

▶理解与适用

[拒绝做亲子鉴定的处理]

父或者母向人民法院起诉请求否认亲子关系,并已提供必要证据予以证明,另一方没有相反证据又拒绝做亲子鉴定的,人民法院可以认定否认亲子关系一方的主张成立。

父或者母以及成年子女起诉请求确认亲子关系,并提供必要证据予以证明,另一方没有相反证据又拒绝做亲子鉴定的,人民法院可以认定确认亲子关系一方的主张成立。

▶条文参见

《最高人民法院关于适用〈中华人民共和国民法典〉婚姻家庭编的解释(一)》第39条

第一千零七十四条　祖孙之间的抚养、赡养义务

有负担能力的祖父母、外祖父母,对于父母已经死亡或者父母无力抚养的未成年孙子女、外孙子女,有抚养的义务。

有负担能力的孙子女、外孙子女，对于子女已经死亡或者子女无力赡养的祖父母、外祖父母，有赡养的义务。

▶理解与适用

［祖孙之间抚养或者赡养关系的形成］

根据本条的规定，祖孙之间抚养或者赡养关系的形成应当具备以下条件：

1. 被抚养、赡养人的父母、子女死亡或者无抚养、赡养能力

主要包括两种情况：一是子女在未成年时父母双亡，或者父母丧失抚养能力；二是子女在成年后死亡或者丧失扶养能力，无法赡养其父母。第一种情况需要被抚养人的祖父母和外祖父母来承担抚养的义务；第二种情况则需要被扶养人的孙子女和外孙子女来承担赡养的义务。

2. 被抚养、赡养人确实有困难需要被抚养、赡养

祖孙之间扶养关系的形成必须建立在一方确实有困难的基础上，如果被扶养人有一定的经济收入或者经济来源，完全能负担自身的生活所需，那么，就不能要求祖父母、外祖父母或者孙子女、外孙子女来承担其抚养或者赡养义务。

3. 承担抚养、赡养义务的人有一定的抚养、赡养能力

如果法律意义上的抚养、赡养义务人没有一定的抚养、赡养能力，那么就不能再要求其承担相应的法律责任。此外，如果抚养或者赡养义务人有多个人时，比如，被赡养人既有孙子又有外孙女，那么需要当事人协商决定其应当承担的义务。同样，如果抚养或者赡养权利人有多个人时，在抚养或者赡养义务人的经济能力不足以承担全部抚养或者赡养义务时，那么，对于经济状况和身体状况最差者应当优先被抚养或者被赡养。

▶条文参见

《民法典》第1111条；《老年人权益保障法》第19条、第20条

第一千零七十五条　兄弟姐妹间扶养义务

有负担能力的兄、姐，对于父母已经死亡或者父母无力抚养的未成年弟、妹，有扶养的义务。

由兄、姐扶养长大的有负担能力的弟、妹，对于缺乏劳动能力又缺乏生活来源的兄、姐，有扶养的义务。

▶理解与适用

[兄、姐扶养弟、妹需具备的条件]

产生兄、姐对弟、妹的扶养义务，应当同时具备下述三个条件：

1. 弟、妹须为未成年人，即不满十八周岁。如果弟、妹已经成年，虽无独立生活能力，兄、姐亦无法定扶养义务。

2. 父母已经死亡或者父母无力抚养。这里包含了两种情况：一是父母均已经死亡，没有了父母这第一顺序的抚养义务人。如果父母一方尚在且有抚养能力，仍应由尚在的父或母承担抚养义务。二是父母均尚在或者一方尚在但都没有抚养能力，如父母在意外事故中致残没有了劳动能力和生活来源，便产生了由有负担能力的兄、姐扶养弟、妹的义务。

3. 兄、姐有负担能力。在前述两项条件具备时，兄、姐对弟、妹的扶养义务并不必然发生，只有这项条件也具备时，即兄、姐有负担能力时，才产生扶养弟、妹的义务。

[弟、妹扶养兄、姐需具备的条件]

产生弟、妹对兄、姐的扶养义务，亦应当同时具备下述三个条件：

1. 兄、姐既缺乏劳动能力又缺乏生活来源。如果兄、姐虽缺乏劳动能力但并不缺少经济来源，如受到他人经济上的捐助或自己有可供生活的积蓄的，则不产生弟、妹的扶养义务。同时，如果兄、姐虽缺少生活来源，但有劳动能力，兄、姐可通过自己的劳动换取生活来源，在此情况下，弟、妹亦无扶养兄、姐的义务。

2. 兄、姐没有第一顺序的扶养义务人，或者第一顺序的扶养义务人没有扶养能力。比如，兄、姐没有配偶、子女，或兄、姐的配偶、子女已经死亡或者没有扶养能力。如果兄、姐的配偶尚在或者有子女且有扶养能力，应由这些第一顺序的扶养义务人承担扶养义务。

3. 弟、妹由兄、姐扶养长大且有负担能力。这里包含两方面的因素：一是弟、妹是由兄、姐扶养长大的。这表明在弟、妹未成年时，父母已经死亡或父母无抚养能力，兄、姐对弟、妹的成长尽了扶养义务。按照权利义务对等原则，弟、妹应承担兄、姐的扶养责任。二是弟、妹有负担能力。若无负担能力则不负扶养义务。

第四章 离 婚

第一千零七十六条 **协议离婚**

夫妻双方自愿离婚的，应当签订书面离婚协议，并亲自到婚姻登记机关申请离婚登记。

离婚协议应当载明双方自愿离婚的意思表示和对子女抚养、财产以及债务处理等事项协商一致的意见。

▶理解与适用

[协议离婚的条件]

根据本条规定，只有符合下列条件的，才能协议离婚：

1. 协议离婚的当事人双方应当具有合法夫妻身份。

以协议离婚方式办理离婚的，仅限于依法办理了结婚登记的婚姻关系当事人，不包括未婚同居和有配偶者与他人同居的男女双方，也不包括未办理结婚登记的"事实婚姻"中的男女双方。

2. 协议离婚的当事人双方均应当具有完全的民事行为能力。

只有完全民事行为能力人才能独立自主地处理自己的婚姻问题。一方或者双方当事人为限制民事行为能力或者无民事行为能力的，如精神病患者、痴呆症患者，不适用协议离婚程序，只能适用诉讼程序处理离婚问题，以维护没有完全民事行为能力当事人的合法权益。

3. 协议离婚当事人双方必须具有离婚的共同意愿。

"双方自愿"是协议离婚的基本条件，协议离婚的当事人应当有一致的离婚意愿。这一意愿必须是真实而非虚假的；必须是自主作出的而不是受对方或第三方欺诈、胁迫或因重大误解而形成的；必须是一致的而不是有分歧的。对此本条规定"男女双方自愿离婚"，对于仅有一方要求离婚的申请，婚姻登记机关不予受理，当事人只能通过诉讼离婚解决争议。

4. 协议离婚当事人双方要签订书面离婚协议。

离婚协议应当载明双方自愿离婚的意思表示和对子女抚养、财产及债务处理等事项协商一致的意见。据此，离婚协议应当具有如下内容：

（1）有双方自愿离婚的意思表示。双方自愿离婚的意思必须要以文字的形式体现在离婚协议上。

（2）有对子女抚养、财产及债务处理等事项协商一致的意见。"对子女抚养、财产以及债务处理等事项协商一致的意见"是协议离婚的必备内容。如果婚姻关系当事人不能对子女抚养、财产及债务处理等事项达成一致意见的话，则不能通过婚姻登记程序离婚，而只能通过诉讼程序离婚。

第一，子女抚养等事项。双方离婚后有关子女抚养、教育、探望等问题，在有利于保护子女合法权益的原则下应当作合理的、妥当的安排，包括子女由哪一方直接抚养，子女的抚养费和教育费如何负担、如何给付等。由于父母与子女的关系不因父母离婚而消除，协议中最好约定不直接抚育方对子女探望权利行使的内容，包括探望的方式、时间、地点等。

第二，财产及债务处理等事项。主要包括：①在不侵害任何一方合法权益的前提下，对夫妻共同财产作合理分割，对给予生活困难的另一方以经济帮助作妥善安排，特别是切实解决好双方离婚后的住房问题；②在不侵害他人利益的前提下，对共同债务的清偿作出清晰、明确、负责的处理。

5. 协议离婚当事人双方应当亲自到婚姻登记机关申请离婚。

根据《民法典》第1076条、第1077条和第1078条规定，离婚登记按如下程序办理：

（1）申请。夫妻双方自愿离婚的，应当签订书面离婚协议，共同到有管辖权的婚姻登记机关提出申请，并提供以下证件和证明材料：

①内地婚姻登记机关或者中国驻外使（领）馆颁发的结婚证；

②符合《婚姻登记工作规范》第二十九条至第三十五条规定的有效身份证件；

③在婚姻登记机关现场填写的《离婚登记申请书》。

（2）受理。婚姻登记员按照《婚姻登记工作规范》有关规定对当事人提交的上述材料进行初审。

申请办理离婚登记的当事人有一本结婚证丢失的，当事人应当书面声明遗失，婚姻登记员可以根据另一本结婚证受理离婚登记申请；申请办理离婚登记的当事人两本结婚证都丢失的，当事人应当书面声明结婚证遗失并提供加盖查档专用章的结婚登记档案复印件，婚姻登记员可根据当事人提供的上述材料受理离婚登记申请。

婚姻登记员对当事人提交的证件和证明材料初审无误后，发给《离婚登记申请受理回执单》。不符合离婚登记申请条件的，不予受理。当事人要求出具《不予受理离婚登记申请告知书》的，应当出具。

（3）冷静期。自婚姻登记机关收到离婚登记申请并向当事人发放《离婚登记申请受理回执单》之日起三十日内，任何一方不愿意离婚的，可以持本人有效身份证件和《离婚登记申请受理回执单》（遗失的可不提供，但需书面说明情况），向受理离婚登记申请的婚姻登记机关撤回离婚登记申请，并亲自填写《撤回离婚登记申请书》。经婚姻登记机关核实无误后，发给《撤回离婚登记申请确认单》，并将《离婚登记申请书》、《撤回离婚登记申请书》与《撤回离婚登记申请确认单（存根联）》一并存档。

自离婚冷静期届满后三十日内，双方未共同到婚姻登记机关申请发给离婚证的，视为撤回离婚登记申请。

（4）审查。自离婚冷静期届满后三十日内（期间届满的最后一日是节假日的，以节假日后的第一日为期限届满的日期），双方当事人应当持《婚姻登记工作规范》第五十五条第（四）至（七）项规定的证件和材料，共同到婚姻登记机关申请发给离婚证。

婚姻登记机关按照《婚姻登记工作规范》第五十六条和第五十七条规定的程序和条件执行和审查。婚姻登记机关对不符合离婚登记条件的，不予办理。当事人要求出具《不予办理离婚登记告知书》的，应当出具。

（5）登记（发证）。婚姻登记机关按照《婚姻登记工作规范》第五十八条至六十条规定，予以登记，发给离婚证。

离婚协议书一式三份，男女双方各一份并自行保存，婚姻登记处存档一份。婚姻登记员在当事人持有的两份离婚协议书上加盖"此件与存档件一致，涂改无效。×××婚姻登记处×××年××月××日"的长方形红色印章并填写日期。多页离婚协议书同时在骑缝处加盖此印章，骑缝处不填写日期。当事人亲自签订的离婚协议书原件存档。婚姻登记处在存档的离婚协议书加盖"×××登记处存档件×××年××月××日"的长方形红色印章并填写日期。

［协议离婚后的财产分割］

夫妻双方协议离婚后就财产分割问题反悔，请求撤销财产分割协议的，人民法院应当受理。

人民法院审理后，未发现订立财产分割协议时存在欺诈、胁迫等情形的，应当依法驳回当事人的诉讼请求。

［离婚时未处理的夫妻共同财产］

离婚后，一方以尚有夫妻共同财产未处理为由向人民法院起诉请求分割的，经审查该财产确属离婚时未涉及的夫妻共同财产，人民法院应当依法予以分割。

▶条文参见

《民法典》第1049条；《婚姻登记条例》第7条、第10-12条

第一千零七十七条　离婚冷静期

自婚姻登记机关收到离婚登记申请之日起三十日内，任何一方不愿意离婚的，可以向婚姻登记机关撤回离婚登记申请。

前款规定期限届满后三十日内，双方应当亲自到婚姻登记机关申请发给离婚证；未申请的，视为撤回离婚登记申请。

▶理解与适用

［离婚冷静期］

申请协议离婚的当事人自向婚姻登记机关申请离婚之日起三十日内，应当冷静、理智地对自己的婚姻状况和今后的生活进行充分的考虑，重新考虑是否以离婚方式解决夫妻矛盾，考虑离婚对自身、对子女、对双方家庭、对社会的利与弊，避免冲动行为。本条中规定的三十日即为离婚冷静期，在此期间，任何一方或者双方不愿意离婚的，可以向婚姻登记机关撤回离婚登记申请。

依据本条规定，在三十日离婚冷静期内，任何一方不愿意离婚的，应当在该期间内到婚姻登记机关撤回离婚申请，对此，

婚姻登记机关应当立即终止登记离婚程序。如果离婚冷静期届满，当事人仍坚持离婚，双方应当在离婚冷静期届满后的三十日内，亲自到婚姻登记机关申请发给离婚证。婚姻登记机关查明双方确实是自愿离婚，并已对子女抚养、财产及债务处理等事项协商一致的，予以登记，发给离婚证。如果在离婚冷静期届满后的三十日内，当事人双方没有亲自到婚姻登记机关申请发给离婚证，则视为撤回离婚申请。

第一千零七十八条　婚姻登记机关对协议离婚的查明

婚姻登记机关查明双方确实是自愿离婚，并已经对子女抚养、财产以及债务处理等事项协商一致的，予以登记，发给离婚证。

▶理解与适用

[婚姻登记机关对协议离婚的查明]

自愿离婚的夫妻双方向婚姻登记机关提交离婚协议后30日内，未向婚姻登记机关申请撤回离婚协议，并在提交离婚协议30日后的30日内，亲自到婚姻登记机关申请发给离婚证，对此，婚姻登记机关应当对当事人提交的离婚协议进行查明：

一是，查明当事人双方是否是自愿离婚，是否是真实而非虚假的离婚，查明离婚是否存在被胁迫的情形，查明是否因重大误解而导致的离婚。

二是，查明要求离婚的双方当事人是不是对子女抚养问题已协商一致。

三是，审查对财产及债务处理的事项是否协商一致。

经婚姻登记机关查明双方确实是自愿离婚，并已对子女抚养、财产及债务处理等事项协商一致的，应当进行离婚登记，发给离婚证。

[对离婚登记后有关问题的处理]

（一）对一方不履行离婚协议所确定的义务的处理

夫妻双方经婚姻登记机关办理了离婚登记后，当事人一方不按照离婚协议履行应尽的义务，或者在子女抚养、财产问题上发生纠纷的，当事人可以向人民法院提起民事诉讼。

（二）离婚证遗失或者损毁的补救

《婚姻登记条例》第17条规定："结婚证、离婚证遗失或者损毁的，当事人可以持户口簿、身份证向原办理婚姻登记的机关或者一方当事人常住户口所在地的婚姻登记机关申请补领。婚姻登记机关对当事人的婚姻登记档案进行查证，确认属实的，应当为当事人补发结婚证、离婚证。"

第一千零七十九条　诉讼离婚

夫妻一方要求离婚的，可以由有关组织进行调解或者直接向人民法院提起离婚诉讼。

人民法院审理离婚案件，应当进行调解；如果感情确已破裂，调解无效的，应当准予离婚。

有下列情形之一，调解无效的，应当准予离婚：

（一）重婚或者与他人同居；
（二）实施家庭暴力或者虐待、遗弃家庭成员；
（三）有赌博、吸毒等恶习屡教不改；
（四）因感情不和分居满二年；
（五）其他导致夫妻感情破裂的情形。

一方被宣告失踪，另一方提起离婚诉讼的，应当准予离婚。

经人民法院判决不准离婚后，双方又分居满一年，一方再次提起离婚诉讼的，应当准予离婚。

▶理解与适用

［诉讼外调解］

诉讼外调解，其依据来源于本条规定的"夫妻一方要求离婚的，可以由有关组织进行调解"。这种调解属于民间性质。

"有关组织"在实践中一般是当事人所在单位、群众团体、基层调解组织等。经过调解可能会出现不同的结果：一是双方的矛盾得到化解，重归于好，继续保持婚姻关系；二是双方都同意离婚，在子女抚养、财产及债务处理等事项上也达成一致意见，采用协议离婚的方式，到婚姻登记机关办理离婚登记手续；三是调解不成，一方坚持离婚，另一方则坚持相反意见，或者虽都同意离婚，但在子女抚养、财产及债务处理等事项上达不成协议，而需诉诸法院解决。

[诉讼离婚]

本条第2款中规定，"人民法院审理离婚案件，应当进行调解"。这表明调解是人民法院审理离婚案件的必经程序。适用调解程序，其目的在于防止当事人草率离婚，以及在双方当事人不能和解时，有助于平和、妥善地处理离婚所涉及的方方面面的问题。经过诉讼中的调解，会出现三种可能：第一种是双方互谅互让，重归于好。人民法院将调解和好协议的内容记入笔录，由双方当事人、审判人员、书记员签名或者盖章，协议的法律效力至此产生。第二种是双方达成全面的离婚协议，包括双方同意离婚、妥善安排子女今后的生活、合理分割财产、明确债务的承担等。人民法院应当按照协议的内容制作调解书。调解书应写明诉讼请求、案件的事实和调解结果，并由审判人员、书记员署名，加盖人民法院印章。离婚调解书经双方当事人签收后即具有法律效力。第三种是调解无效，包括双方就是否离婚或者在子女抚养、财产及债务处理等事项上达不成协议，在这种情况下，离婚诉讼程序继续进行。

调解不能久调不决，对于调解无效的案件，人民法院应当依法判决。判决应当根据当事人的婚姻状况，判决准予离婚或者判决不准离婚。一审判决离婚的，当事人在判决发生法律效力前不得另行结婚。当事人不服一审判决的，有权依法提出上诉。双方当事人在十五天的上诉期内均不上诉的，判决书发生法律效力。第二审人民法院审理上诉案件可以进行调解。经调解双方达成协议的，自调解书送达时起原审判决即视为撤销。第二审人民法院作出的判决是终审判决。对于判决不准离婚或者调解和好的离婚案件，没有新情况、新理由，原告在六个月内又起诉的，人民法院不予受理。

[调解无效，应当准予离婚的主要情形]

人民法院审理离婚案件，符合民法典第一千零七十九条第三款规定"应当准予离婚"情形的，不应当因当事人有过错而判决不准离婚。

1. 重婚或与他人同居

重婚是指有配偶者又与他人结婚的违法行为。其表现为法律上的重婚和事实上的重婚。

"与他人同居"的情形，是指有配偶者与婚外异性，不以夫妻名义，持续、稳定地共同居住。当事人提起诉讼仅请求解除同居关系的，人民法院不予受理；已经受理的，裁定驳回起诉。当事人因同居期间财产分割或者子女抚养纠纷提起诉讼的，人民法院应当受理。

2. 实施家庭暴力或虐待、遗弃家庭成员

家庭暴力，是指家庭成员之间以殴打、捆绑、残害、限制人身自由以及经常性谩骂、恐吓等方式实施的身体、精神等侵害行为。

虐待，指持续性、经常性的家庭暴力。

遗弃，指对于需要扶养的家庭成员，负有扶养义务而拒绝扶养的行为。

3. 有赌博、吸毒等恶习屡教不改

对于这类案件，人民法院应当查明有赌博、吸毒、酗酒等行为一方的一贯表现和事实情况。对情节较轻，有真诚悔改表现，对方也能谅解的，应着眼于调解和好。对于恶习难改，一贯不履行家庭义务，夫妻感情难以重建，夫妻难以共同生活的，经调解无效，应准予离婚。

4. 因感情不和分居满二年

夫妻因感情不和分居满二年，一般来说可以构成夫妻感情破裂的事实证明。"分居"是指夫妻间不再共同生活，不再互相履行夫妻义务，包括停止性生活，生活上不再互相关心、互相扶助等。具有分居满二年的情形，说明夫妻关系已徒具形式，名存实亡。当事人以此事由诉请人民法院离婚的，如经调解无效，应准予当事人离婚。

5. 其他导致夫妻感情破裂的情形

导致夫妻感情破裂的原因复杂多样，人民法院应当本着保障离婚自由、防止轻率离婚的原则，根据本法的立法精神和案件的具体情况，作出正确判定。例如，夫以妻擅自中止妊娠侵犯其生育权为由请求损害赔偿的，人民法院不予支持；夫妻双方因是否生育发生纠纷，致使感情确已破裂，一方请求离婚的，人民法院经调解无效，应依照民法典第一千零七十九条第三款第五项的规定处理。

▶条文参见

《反家庭暴力法》；《最高人民法院关于适用〈中华人民共和国民法典〉婚姻家庭编的解释（一）》第1条、第2条、第3条、第23条、第63条

▶典型案例指引

1. 刘某某申请人身安全保护令案（最高人民法院发布反家庭暴力法实施一周年十大典型案例）

案件适用要点：本案是公安机关协助执行人身安全保护令的典型案例。裁定作出后，法院立即向刘某某及蒲某某住所地的公安派出所、社区、妇联等单位送达了裁定书，并发出协助执行通知。蒲某某严格执行裁定内容，未再向刘某某实施家暴，且在公安部门的协调下接受了强制戒毒。本案是反家庭暴力法实施后四川省受理的第一例案件，各大新闻媒体广泛报道，在社会上引起强烈反响，推动对人身安全保护令有了全新的认知

和理解。

2. 王某某申请人身安全保护令案（最高人民法院发布反家庭暴力法实施一周年十大典型案例）

案件适用要点：本案是一起由男性家庭成员不依附其他诉讼而单独提起的人身安全保护令案件。在实践中把握何种行为可被定性为"家庭暴力"时，应在正确理解反家庭暴力法立法精神与相关条文的基础上，结合出警记录、就医记录，当事人及第三方调查情况，准确解读家庭暴力的持久性、故意性、控制性、恐惧性及后果严重性。对于家庭暴力的现实危险，应根据家庭暴力发生史、过去家庭暴力出警记录、就医记录，第三方描述等明确危险存在的可能性及大小。本案中王某某已年过八十，体弱多病，结合出警记录、同事证言、法院和居委会谈话笔录、医院诊疗记录、出院小结、验伤单、影像资料等证据，可证实王某某长期遭受来自万某某精神及身体上的折磨，并导致颅脑出血、身上多处受伤的严重后果，万某某的行为符合家庭暴力及现实危险的定义。

3. 赵某花与杨某良离婚纠纷案（最高人民法院公布49起婚姻家庭纠纷典型案例）

案件适用要点：夫妻感情确已破裂是准予离婚的唯一法定理由。认定夫妻感情是否确已破裂，要根据离婚纠纷案件的客观事实来确定。《关于人民法院审理离婚案件如何认定夫妻感情确已破裂的若干具体意见》中规定，应当从婚姻继承、婚后感情、离婚原因、夫妻关系的现状和有无和好的可能等方面综合分析。在本案中，原、被告双方系自由恋爱，婚姻基础较好，婚后双方虽因家务琐事发生吵闹，但只要双方加强沟通交流，克服生活中的各种困难，珍惜相互间的夫妻感情，另一方面双方所生两子女尚幼，从有利于小孩的健康成长出发，综合本案实际夫妻双方双方仍有和好可能，据此法院判决原、被告双方不准离婚。

第一千零八十条 婚姻关系的解除时间

> 完成离婚登记,或者离婚判决书、调解书生效,即解除婚姻关系。

▶ 理解与适用

[解除婚姻关系的时间]

登记离婚或者判决离婚生效后,当事人解除婚姻关系,双方基于配偶产生的身份关系消灭,基于配偶身份而产生的人身关系和财产关系即行终止。

1. 完成离婚登记时

登记离婚又称协议离婚,是我国法定的一种离婚形式。即婚姻关系当事人达成离婚合意并通过婚姻登记程序解除婚姻关系。完成离婚登记,取得离婚证的当事人基于配偶身份而产生的人身关系和财产关系即行终止。

2. 离婚调解书、判决书生效时

诉讼离婚是我国法定的另一种离婚形式。即婚姻关系当事人向人民法院提出离婚请求,由人民法院调解或判决而解除其婚姻关系的一种离婚方式。对调解离婚的,人民法院应当制作调解书。调解书应当写明诉讼请求、案件事实和调解结果。调解书由审判人员、书记员署名,加盖人民法院印章,送达双方当事人;经双方当事人签收后,即具有法律效力,男女双方的婚姻关系随即解除。

人民法院对审理的离婚案件,经调解无效的,应当依法作出判决。诉讼离婚的当事人在接到发生法律效力的离婚判决书后,双方的婚姻关系随即解除。

登记离婚或者判决离婚生效后,当事人解除婚姻关系,双方基于配偶产生的身份关系消灭,基于配偶身份而产生的人身关系和财产关系即行终止。

第一千零八十一条 现役军人离婚

现役军人的配偶要求离婚,应当征得军人同意,但是军人一方有重大过错的除外。

▶ 理解与适用

现役军人的配偶提出离婚须得军人同意的规定,只是保护军人婚姻的民事法律措施。如果此类纠纷是由于第三者破坏军婚造成并且构成犯罪的,应依法追究第三者的刑事责任。《刑法》第259条规定:"明知是现役军人的配偶而与之同居或者结婚的,处三年以下有期徒刑或者拘役。利用职权、从属关系,以胁迫手段奸淫现役军人的妻子的,依照本法第二百三十六条的规定定罪处罚。"

["军人一方有重大过错"的判断]

"军人一方有重大过错",可以依据民法典第一千零七十九条第三款前三项规定及军人有其他重大过错导致夫妻感情破裂的情形予以判断。

民法典第一千零七十九条第三款前三项规定为:(1)重婚或者与他人同居;(2)实施家庭暴力或者虐待、遗弃家庭成员;(3)有赌博、吸毒等恶习屡教不改。

▶ 条文参见

《最高人民法院关于适用〈中华人民共和国民法典〉婚姻家庭编的解释(一)》第64条

第一千零八十二条 男方提出离婚的限制情形

女方在怀孕期间、分娩后一年内或者终止妊娠后六个月内,男方不得提出离婚;但是,女方提出离婚或者人民法院认为确有必要受理男方离婚请求的除外。

▶理解与适用

　　本条规定限制的是男方在一定期限内的起诉权，而不是否定和剥夺男方的起诉权，只是推迟了男方提出离婚的时间，并不涉及准予离婚与不准予离婚的实体性问题。也就是说，只是对男方离婚请求权暂时性的限制，超过法律规定的期限，不再适用此规定。但是，男方在此期间并不是绝对的没有离婚请求权，法律还有例外规定，即人民法院认为"确有必要"的，也可以根据具体情况受理男方的离婚请求。所谓"确有必要"，一般是指比本条特别保护利益更为重要的利益需要关注的情形。

　　在本条规定中，法律还规定了另一种例外情形，即在此期间，女方提出离婚的，不受此规定的限制。女方自愿放弃法律对其的特殊保护，说明其本人对离婚已有思想准备，对此，法院应当根据当事人婚姻的实际情况判定是否准予离婚。

第一千零八十三条　复婚

　　离婚后，男女双方自愿恢复婚姻关系的，应当到婚姻登记机关重新进行结婚登记。

▶理解与适用

　　复婚，是指离了婚的男女重新和好，再次登记结婚，恢复婚姻关系。男女双方离婚后又自愿复婚，可以通过办理恢复结婚登记，重新恢复婚姻关系。

　　《婚姻登记条例》第14条规定，离婚的男女双方自愿恢复夫妻关系的，应当到婚姻登记机关办理复婚登记。复婚登记适用本条例结婚登记的规定。即复婚登记手续与结婚登记手续一致，男女双方应当亲自到一方户籍所在地的婚姻登记机关申请复婚登记。在办理复婚登记时，应提交原离婚证，以备婚姻登记机关审查。婚姻登记机关按照结婚登记程序办理复婚登记。在办理复婚登记时，应当收回双方当事人的离婚证后，重新发给结婚证。收回离婚证的目的，是防止当事人重婚。对于复婚的当事人一般不再要求进行婚前健康检查。

第一千零八十四条　离婚后子女的抚养

> 父母与子女间的关系，不因父母离婚而消除。离婚后，子女无论由父或者母直接抚养，仍是父母双方的子女。
>
> 离婚后，父母对于子女仍有抚养、教育、保护的权利和义务。
>
> 离婚后，不满两周岁的子女，以由母亲直接抚养为原则。已满两周岁的子女，父母双方对抚养问题协议不成的，由人民法院根据双方的具体情况，按照最有利于未成年子女的原则判决。子女已满八周岁的，应当尊重其真实意愿。

▶理解与适用

[离婚后，不满两周岁的子女的抚养]

离婚案件涉及未成年子女抚养的，对不满两周岁的子女，按照民法典第一千零八十四条第三款规定的原则处理。母亲有下列情形之一，父亲请求直接抚养的，人民法院应予支持：

（一）患有久治不愈的传染性疾病或者其他严重疾病，子女不宜与其共同生活；

（二）有抚养条件不尽抚养义务，而父亲要求子女随其生活；

（三）因其他原因，子女确不宜随母亲生活。

父母双方协议不满两周岁子女由父亲直接抚养，并对子女健康成长无不利影响的，人民法院应予支持。

[离婚后，已满两周岁的未成年子女的抚养]

对已满两周岁的未成年子女，父母均要求直接抚养，一方有下列情形之一的，可予优先考虑：

（一）已做绝育手术或者因其他原因丧失生育能力；

（二）子女随其生活时间较长，改变生活环境对子女健康成长明显不利；

（三）无其他子女，而另一方有其他子女；

（四）子女随其生活，对子女成长有利，而另一方患有久治不愈的传染性疾病或者其他严重疾病，或者有其他不利于子女身心健康的情形，不宜与子女共同生活。

[父或者母直接抚养子女的优先条件]

父母抚养子女的条件基本相同，双方均要求直接抚养子女，但子女单独随祖父母或者外祖父母共同生活多年，且祖父母或者外祖父母要求并且有能力帮助子女照顾孙子女或者外孙子女的，可以作为父或者母直接抚养子女的优先条件予以考虑。

[轮流直接抚养子女]

在有利于保护子女利益的前提下，父母双方协议轮流直接抚养子女的，人民法院应予支持。

[子女抚养关系的变更]

具有下列情形之一，父母一方要求变更子女抚养关系的，人民法院应予支持：

（一）与子女共同生活的一方因患严重疾病或者因伤残无力继续抚养子女；

（二）与子女共同生活的一方不尽抚养义务或有虐待子女行为，或者其与子女同生活对子女身心健康确有不利影响；

（三）已满八周岁的子女，愿随另一方生活，该方又有抚养能力；

（四）有其他正当理由需要变更。

▶条文参见

《民法典》第26条、第1067条、第1068条；《未成年人保护法》；《最高人民法院关于适用〈中华人民共和国民法典〉婚姻家庭编的解释（一）》第44-48条、第56条

▶典型案例指引

1. 庄建玉诉吴建光变更抚养关系案（2014年11月24日最高人民法院通报14起未成年人审判典型案例之六）

案件适用要点：关于未成年子女的抚养问题，应从有利于子女身心健康、保障子女合法权益出发。虽然相关司法解释规定准予变更抚养关系的情形之一包括十周岁[①]以上未成年子女的意愿且该方有抚养能力，但是，该规定中未成年子女的意愿是衡量是否有利于子女健康成长的重要参考因素，而非决定因素。

本案中虽然原、被告的女儿已年满十周岁，且在跟随父或者母共同生活作出选择。但法院从保障未成年子女权益出发，一方面至学校了解情况，征询其意见，另一方面围绕未成年子女开展调查，了解未成年子女的成长轨迹、成长环境、生活和学习现状。在充分调查后，综合考虑各方因素及未成年子女的辨识和责任能力，认为改变生活环境对子女健康成长明显不利，故判决驳回原告诉讼请求。

2. 江某诉钟某变更抚养关系案——依法保障未成年人的受教育权（2019年5月31日最高人民法院发布保护未成年人权益十大优秀案例）

案件适用要点：父母或者其他监护人应当尊重未成年人受教育的权利，必须使适龄未成年人依法入学接受并完成义务教育，不得使接受义务教育的未成年人辍学。与子女共同生活的一方不尽抚养义务，另一方要求变更子女抚养关系的，人民法院应予支持。本案中，江某俊随钟某生活期间，钟某不履行监护义务，拒绝送江某俊上学，不让孩子接受义务教育，严重侵犯了孩子受教育权利。钟某无工作，无住房，无经济来源，无法保障孩子生活、学习所需，且侵犯孩子受教育权，本着儿童利益最大化原则，法官判决支持江某变更抚养关系的诉求。

子女的成长是一个长期的动态过程，随着时间的推移，离婚时协商或判决所依据的父母双方的抚养能力和抚养条件可能会在子女成长过程中产生很大的变化，所以法律出于保证子女

---

① 根据《民法典》第1084条，子女已满八周岁的，应当尊重其真实意愿。

的健康成长考虑，允许离婚夫妇以协议或诉讼的方式变更与子女的抚养关系。在抚养的过程中，不光要给予生活保障，学习教育权利更应当保障，如果一方怠于履行义务，人民法院将依法进行抚养关系变更。

第一千零八十五条　离婚后子女抚养费的负担

离婚后，子女由一方直接抚养的，另一方应当负担部分或者全部抚养费。负担费用的多少和期限的长短，由双方协议；协议不成的，由人民法院判决。

前款规定的协议或者判决，不妨碍子女在必要时向父母任何一方提出超过协议或者判决原定数额的合理要求。

▶理解与适用

[抚养费的数额]

抚养费的数额，可以根据子女的实际需要、父母双方的负担能力和当地的实际生活水平确定。

有固定收入的，抚养费一般可以按其月总收入的百分之二十至三十的比例给付。负担两个以上子女抚养费的，比例可以适当提高，但一般不得超过月总收入的百分之五十。

无固定收入的，抚养费的数额可以依据当年总收入或者同行业平均收入，参照上述比例确定。

有特殊情况的，可以适当提高或者降低上述比例。

[抚养费的给付]

抚养费应当定期给付，有条件的可以一次性给付。

父母一方无经济收入或者下落不明的，可以用其财物折抵抚养费。

父母双方可以协议由一方直接抚养子女并由直接抚养方负担子女全部抚养费。但是，直接抚养方的抚养能力明显不能保障子女所需费用，影响子女健康成长的，人民法院不予支持。

抚养费的给付期限，一般至子女十八周岁为止。十六周岁以上不满十八周岁,以其劳动收入为主要生活来源,并能维持当地一般生活水平的,父母可以停止给付抚养费。

[抚养费的增加]

具有下列情形之一,子女要求有负担能力的父或者母增加抚养费的,人民法院应予支持:

(一)原定抚养费数额不足以维持当地实际生活水平;

(二)因子女患病、上学,实际需要已超过原定数额;

(三)有其他正当理由应当增加。

▶条文参见

《最高人民法院关于适用〈中华人民共和国民法典〉婚姻家庭编的解释(一)》第49-53条、第58条

▶典型案例指引

原告李泊霖、李宁诉被告李涛抚养费纠纷案(最高人民法院公布49起婚姻家庭纠纷典型案例)

案件适用要点:随着我国高等教育的逐渐普及,上大学(含各类职业技术学校)越来越成为适龄青少年的普遍选择。就我国传统习惯和绝大多数的家庭选择而言,没能经济独立的子女就读大学(含各类职业技术学校)的费用,由有经济能力的父母支付已然成为一种惯例。然而我国民法通则、婚姻法、未成年人保护法等等法律,却作出了与之相悖的规定,父母没有义务支付该部分费用。这就造成了习惯做法、社会传统和法律规定的冲突。尤其是在离异家庭中,这种冲突直接导致了亲情的反目和对立。本案就是涉及大学期间学费、生活费负担问题的典型案例。

本案中,原告李宁与被告李涛的离婚协议是双方真实意思表示,双方对于孩子上大学学费、生活费和结婚费用的约定,是其离婚协议的一部分,是双方在离婚时就子女读书、婚嫁事宜作出的合理安排,且原告李宁为达成离婚协议而自愿承担原告李泊霖成年之前的抚养义务,并免除了被告李涛

支付抚养费的法定义务,这也可视为原告李宁为争取到孩子的大学学费和婚嫁费用而在其他方面做出的让步。这种约定不违反法律的禁止性规定,合法有效,依法应当得到法律的支持和认可。如果认定离婚协议的该条款无效,则不但违背了民法的基本原则,对原告李宁的权益也是一种损害。故本案一审法院本着尊重当事人意思自治的原则,依法支持了原告李泊霖的合法诉求,为同类案件的审理提供了可资借鉴的依据。

第一千零八十六条　探望子女权利

离婚后,不直接抚养子女的父或者母,有探望子女的权利,另一方有协助的义务。

行使探望权利的方式、时间由当事人协议;协议不成的,由人民法院判决。

父或者母探望子女,不利于子女身心健康的,由人民法院依法中止探望;中止的事由消失后,应当恢复探望。

▶理解与适用

[探望权纠纷的诉讼受理]

人民法院作出的生效的离婚判决中未涉及探望权,当事人就探望权问题单独提起诉讼的,人民法院应予受理。

[探望权的中止和恢复]

当事人在履行生效判决、裁定或者调解书的过程中,一方请求中止探望的,人民法院在征询双方当事人意见后,认为需要中止探望的,依法作出裁定;中止探望的情形消失后,人民法院应当根据当事人的请求书面通知其恢复探望。

[提请中止探望权的主体]

未成年子女、直接抚养子女的父或者母以及其他对未成年子女负担抚养、教育、保护义务的法定监护人,有权向人民法院提出中止探望的请求。

[对拒不执行探望子女等裁判的强制执行]

对于拒不协助另一方行使探望权的有关个人或者组织,可以由人民法院依法采取拘留、罚款等强制措施,但是不能对子女的人身、探望行为进行强制执行。

▶条文参见

《最高人民法院关于适用〈中华人民共和国民法典〉婚姻家庭编的解释(一)》第65-68条

第一千零八十七条 离婚时夫妻共同财产的处理

离婚时,夫妻的共同财产由双方协议处理;协议不成的,由人民法院根据财产的具体情况,按照照顾子女、女方和无过错方权益的原则判决。

对夫或者妻在家庭土地承包经营中享有的权益等,应当依法予以保护。

▶理解与适用

[军人复员费、自主择业费等的归属及计算方法]

人民法院审理离婚案件,涉及分割发放到军人名下的复员费、自主择业费等一次性费用的,以夫妻婚姻关系存续年限乘以年平均值,所得数额为夫妻共同财产。

前款所称年平均值,是指将发放到军人名下的上述费用总额按具体年限均分得出的数额。其具体年限为人均寿命七十岁与军人入伍时实际年龄的差额。

[投资性财产的分割]

夫妻双方分割共同财产中的股票、债券、投资基金份额等有价证券以及未上市股份有限公司股份时,协商不成或者按市价分配有困难的,人民法院可以根据数量按比例分配。

[有限责任公司出资额的分割]

人民法院审理离婚案件,涉及分割夫妻共同财产中以一方名义在有限责任公司的出资额，另一方不是该公司股东的，按以下情形分别处理：

（一）夫妻双方协商一致将出资额部分或者全部转让给该股东的配偶，其他股东过半数同意，并且其他股东均明确表示放弃优先购买权的，该股东的配偶可以成为该公司股东；

（二）夫妻双方就出资额转让份额和转让价格等事项协商一致后，其他股东半数以上不同意转让，但愿意以同等条件购买该出资额的，人民法院可以对转让出资所得财产进行分割。其他股东半数以上不同意转让，也不愿以同等条件购买该出资额的，视为其同意转让，该股东的配偶可以成为该公司股东。

用于证明前款规定的股东同意的证据，可以是股东会议材料，也可以是当事人通过其他合法途径取得的股东的书面声明材料。

[涉及合伙企业中夫妻共同财产份额的分割原则]

人民法院审理离婚案件，涉及分割夫妻共同财产中以一方名义在合伙企业中的出资，另一方不是该企业合伙人的，当夫妻双方协商一致，将其合伙企业中的财产份额全部或者部分转让给对方时，按以下情形分别处理：

（一）其他合伙人一致同意的，该配偶依法取得合伙人地位；

（二）其他合伙人不同意转让，在同等条件下行使优先购买权的，可以对转让所得的财产进行分割；

（三）其他合伙人不同意转让，也不行使优先购买权，但同意该合伙人退伙或者削减部分财产份额的，可以对结算后的财产进行分割；

（四）其他合伙人既不同意转让，也不行使优先购买权，又不同意该合伙人退伙或者削减部分财产份额的，视为全体合伙人同意转让，该配偶依法取得合伙人地位。

[独资企业财产分割]

夫妻以一方名义投资设立个人独资企业的，人民法院分割

夫妻在该个人独资企业中的共同财产时,应当按照以下情形分别处理:

(一)一方主张经营该企业的,对企业资产进行评估后,由取得企业资产所有权一方给予另一方相应的补偿;

(二)双方均主张经营该企业的,在双方竞价基础上,由取得企业资产所有权的一方给予另一方相应的补偿;

(三)双方均不愿意经营该企业的,按照《中华人民共和国个人独资企业法》等有关规定办理。

[夫妻共同财产中的房屋价值及归属]

双方对夫妻共同财产中的房屋价值及归属无法达成协议时,人民法院按以下情形分别处理:

(一)双方均主张房屋所有权并且同意竞价取得的,应当准许;

(二)一方主张房屋所有权的,由评估机构按市场价格对房屋作出评估,取得房屋所有权的一方应当给予另一方相应的补偿;

(三)双方均不主张房屋所有权的,根据当事人的申请拍卖、变卖房屋,就所得价款进行分割。

[所有权未确定的房屋处理]

离婚时双方对尚未取得所有权或者尚未取得完全所有权的房屋有争议且协商不成的,人民法院不宜判决房屋所有权的归属,应当根据实际情况判决由当事人使用。

当事人就前款规定的房屋取得完全所有权后,有争议的,可以另行向人民法院提起诉讼。

[离婚时一方婚前贷款所购不动产的处理]

夫妻一方婚前签订不动产买卖合同,以个人财产支付首付款并在银行贷款,婚后用夫妻共同财产还贷,不动产登记于首付款支付方名下的,离婚时该不动产由双方协议处理。

依前款规定不能达成协议的,人民法院可以判决该不动产归登记一方,尚未归还的贷款为不动产登记一方的个人债务。双方婚后共同还贷支付的款项及其相对应财产增值部分,离婚时应根据民法典第一千零八十七条第一款规定的原则,由不动产登记一方对另一方进行补偿。

[购买以一方父母名义参加房改的房屋的处理]

婚姻关系存续期间,双方用夫妻共同财产出资购买以一方父母名义参加房改的房屋,登记在一方父母名下,离婚时另一方主张按照夫妻共同财产对该房屋进行分割的,人民法院不予支持。购买该房屋时的出资,可以作为债权处理。

[夫妻间借款的处理]

夫妻之间订立借款协议,以夫妻共同财产出借给一方从事个人经营活动或者用于其他个人事务的,应视为双方约定处分夫妻共同财产的行为,离婚时可以按照借款协议的约定处理。

▶条文参见

《民法典》第1063条、第1065条;《妇女权益保障法》第32条;《最高人民法院关于适用〈中华人民共和国民法典〉婚姻家庭编的解释(一)》第71-79条、第82条

第一千零八十八条　离婚经济补偿

夫妻一方因抚育子女、照料老年人、协助另一方工作等负担较多义务的,离婚时有权向另一方请求补偿,另一方应当给予补偿。具体办法由双方协议;协议不成的,由人民法院判决。

▶理解与适用

本条规定是遵循权利和义务对等的原则作出的。只有在一方为婚姻共同体尽了较多义务,如抚养子女、照料老人、协助另一方工作的情况下才可向对方请求补偿。夫妻离婚时,一方对承担较多家务劳动的另一方给予经济补偿,首先应当由要求离婚的夫妻自行协商确定,这种协商可以是在协议离婚时确定,也可以在诉讼离婚中确定。如果在协议离婚时双方达成了一致的协议,则可以向婚姻登记部门提交。婚姻登记部门查明确属

自愿，且不违反法律规定的，给予离婚登记，双方应自觉履行协议。在诉讼离婚中，双方对离婚补偿达成一致意见，交由法院以调解书或者判决书的形式予以确认。如果双方达不成协议，人民法院则依据本条的规定进行判决确定。

第一千零八十九条　离婚时夫妻共同债务的清偿

离婚时，夫妻共同债务应当共同偿还。共同财产不足清偿或者财产归各自所有的，由双方协议清偿；协议不成的，由人民法院判决。

▶ 理解与适用

根据本条规定，婚姻关系终结时，夫妻共同债务清偿应当遵循的原则是共同债务共同清偿。依法属于夫妻共同债务的，夫妻应当以共同财产共同偿还，这是一个基本原则。但是，如果夫妻共同财产不足致使不能清偿的，或者双方约定财产归各自所有没有共同财产清偿的，夫妻双方对共同债务如何偿还以及清偿比例等，可以由双方当事人协商确定，如果双方协商不能达成一致意见的，由人民法院考虑双方当事人的具体情况依法判决确定。需要注意的是，不论是双方当事人协商确定，还是人民法院判决确定的清偿方式、清偿比例等内容，仅在离婚的双方当事人之间有效，对债权人是没有法律效力的，债权人可以依照本法第178条"二人以上依法承担连带责任的，权利人有权请求部分或者全部连带责任人承担责任"的规定来要求双方履行其债务。

第一千零九十条　离婚经济帮助

离婚时，如果一方生活困难，有负担能力的另一方应当给予适当帮助。具体办法由双方协议；协议不成的，由人民法院判决。

第一千零九十一条　离婚损害赔偿

有下列情形之一，导致离婚的，无过错方有权请求损害赔偿：

（一）重婚；

（二）与他人同居；

（三）实施家庭暴力；

（四）虐待、遗弃家庭成员；

（五）有其他重大过错。

▶ 理解与适用

［离婚损害赔偿的范围］

民法典第一千零九十一条规定的"损害赔偿"，包括物质损害赔偿和精神损害赔偿。涉及精神损害赔偿的，适用《最高人民法院关于确定民事侵权精神损害赔偿责任若干问题的解释》的有关规定。

［离婚损害赔偿请求的主体与限制］

承担民法典第一千零九十一条规定的损害赔偿责任的主体，为离婚诉讼当事人中无过错方的配偶。

人民法院判决不准离婚的案件，对于当事人基于民法典第一千零九十一条提出的损害赔偿请求，不予支持。

在婚姻关系存续期间，当事人不起诉离婚而单独依据民法典第一千零九十一条提起损害赔偿请求的，人民法院不予受理。

［离婚损害赔偿诉讼提起时间］

人民法院受理离婚案件时，应当将民法典第一千零九十一条等规定中当事人的有关权利义务，书面告知当事人。在适用民法典第一千零九十一条时，应当区分以下不同情况：

（一）符合民法典第一千零九十一条规定的无过错方作为原告基于该条规定向人民法院提起损害赔偿请求的，必须在离婚诉讼的同时提出。

（二）符合民法典第一千零九十一条规定的无过错方作为被告的离婚诉讼案件，如果被告不同意离婚也不基于该条规定提起损害赔偿请求的，可以就此单独提起诉讼。

（三）无过错方作为被告的离婚诉讼案件，一审时被告未基于民法典第一千零九十一条规定提出损害赔偿请求，二审期间提出的，人民法院应当进行调解；调解不成的，告知当事人另行起诉。双方当事人同意由第二审人民法院一并审理的，第二审人民法院可以一并裁判。

[登记离婚后损害赔偿诉请的提起]

当事人在婚姻登记机关办理离婚登记手续后，以民法典第一千零九十一条规定为由向人民法院提出损害赔偿请求的，人民法院应当受理。但当事人在协议离婚时已经明确表示放弃该项请求的，人民法院不予支持。

[离婚损害赔偿请求权的认定]

夫妻双方均有民法典第一千零九十一条规定的过错情形，一方或者双方向对方提出离婚损害赔偿请求的，人民法院不予支持。

▶条文参见

《妇女权益保障法》第48条；《最高人民法院关于适用〈中华人民共和国民法典〉婚姻家庭编的解释（一）》第86－90条

▶典型案例指引

1. 周某诉张某离婚后损害责任纠纷案（2015年12月4日最高人民法院公布49起婚姻家庭纠纷典型案例）

案件适用要点：在离婚后发现被告的婚姻存续期间的出轨行为，请求精神损害赔偿，人民法院依法予以支持。

2. 张某诉程某身体权纠纷案（2015年12月4日最高人民法院公布49起婚姻家庭纠纷典型案例）

案件适用要点：本案是一起典型的家庭暴力案件，呼和浩特市中级法院针对家庭暴力对象的特殊性、形式的多样性、行为的隐蔽性、结果的循环性等特点，认真审理了此案。被告人程某粗鲁强势，其母目中无人，辱骂法官的行为能够印证家暴是导致他们婚姻关系破裂的主要原因，一个完整的家庭解体了，但对张某身体及精神造成的危害却无法弥补。本案中张某冷静理智，没有采用"以暴制暴"的手段来反抗，而是拿起法律这个有力的武器来捍卫自己的合法权益，其法律意识之强深深打动了每一位法官。以往因家庭暴力导致离婚的案件通常仅仅止步于婚姻关系的终止，受害人在离婚后就人身损害提起民事诉讼的情况极少。本案中张某在婚姻关系存续期间对程某的家庭暴力行为提起过刑事附带民事诉讼，获得了部分赔偿。在离婚后，对家庭暴力造成的人身损害再一次提起了民事诉讼。该案件在当地群众中产生了深远的影响，研究探讨该案例对法律适用和预防家庭暴力行为有着重要意义：

第一，受害人对家庭暴力行为能够及时收集、保留、固定证据，使案件能够顺利立案并最终判决，家庭暴力的施暴者得到了有力的惩治；

第二，该案例为家庭暴力的受害者在离婚后如何请求保护人身损害赔偿指明了道路，最高人民法院《关于适用〈中华人民共和国婚姻法〉若干问题的解释（一）》对家庭暴力行为进行了定义，对家庭暴力的范畴作出了明确表述，为法官审理此类案件提供了有力的法律依据；

第三，纠正了不正确的认识。刑事附带民事判决不能囊括全部受害人应得的人身损害赔偿，对于没有对受害人进行赔偿的部分，受害人有权另行提起民事诉讼；

第四，许多起家庭暴力案件都造成了极其严重的后果，有些甚至造成了人身伤亡事件，立法者乃至整个社会应当从此案件中反思，如何通过立法、执法行为，在家庭暴力发生前就给施暴者以威慑，从根源上遏制家庭暴力。

第一千零九十二条　一方侵害夫妻财产的处理规则

夫妻一方隐藏、转移、变卖、毁损、挥霍夫妻共同财产，或者伪造夫妻共同债务企图侵占另一方财产的，在离婚分割夫妻共同财产时，对该方可以少分或者不分。离婚后，另一方发现有上述行为的，可以向人民法院提起诉讼，请求再次分割夫妻共同财产。

▶理解与适用

［再次分割夫妻共同财产的时效］

当事人依据民法典第一千零九十二条的规定向人民法院提起诉讼，请求再次分割夫妻共同财产的诉讼时效期间为三年，从当事人发现之日起计算。

［离婚案件中的财产保全措施］

夫妻一方申请对配偶的个人财产或者夫妻共同财产采取保全措施的，人民法院可以在采取保全措施可能造成损失的范围内，根据实际情况，确定合理的财产担保数额。

▶条文参见

《最高人民法院关于适用〈中华人民共和国民法典〉婚姻家庭编的解释（一）》第70条、第83-84条

▶典型案例指引

1. 李某诉孙某离婚后财产纠纷案（2015年12月4日最高人民法院公布49起婚姻家庭纠纷典型案例）

案件适用要点：李某在离婚后发现前夫孙某现住房是孙某在双方婚姻关系存续期间购买，孙某在离婚时对该房屋进行了隐瞒。虽然双方在离婚协议中有"男方经营的公司、所有的汽车等财产，离婚后属男方"的约定，但在房产价值远大于汽车的价值的常识背景下，以"等"字涵盖房屋，违背常理。法院认定该房为双方婚姻关系存续期间购买，应属于双方共同财产，

并依法进行了分割。

2. 原告吕某芳诉被告许某坤离婚案（2015年12月4日最高人民法院公布49起婚姻家庭纠纷典型案例）

案件适用要点：离婚诉讼中，很多当事人担心对方隐匿家庭共同财产，其实这个担心并不是多余的，几乎60%以上的案件都会涉及一方涉嫌隐匿财产的情况。因此，防止对方隐匿财产，应当提前准备。比如，在起诉前，就将家庭共同财产的发票收集好，或请朋友做见证，兼采影像取证技术。另外，对于银行存款、股票基金等，可以在起诉同时申请法院调查或律师出具调查令调查，一旦查出财产下落，可以视情况采取财产保全措施等。

本案中，原告申请法院调查收集证据，法院向中国农业银行宣咸板桥分理处调取被告许某坤在该行的开户及账号交易明细情况，查明被告许某坤从2月4日至3月9日共销户定期一本通子账户七笔，合计553932.14元。故法院作出前述判决。

3. 雷某某诉宋某某离婚纠纷案（指导案例66号）

案件适用要点：一方在离婚诉讼期间或离婚诉讼前，隐藏、转移、变卖、毁损夫妻共同财产，或伪造债务企图侵占另一方财产的，离婚分割夫妻共同财产时，依照《中华人民共和国婚姻法》第四十七条的规定可以少分或不分财产。

第五章 收 养

第一节 收养关系的成立

第一千零九十三条 被收养人的条件

下列未成年人，可以被收养：
（一）丧失父母的孤儿；
（二）查找不到生父母的未成年人；
（三）生父母有特殊困难无力抚养的子女。

▶理解与适用

1. 丧失父母的孤儿。此处的"丧失"应指被收养人的父母已经死亡或者被宣告死亡。"父母"不仅包括生父母，还包括养父母以及有扶养关系的继父母。该项不包括父母被宣告失踪的情形。如果父母因查找不到而被宣告失踪，可以考虑适用本条第二项的规定，从而作为"查找不到生父母的未成年人"适用收养。

2. 查找不到生父母的未成年人。"查找不到"是指通过各种方式均无法找到。虽然未对"查找不到"附加时间上的限制，但从维护收养关系稳定的角度，在操作方面应当有一个合理期间的限制，个人或者有关机关经过一定期间仍查找不到生父母的未成年人，可以作为被收养人。此外，需要强调的是，对于暂时脱离生父母，但嗣后又被找回的未成年人，不属于此处的"查找不到"，不应当成为被收养的对象。

3. 生父母有特殊困难无力抚养的子女。与前两项相比，该项当中可作为被收养人的主体是由于生父母自身不具备抚养子女的能力，从而产生被收养的需要。"有特殊困难"属于一个包容性较强的表述，既包括生父母因经济困难无力抚养，也包括生父母因身体或者精神原因自身不具备抚养能力等。

第一千零九十四条　送养人的条件

下列个人、组织可以作送养人：
（一）孤儿的监护人；
（二）儿童福利机构；
（三）有特殊困难无力抚养子女的生父母。

▶条文参见

《民政部关于在办理收养登记中严格区分孤儿与查找不到生父母的弃婴的通知》第1条

第一千零九十五条　监护人送养未成年人的情形

未成年人的父母均不具备完全民事行为能力且可能严重危害该未成年人的，该未成年人的监护人可以将其送养。

▶理解与适用

在父母尚存的情况下，对于监护人送养未成年人的条件要求是非常严格的。

首先，要求未成年人的父母双方均不具备完全民事行为能力。根据本法总则编对民事行为能力的分类，自然人可以分为完全民事行为能力人、限制行为能力人以及无行为能力人。如果未成年人的父母任何一方属于完全民事行为能力人，一般情况下意味着其具有抚养、教育未成年人的能力，在这种情况下，监护人不得将未成年人送养；只有未成年人的父母双方均不具备完全民事行为能力，即双方均为限制行为能力或者无行为能力人时，监护人才有可能被允许送养。

其次，未成年人的父母必须存在可能严重危害该未成年人的情形时，监护人才可将未成年人送养。所谓可能严重危害该未成年人，主要是指其父母存在危害该未成年人的现实危险，且达到严重程度的情形。

第三，此种情况下的送养主体，只能是该未成年人的监护人。根据本法第1094条的规定，可以担任送养人的主体原则上只包括三类，即孤儿的监护人、儿童福利机构以及有特殊困难无力抚养子女的生父母。而在未成年人的父母均不具备完全民事行为能力且可能严重危害该未成年人时，上述三类主体均无法成为适格的送养主体。此时，根据本条规定，能够成为送养主体的，是该未成年人的监护人。监护人作为实际承担监护职责的人，对该未成年人的情况最为熟悉，由其担任送养人与收养人成立收养法律关系，较为合适。

第一千零九十六条 监护人送养孤儿的限制及变更监护人

监护人送养孤儿的，应当征得有抚养义务的人同意。有抚养义务的人不同意送养、监护人不愿意继续履行监护职责的，应当依照本法第一编的规定另行确定监护人。

▶ 理解与适用

根据本条规定，监护人送养孤儿的，应当征得有抚养义务的人同意。这里的"有抚养义务的人"，是指孤儿的有负担能力的祖父母、外祖父母、兄、姐。本法第1074条规定，有负担能力的祖父母、外祖父母，对于父母已经死亡或者父母无力抚养的未成年孙子女、外孙子女，有抚养的义务。第1075条规定，有负担能力的兄、姐，对于父母已经死亡或者父母无力抚养的未成年弟、妹，有扶养的义务。如果上述主体不同意监护人对孤儿进行送养，而监护人又不愿意继续履行监护职责的，为使被监护人不致处于无人监护的状态，应当依照本法总则编的规定另行确定监护人。

第一千零九十七条 生父母送养子女的原则要求与例外

生父母送养子女，应当双方共同送养。生父母一方不明或者查找不到的，可以单方送养。

▶ 理解与适用

理解本条，需要明确以下几点：

第一，生父母送养子女应当双方共同送养，这是原则要求。基于父母双方对于抚养子女的平等地位，送养应当双方共同进行。在实践操作层面，可以双方共同表示送养的意思，也可以由一方表达出送养意愿，另一方表示同意。在后一种情况下，这种同意的表示应是明确的、具体的。

第二，生父母送养子女可以单方送养，这是例外规定，应当严格限于法律规定的两种情形,即生父母一方不明或者查找不到。所谓"生父母一方不明",是指不能确认被送养人的生父或者生母为谁的情况。所谓"查找不到",是指经过一定期间,无法查找到生父或者生母的情况。

第一千零九十八条　收养人条件

收养人应当同时具备下列条件:
（一）无子女或者只有一名子女;
（二）有抚养、教育和保护被收养人的能力;
（三）未患有在医学上认为不应当收养子女的疾病;
（四）无不利于被收养人健康成长的违法犯罪记录;
（五）年满三十周岁。

▶ 理解与适用

[无子女或者只有一名子女]

此处的"无子女"包括多种情况,主要是指夫妻双方或者一方因不愿生育或不能生育而无子女,或者因所生子女死亡而失去子女,或者指收养人因无配偶而没有子女的情况,即收养人没有亲生子女,同时也没有养子女及形成抚养教育关系的继子女。需要强调的是,这里的"无子女"不能简单地理解为没有生育能力,如果此前生育过子女,但子女因故死亡,也属于"无子女"。

[有抚养、教育和保护被收养人的能力]

此处的"抚养、教育和保护被收养人的能力",主要是指收养人应当具有完全民事行为能力,在身体、智力、经济、道德品行以及教育子女等各个方面均有能力实现对未成年子女的抚养、教育和保护,能够履行父母对子女应尽的义务。收养人是否具备抚养、教育和保护被收养人能力,并不是单纯的主观判断问题,需要结合收养人家庭的具体状况、收入水平、心理健康程度等进行严格审查。

［未患有在医学上认为不应当收养子女的疾病］

在适用"未患有在医学上认为不应当收养子女的疾病"这一规定处理具体问题时，要特别注意须有充分科学的依据，必要时通过专门的医学鉴定加以确定，切不可随意适用该项条件拒绝特定主体的收养要求。一般而言，患有一些精神类疾病和传染性疾病可以被认为不适宜收养，如精神分裂症、躁狂抑郁型精神病、艾滋病、淋病、梅毒等。在判定某种疾病是否属于不应当收养子女的疾病时，除考虑疾病本身的严重性之外，重点还要考虑此种疾病对于收养关系的影响，对于被收养人可能存在的影响等，综合以上因素，谨慎认定。

［无不利于被收养人健康成长的违法犯罪记录］

这是本次编纂《民法典》新增加的内容。收养人从事过与未成年人健康成长有关的违法犯罪的，才会因该违法犯罪记录而被限制收养。比如，收养人曾有过对未成年人的强奸、猥亵犯罪的。假如收养人的违法犯罪与未成年人无关，则不受该项条件的限制。

为了加强收养登记管理，规范收养评估工作，根据民法典》，为保障被收养人的合法权益，民政部制定《收养评估办法（试行）》。

收养评估，是指民政部门对收养申请人是否具备抚养、教育和保护被收养人的能力进行调查、评估，并出具评估报告的专业服务行为。收养评估应当遵循最有利于被收养人的原则，独立、客观、公正地对收养申请人进行评估，依法保护个人信息和隐私。

民政部门进行收养评估，可以自行组织，也可以委托第三方机构开展。委托第三方机构开展收养评估的，民政部门应当与受委托的第三方机构签订委托协议。民政部门自行组织开展收养评估的，应当组建收养评估小组。收养评估小组应有2名以上熟悉收养相关法律法规和政策的在编人员。受委托的第三方机构应当同时具备下列条件：(1) 具有法人资格；(2) 组织机构健全，内部管理规范；（3）业务范围包含社会调查或者评估，或者具备评估相关经验；（4）有5名以上具有社会工作、医学、心理学等专业背景或者从事相关工作2年以上的专职工作人员；（5）开展评估工作所需的其他条件。

收养评估内容包括收养申请人以下情况：收养动机、道德品行、受教育程度、健康状况、经济及住房条件、婚姻家庭关系、共同生活家庭成员意见、抚育计划、邻里关系、社区环境、与被收养人融合情况等。

收养评估流程包括书面告知、评估准备、实施评估、出具评估报告。

（1）书面告知。民政部门收到收养登记申请有关材料后，经初步审查收养申请人、送养人、被收养人符合《中华人民共和国民法典》、《中国公民收养子女登记办法》要求的，应当书面告知收养申请人将对其进行收养评估。委托第三方机构开展评估的，民政部门应当同时书面告知受委托的第三方机构。

（2）评估准备。收养申请人确认同意进行收养评估的，第三方机构应当选派2名以上具有社会工作、医学、心理学等专业背景或者从事相关工作2年以上的专职工作人员开展评估活动。民政部门自行组织收养评估的，由收养评估小组开展评估活动。

（3）实施评估。评估人员根据评估需要，可以采取面谈、查阅资料、实地走访等多种方式进行评估，全面了解收养申请人的情况。

（4）出具报告。收养评估小组和受委托的第三方机构应当根据评估情况制作书面收养评估报告。收养评估报告包括正文和附件两部分：正文部分包括评估工作的基本情况、评估内容分析、评估结论等；附件部分包括记载评估过程的文字、语音、照片、影像等资料。委托第三方机构评估的，收养评估报告应当由参与评估人员签名，并加盖机构公章。民政部门自行组织评估的，收养评估报告应当由收养评估小组成员共同签名。

▶条文参见

《人口与计划生育法》第18条；《中国公民收养子女登记办法》；《收养评估办法（试行）》

第一千零九十九条　三代以内旁系同辈血亲的收养

收养三代以内旁系同辈血亲的子女，可以不受本法第一千零九十三条第三项、第一千零九十四条第三项和第一千一百零二条规定的限制。

华侨收养三代以内旁系同辈血亲的子女，还可以不受本法第一千零九十八条第一项规定的限制。

▶理解与适用

[收养三代以内旁系同辈血亲的子女]

如果收养三代以内旁系同辈血亲的子女，可以在收养基本条件的基础上，不受以下几项条件的限制：

一是，被收养人生父母有特殊困难无力抚养子女。根据本法第1093条的规定，除丧失父母的孤儿以及查找不到生父母的未成年人外，只有生父母有特殊困难无力抚养未成年子女时，该子女才能被纳入被收养人的范围。而根据本条规定，收养人如果收养的是三代以内旁系同辈血亲的子女，可以不受这一限制，即便该子女的父母并未因特殊困难丧失抚养能力，该子女仍可以成为被收养的对象。

二是，有特殊困难无力抚养子女的生父母。根据本法第1094条规定，除孤儿的监护人、儿童福利机构外，未成年人的生父母只有在有特殊困难无力抚养子女时，才能成为送养人。而根据本条规定，收养三代以内旁系同辈血亲的子女，即使未成年人的生父母并未因特殊困难而丧失抚养能力，其仍可以成为适格的送养人，因此成立的收养关系仍然有效。

三是，无配偶者收养异性子女的，收养人与被收养人的年龄应当相差四十周岁以上。根据本法第1102条的规定，无配偶者收养异性子女的,需要受到收养人与被收养人四十周岁年龄差的限制。而根据本条规定,收养三代以内旁系同辈血亲的子女,即使收养人与被收养人的年龄相差不到四十周岁,依然可以成立有效的收养关系。

[华侨收养三代以内旁系同辈血亲的子女]

一是,华侨收养三代以内旁系同辈血亲的子女,首先与一般主体收养三代以内旁系同辈血亲的子女的要求一致,即被收养人可以不受生父母有特殊困难无力抚养的子女限制、送养人可以不受有特殊困难无力抚养子女的限制以及无配偶者收养异性子女须与被收养人存在四十周岁年龄差的限制。

二是,在上述基础上,对于华侨收养,本法进一步放宽限制,还可以不受收养人须无子女或者只有一名子女的限制。也就是说,对于已拥有两名以上子女的华侨而言,其还可以通过收养这一方式形成与三代以内旁系同辈血亲的子女之间的亲子关系。

▶条文参见

《民法典》第1093条、第1094条、第1098条、第1102条

第一千一百条　收养人收养子女数量

无子女的收养人可以收养两名子女;有子女的收养人只能收养一名子女。

收养孤儿、残疾未成年人或者儿童福利机构抚养的查找不到生父母的未成年人,可以不受前款和本法第一千零九十八条第一项规定的限制。

▶条文参见

《民法典》第1098条、第1099条、第1103条

第一千一百零一条　共同收养

有配偶者收养子女,应当夫妻共同收养。

▶理解与适用

这里的"共同收养",既可以是夫妻双方共同为收养的意思表示,也可以是一方有收养子女的意思表示,另一方对此表示明确同意。

第一千一百零二条　无配偶者收养异性子女的限制

无配偶者收养异性子女的,收养人与被收养人的年龄应当相差四十周岁以上。

▶理解与适用

在无配偶者收养子女的情况下,收养人与被收养人须有四十周岁以上年龄差的限制已经不仅限于收养人为男性、被收养人为女性的情况。在收养人为无配偶女性、被收养人为未成年男性的情况下,同样应当受到收养人与被收养人须年龄相差四十周岁以上的限制。

第一千一百零三条　收养继子女的特别规定

继父或者继母经继子女的生父母同意,可以收养继子女,并可以不受本法第一千零九十三条第三项、第一千零九十四条第三项、第一千零九十八条和第一千一百条第一款规定的限制。

第一千一百零四条　收养自愿原则

收养人收养与送养人送养,应当双方自愿。收养八周岁以上未成年人的,应当征得被收养人的同意。

▶条文参见

《民法典》第19条

第一千一百零五条　收养登记、收养协议、收养公证及收养评估

收养应当向县级以上人民政府民政部门登记。收养关系自登记之日起成立。

收养查找不到生父母的未成年人的,办理登记的民政部门应当在登记前予以公告。

收养关系当事人愿意签订收养协议的,可以签订收养协议。

收养关系当事人各方或者一方要求办理收养公证的,应当办理收养公证。

县级以上人民政府民政部门应当依法进行收养评估。

▶条文参见

《中国公民收养子女登记办法》第7;《收养登记工作规范》

▶典型案例指引

冯某诉蔡某解除收养关系纠纷案(最高人民法院公布49起婚姻家庭纠纷典型案例)

案件适用要点:我国有不少收养关系并非签订书面收养协议,也不办理收养登记手续,而是事实收养关系,如果收养事实发生在《收养法》颁布之后,这样的收养关系是否有效?

1999年实行的新修改收养法时已经将收养关系的成立限定在"收养应当向县级以上人民政府民政部门登记。合法有效的收养关系应当是经过民政部门的登记。同样,对于收养法施行前成立的收养关系也予以默认,《收养法》颁布后没有经过登记的收养是不受到法律保护的。

第一千一百零六条　收养后的户口登记

收养关系成立后,公安机关应当按照国家有关规定为被收养人办理户口登记。

▶ 条文参见

《中国公民收养子女登记办法》第 8 条

第一千一百零七条 亲属、朋友的抚养

孤儿或者生父母无力抚养的子女,可以由生父母的亲属、朋友抚养;抚养人与被抚养人的关系不适用本章规定。

第一千一百零八条 祖父母、外祖父母优先抚养权

配偶一方死亡,另一方送养未成年子女的,死亡一方的父母有优先抚养的权利。

▶ 理解与适用

关于本条,需要明确以下几个问题:

一是,优先抚养权产生于生存一方配偶送养未成年子女之时,即当生存一方配偶作出送养其未成年子女的意思表示之时,死亡一方配偶的父母的优先抚养权即产生。优先抚养权作为死亡一方配偶的父母享有的一项民事权利,其可以根据权利自由处分的原则对优先抚养权表示放弃。在放弃的具体方式上,可以分为"明示放弃"与"默示放弃"。前者是指优先抚养权人在送养人送养未成年子女时,明确地表示自己不抚养该子女;后者则是指优先抚养权人明知送养人要送养未成年子女,但其既不作出优先抚养的直接、明确的意思表示,也没有阻止他人收养该子女,据此可以推定优先抚养权人放弃了优先抚养权。

二是,优先抚养权并不绝对,在有的情况下,从有利于未成年人利益最大化的角度出发,可以考虑限制甚至剥夺优先抚养权人的优先抚养权。比如,优先抚养权人存在严重危害未成年人身心健康的现实危险、优先抚养权人不具备实际的抚养能力等。此外,如果未成年人属于八周岁以上的限制行为能力人,在确定抚养权人时还要充分听取未成年人的意愿。

三是，在有的情况下，如死亡一方配偶的父母离婚，但两人同时主张优先抚养权的，需要首先审查他们是否同时具备优先抚养权。如果同时具备优先抚养权，就要综合考虑各种因素，并可以听取送养人的意见，确定由其中一人抚养未成年人。

四是，优先抚养权的产生具有先决条件，即必须是在配偶一方死亡，另一方送养子女时，死亡一方配偶的父母才可主张。换言之，如果配偶一方死亡，另一方并无送养子女的意思表示，该方作为子女的生父或者生母，仍然是未成年子女的监护人和法定代理人，由其继续承担对于子女的抚养、教育及保护义务，死亡一方配偶的父母无权主张优先抚养。

第一千一百零九条　涉外收养

外国人依法可以在中华人民共和国收养子女。

外国人在中华人民共和国收养子女，应当经其所在国主管机关依照该国法律审查同意。收养人应当提供由其所在国有权机构出具的有关其年龄、婚姻、职业、财产、健康、有无受过刑事处罚等状况的证明材料，并与送养人签订书面协议，亲自向省、自治区、直辖市人民政府民政部门登记。

前款规定的证明材料应当经收养人所在国外交机关或者外交机关授权的机构认证，并经中华人民共和国驻该国使领馆认证，但是国家另有规定的除外。

▶理解与适用

[外国人依法可以在中华人民共和国收养子女的实质要件]

按照本章有关被收养人、送养人以及收养人条件的规定，外国人在我国收养子女的，必须符合这些实质性条件的要求。

1. 被收养人方面，丧失父母的孤儿、查找不到生父母的未成年人以及生父母有特殊困难无力抚养的子女这三类主体，均可以作为涉外收养的被收养人由外国人收养。

2. 送养人方面，根据本法第1094条规定，孤儿的监护人、儿童福利机构以及有特殊困难无力抚养子女的生父母，均可以作为送养人送养未成年人。

3. 收养人条件方面，本法第1098条规定了收养人应当同时具备的条件，包括无子女或者只有一名子女，有抚养、教育和保护被收养人的能力，未患有在医学上认为不应当收养子女的疾病，无不利于被收养人健康成长的违法犯罪记录，年满三十周岁等。当然，在有的情形下，个别条件允许适当放宽。

[外国人依法可以在中华人民共和国收养子女的形式要件]

收养人应当提供由其所在国有权机构出具的有关其年龄、婚姻、职业、财产、健康、有无受过刑事处罚等状况的证明材料，并与送养人订立书面协议，亲自向省、自治区、直辖市人民政府民政部门登记。

▶条文参见

《外国人在中华人民共和国收养子女登记办法》第4条；《华侨以及居住在香港、澳门、台湾地区的中国公民办理收养登记的管辖以及所需要出具的证件和证明材料的规定》

第一千一百一十条　保守收养秘密

收养人、送养人要求保守收养秘密的，其他人应当尊重其意愿，不得泄露。

第二节　收养的效力

第一千一百一十一条　收养的效力

自收养关系成立之日起，养父母与养子女间的权利义务关系，适用本法关于父母子女关系的规定；养子女与养父母的近亲属间的权利义务关系，适用本法关于子女与父母的近亲属关系的规定。

养子女与生父母以及其他近亲属间的权利义务关系，因收养关系的成立而消除。

▶理解与适用

首先，关于养父母与养子女间的权利义务关系。根据本条规定，自收养关系成立之日起，养父母与养子女间的权利义务关系，适用本法关于父母子女关系的规定。

其次，关于养子女与养父母的近亲属间的权利义务关系。由于收养关系成立后，养父母子女之间同父母子女关系并无二致，因此，在养子女与养父母近亲属关系方面，也同样适用本法关于子女与父母的近亲属之间关系的规定。比如，根据本法第1074条规定，有负担能力的祖父母、外祖父母，对于父母已经死亡或者父母无力抚养的未成年孙子女、外孙子女，有抚养的义务。假如养父母与养子女形成收养关系后，养父母双双死亡或者丧失抚养能力，那么养父母的父母作为其近亲属，应当在有负担能力的情况下，承担起对于孙子女、外孙子女的抚养义务，尽管孙子女、外孙子女系其子女通过收养而来。

最后，本条第2款规定了收养关系成立后，养子女与生父母以及其他近亲属间的权利义务关系相应得以消除。

第一千一百一十二条　养子女的姓氏

养子女可以随养父或者养母的姓氏，经当事人协商一致，也可以保留原姓氏。

第一千一百一十三条　收养行为的无效

有本法第一编关于民事法律行为无效规定情形或者违反本编规定的收养行为无效。

无效的收养行为自始没有法律约束力。

▶理解与适用

根据本条规定,在两种情形之下,收养行为将被认定为无效。

第一,有本法总则编关于民事法律行为无效规定的情形。本法总则编第六章民事法律行为专设第三节规定了民事法律行为的效力。第143条首先从正面规定了民事法律行为有效应当具备的条件,包括行为人具有相应的民事行为能力、意思表示真实,以及不违反法律、行政法规的强制性规定,不违背公序良俗。在此基础上,如果不具备或者不完全具备这些条件的民事法律行为,其效力将受到影响,具体可导致无效、可撤销、效力待定等多种效力形态。其中,属于无效民事法律行为的情形包括:(1)无民事行为能力人实施的民事法律行为无效;(2)行为人与相对人以虚假的意思表示实施的民事法律行为无效;(3)违反法律、行政法规的强制性规定的民事法律行为无效,但是,该强制性规定不导致该民事法律行为无效的除外;(4)违背公序良俗的民事法律行为无效;(5)行为人与相对人恶意串通,损害他人合法权益的民事法律行为无效。从总则编的规定看,这些无效情形涵盖了行为人行为能力欠缺、意思表示不真实、违法性等各个方面,是总则编对于民事法律行为效力否定性评价的主要依据。收养作为具有人身性质的民事法律行为,自然应当受到总则编有关民事法律行为效力评价规定的约束。如果送养人与收养人之间的收养行为具有上述情形的,则行为应属无效。

第二,违反本编规定的收养行为无效。除具有总则编无效情形的收养行为应属无效收养之外,如果收养行为违反了婚姻家庭编的规定,也应属无效的收养行为。例如,收养行为违反了有关被收养人、送养人、收养人的条件,以及收养人数的限制、无配偶者收养异性子女的年龄限制等。又如,未依法向县级以上民政部门办理收养登记。再如,违反有关收养应当遵循最有利于被收养人的原则,保障被收养人和收养人的合法权益的规定,违反禁止借收养名义买卖未成年人的规定等,均为无效收养。

　　本条第2款规定,无效的收养行为自始没有法律约束力。根据本法第155条规定,无效的民事法律行为自始没有法律约束力。收养作为具有人身性质的民事法律行为,也应遵循法律行为制度的基本原理,一旦被认定无效,也应当是从行为一开始便没有法律约束力。

第三节　收养关系的解除

第一千一百一十四条　收养关系的协议解除与诉讼解除

> 　　收养人在被收养人成年以前,不得解除收养关系,但是收养人、送养人双方协议解除的除外。养子女八周岁以上的,应当征得本人同意。
> 　　收养人不履行抚养义务,有虐待、遗弃等侵害未成年养子女合法权益行为的,送养人有权要求解除养父母与养子女间的收养关系。送养人、收养人不能达成解除收养关系协议的,可以向人民法院提起诉讼。

▶理解与适用

　　[协议解除收养关系]

　　从本条第1款规定看,协议解除收养关系存在以下特点,需要准确把握:一是,原则上,在被收养人成年以前,收养人不得单方解除收养关系。这一规定主要是出于对未成年人利益的保护,防止因收养人推卸责任而致使未成年人无人抚养的状况出现。二是,收养人与送养人经协商一致,可以解除收养关系。在收养人不得随意解除收养关系的原则要求之下,如果收养人与送养人能够协商一致,意味着对未成年人的抚养不会出现问题,从尊重双方当事人意思自治的角度出发,可以允许解除收养关系。三是,养子女八周岁以上的,应当征得其同意。

在送养人、收养人就解除收养关系达成一致的前提下，如果养子女属于八周岁以上的限制行为能力人，则还需要征得养子女的同意才可解除收养关系。这是因为，收养关系的解除不能只考虑送养人、收养人的意愿。养子女八周岁以上的，能够基于被抚养经历及情感联系选择最有利于自己的成长环境，此时就需要征得其同意方可解除收养关系。四是，收养人、送养人协商解除收养关系只能通过协议解除的方式，不能通过诉讼方式解除。

[诉讼解除收养关系]

本条第2款是通过诉讼解除收养关系的规定。理解本款需要注意以下几点：一是，适用本款规定的前提是被收养人尚未成年。二是，本款适用的对象仅为送养人，不适用于收养人或者被收养人。其立法初衷在于，为保护被收养人的合法权益，赋予送养人在一定条件下提起解除收养关系之诉的权利。三是，本款的适用情形有严格限制，即收养人不履行抚养义务，有虐待、遗弃等侵害未成年养子女合法权益的行为。如果收养人不存在这些行为，则送养人无权提起解除收养关系的诉讼。

第一千一百一十五条　养父母与成年养子女解除收养关系

> 养父母与成年养子女关系恶化、无法共同生活的，可以协议解除收养关系。不能达成协议的，可以向人民法院提起诉讼。

▶理解与适用

正确理解和适用本条，需要注意以下几点：

第一，本条解决的是养父母与成年养子女关系恶化、无法共同生活时收养关系的解除，不包括养子女为未成年人时的情形。

第二，本条所规范的养父母与成年养子女之间收养关系的解除，既包括协议解除，也包括诉讼解除。当养父母与成年养

89

子女双方关系恶化、无法共同生活时，可以由一方提出解除收养关系的意思表示，另一方如果同意，则双方就可以协议解除。如果一方提出解除，另一方不同意解除或者对解除收养关系的具体内容不认可，则可以通过向法院提起诉讼的方式解除收养关系。无论是养父母还是成年养子女，均享有诉权。

第三，养父母与成年养子女解除收养关系的原因是双方关系恶化、无法共同生活，至于引起关系恶化的具体原因在所不问。

对于解除收养关系后养父母的生活保障，本法第1118条作了规定，即经养父母抚养的成年养子女，对缺乏劳动能力又缺乏生活来源的养父母，应当给付生活费。

第一千一百一十六条　解除收养关系的登记

当事人协议解除收养关系的，应当到民政部门办理解除收养关系登记。

▶ 理解与适用

理解本条，需要注意以下几点：

第一，本条的规范对象是协议解除收养关系。根据本法第1114条、第1115条的规定，协议解除收养关系包括以下几种情形：一是收养人与送养人协议解除收养关系。如果被收养人八周岁以上的，解除收养关系还须得到被收养人本人的同意。二是收养人不履行抚养义务，有虐待、遗弃等侵害未成年养子女合法权益行为的，送养人有权要求解除养父母与养子女之间的收养关系。此种情况下，送养人与收养人也可以通过协议的方式解除收养关系。三是养父母与成年养子女关系恶化、无法共同生活的，养父母与成年养子女可以通过协议的方式解除收养关系。因此，在上述三种情形下，如果双方达成了解除收养关系的协议，应当到民政部门办理解除收养关系登记。

第二，按照有关程序要求，双方应携带必要的材料，共同到民政部门办理解除收养关系登记。同收养关系成立一样，收养关系的协议解除体现的也是双方的共同合意，只有双方同时到民政部门办理解除收养关系登记，才便于民政部门准确查明双方合意，正确办理登记。

第三，民政部门查明双方的协议解除符合有关规定，依法办理登记，收养关系自登记之日起解除。民政部门在办理解除收养关系登记时，应当按照收养的有关规定进行审核，只有符合规定的，才可以办理解除登记。同时，与收养关系自登记之日起成立一样，收养关系的解除效力也应自解除收养关系登记之日起算。

▶条文参见

《中国公民收养子女登记办法》第9条、第10条

第一千一百一十七条　收养关系解除的法律后果

收养关系解除后，养子女与养父母以及其他近亲属间的权利义务关系即行消除，与生父母以及其他近亲属间的权利义务关系自行恢复。但是，成年养子女与生父母以及其他近亲属间的权利义务关系是否恢复，可以协商确定。

第一千一百一十八条　收养关系解除后生活费、抚养费支付

收养关系解除后，经养父母抚养的成年养子女，对缺乏劳动能力又缺乏生活来源的养父母，应当给付生活费。因养子女成年后虐待、遗弃养父母而解除收养关系的，养父母可以要求养子女补偿收养期间支出的抚养费。

生父母要求解除收养关系的，养父母可以要求生父母适当补偿收养期间支出的抚养费；但是，因养父母虐待、遗弃养子女而解除收养关系的除外。

▶理解与适用

正确理解和适用本条,需要注意以下几点:

一是,收养关系解除后,成年养子女应对抚养过自己的缺乏劳动能力又缺乏生活来源的养父母给付生活费。这里不区分协议解除还是诉讼解除,只要养父母尽了对于养子女的抚养义务,养子女成年后,对于缺乏劳动能力又缺乏生活来源的养父母,都应当给付生活费。这里需要满足几项条件:(1)收养关系已经解除。既包括协议解除,也包括诉讼解除。(2)养父母须实际抚养过养子女。如果收养关系成立后,养父母并未对养子女尽抚养义务,则其无权在养子女成年后要求支付生活费。这里体现的,仍然是权利义务相对等的原则。(3)养父母具有缺乏劳动能力又缺乏生活来源的情形。由于收养关系解除后,养父母与养子女间已经不再具有父母子女关系,此时,要求成年养子女向养父母给付生活费,更多的是基于养父母之前的抚养事实。因此,这一情形应该加以限制,即只有在养父母既缺乏劳动能力又缺乏生活来源时,成年养子女才有给付生活费的义务。

二是,根据本法第1115条规定,养父母与成年养子女关系恶化、无法共同生活的,既可以协议解除收养关系,也可以通过诉讼方式解除收养关系。此种情况下收养关系的解除,既可能确因双方生活观念不符所致,也可能是因成年养子女虐待、遗弃养父母而解除。在后一种情况下,尽管收养关系最终解除,但养父母可以要求养子女补偿收养期间支出的抚养费。这种补偿,一方面是考虑权利义务的对等;另一方面也是体现对养子女虐待、遗弃养父母行为的一种惩戒,是合理的。

三是,生父母提出解除收养关系要求的,养父母可以要求生父母适当补偿收养期间支出的抚养费。在生父母提出解除收养关系要求的情形下,考虑到养父母对于养子女的成长付出了经济、时间等各方面的巨大成本,赋予养父母对于生父母抚养费的补偿请求权是合适的,但这种请求权有两方面限制:第一,养父母可以要求适当补偿抚养费支出。在长期的收养关系存续期间，养父母的具体支出是难以准确计算的。因此，养父母可以结合自己抚养教育养子女的具体情况，提出一个适当、大致的补偿标准。第二，解除收养关系的请求虽由生父母提出，但原因在于养父母虐待、遗弃养子女的，由于养父母自身存在过错，其无权提出补偿抚养费的请求。

实用核心法规

最高人民法院关于适用
《中华人民共和国民法典》
婚姻家庭编的解释（一）

（2020年12月25日最高人民法院审判委员会第1825次会议通过　2020年12月29日最高人民法院公告公布　自2021年1月1日起施行　法释〔2020〕22号）

为正确审理婚姻家庭纠纷案件，根据《中华人民共和国民法典》《中华人民共和国民事诉讼法》等相关法律规定，结合审判实践，制定本解释。

一、一般规定

第一条　持续性、经常性的家庭暴力，可以认定为民法典第一千零四十二条、第一千零七十九条、第一千零九十一条所称的"虐待"。

第二条　民法典第一千零四十二条、第一千零七十九条、第一千零九十一条规定的"与他人同居"的情形，是指有配偶者与婚外异性，不以夫妻名义，持续、稳定地共同居住。

第三条　当事人提起诉讼仅请求解除同居关系的，人民法院不予受理；已经受理的，裁定驳回起诉。

当事人因同居期间财产分割或者子女抚养纠纷提起诉讼的，人民法院应当受理。

第四条　当事人仅以民法典第一千零四十三条为依据提起诉讼的，人民法院不予受理；已经受理的，裁定驳回起诉。

第五条　当事人请求返还按照习俗给付的彩礼的，如果查明属于以下情形，人民法院应当予以支持：

（一）双方未办理结婚登记手续；

（二）双方办理结婚登记手续但确未共同生活；
（三）婚前给付并导致给付人生活困难。
适用前款第二项、第三项的规定，应当以双方离婚为条件。

二、结　　婚

第六条　男女双方依据民法典第一千零四十九条规定补办结婚登记的，婚姻关系的效力从双方均符合民法典所规定的结婚的实质要件时起算。

第七条　未依据民法典第一千零四十九条规定办理结婚登记而以夫妻名义共同生活的男女，提起诉讼要求离婚的，应当区别对待：

（一）1994年2月1日民政部《婚姻登记管理条例》公布实施以前，男女双方已经符合结婚实质要件的，按事实婚姻处理。

（二）1994年2月1日民政部《婚姻登记管理条例》公布实施以后，男女双方符合结婚实质要件的，人民法院应当告知其补办结婚登记。未补办结婚登记的，依据本解释第三条规定处理。

第八条　未依据民法典第一千零四十九条规定办理结婚登记而以夫妻名义共同生活的男女，一方死亡，另一方以配偶身份主张享有继承权的，依据本解释第七条的原则处理。

第九条　有权依据民法典第一千零五十一条规定向人民法院就已办理结婚登记的婚姻请求确认婚姻无效的主体，包括婚姻当事人及利害关系人。其中，利害关系人包括：

（一）以重婚为由的，为当事人的近亲属及基层组织；
（二）以未到法定婚龄为由的，为未到法定婚龄者的近亲属；
（三）以有禁止结婚的亲属关系为由的，为当事人的近亲属。

第十条　当事人依据民法典第一千零五十一条规定向人民法院请求确认婚姻无效，法定的无效婚姻情形在提起诉讼时已经消失的，人民法院不予支持。

第十一条　人民法院受理请求确认婚姻无效案件后，原告申请撤诉的，不予准许。

对婚姻效力的审理不适用调解，应当依法作出判决。

涉及财产分割和子女抚养的，可以调解。调解达成协议的，另行制作调解书；未达成调解协议的，应当一并作出判决。

第十二条 人民法院受理离婚案件后，经审理确属无效婚姻的，应当将婚姻无效的情形告知当事人，并依法作出确认婚姻无效的判决。

第十三条 人民法院就同一婚姻关系分别受理了离婚和请求确认婚姻无效案件的，对于离婚案件的审理，应当待请求确认婚姻无效案件作出判决后进行。

第十四条 夫妻一方或者双方死亡后，生存一方或者利害关系人依据民法典第一千零五十一条的规定请求确认婚姻无效的，人民法院应当受理。

第十五条 利害关系人依据民法典第一千零五十一条的规定，请求人民法院确认婚姻无效的，利害关系人为原告，婚姻关系当事人双方为被告。

夫妻一方死亡的，生存一方为被告。

第十六条 人民法院审理重婚导致的无效婚姻案件时，涉及财产处理的，应当准许合法婚姻当事人作为有独立请求权的第三人参加诉讼。

第十七条 当事人以民法典第一千零五十一条规定的三种无效婚姻以外的情形请求确认婚姻无效的，人民法院应当判决驳回当事人的诉讼请求。

当事人以结婚登记程序存在瑕疵为由提起民事诉讼，主张撤销结婚登记的，告知其可以依法申请行政复议或者提起行政诉讼。

第十八条 行为人以给另一方当事人或者其近亲属的生命、身体、健康、名誉、财产等方面造成损害为要挟，迫使另一方当事人违背真实意愿结婚的，可以认定为民法典第一千零五十二条所称的"胁迫"。

因受胁迫而请求撤销婚姻的，只能是受胁迫一方的婚姻关系当事人本人。

第十九条 民法典第一千零五十二条规定的"一年"，不适用诉讼时效中止、中断或者延长的规定。

受胁迫或者被非法限制人身自由的当事人请求撤销婚姻的，不适用民法典第一百五十二条第二款的规定。

第二十条 民法典第一千零五十四条所规定的"自始没有法律约束力"，是指无效婚姻或者可撤销婚姻在依法被确认无效或者被撤销时，才确定该婚姻自始不受法律保护。

第二十一条　人民法院根据当事人的请求，依法确认婚姻无效或者撤销婚姻的，应当收缴双方的结婚证书并将生效的判决书寄送当地婚姻登记管理机关。

第二十二条　被确认无效或者被撤销的婚姻，当事人同居期间所得的财产，除有证据证明为当事人一方所有的以外，按共同共有处理。

三、夫妻关系

第二十三条　夫以妻擅自中止妊娠侵犯其生育权为由请求损害赔偿的，人民法院不予支持；夫妻双方因是否生育发生纠纷，致使感情确已破裂，一方请求离婚的，人民法院经调解无效，应依照民法典第一千零七十九条第三款第五项的规定处理。

第二十四条　民法典第一千零六十二条第一款第三项规定的"知识产权的收益"，是指婚姻关系存续期间，实际取得或者已经明确可以取得的财产性收益。

第二十五条　婚姻关系存续期间，下列财产属于民法典第一千零六十二条规定的"其他应当归共同所有的财产"：

（一）一方以个人财产投资取得的收益；

（二）男女双方实际取得或者应当取得的住房补贴、住房公积金；

（三）男女双方实际取得或者应当取得的基本养老金、破产安置补偿费。

第二十六条　夫妻一方个人财产在婚后产生的收益，除孳息和自然增值外，应认定为夫妻共同财产。

第二十七条　由一方婚前承租、婚后用共同财产购买的房屋，登记在一方名下的，应当认定为夫妻共同财产。

第二十八条　一方未经另一方同意出售夫妻共同所有的房屋，第三人善意购买、支付合理对价并已办理不动产登记，另一方主张追回该房屋的，人民法院不予支持。

夫妻一方擅自处分共同所有的房屋造成另一方损失，离婚时另一方请求赔偿损失的，人民法院应予支持。

第二十九条　当事人结婚前，父母为双方购置房屋出资的，该出资应当认定为对自己子女个人的赠与，但父母明确表示赠与双方的除外。

当事人结婚后，父母为双方购置房屋出资的，依照约定处理；没有约定或者约定不明确的，按照民法典第一千零六十二条第一款第四项规定的原则处理。

第三十条　军人的伤亡保险金、伤残补助金、医药生活补助费属于个人财产。

第三十一条　民法典第一千零六十三条规定为夫妻一方的个人财产，不因婚姻关系的延续而转化为夫妻共同财产。但当事人另有约定的除外。

第三十二条　婚前或者婚姻关系存续期间，当事人约定将一方所有的房产赠与另一方或者共有，赠与方在赠与房产变更登记之前撤销赠与，另一方请求判令继续履行的，人民法院可以按照民法典第六百五十八条的规定处理。

第三十三条　债权人就一方婚前所负个人债务向债务人的配偶主张权利的，人民法院不予支持。但债权人能够证明所负债务用于婚后家庭共同生活的除外。

第三十四条　夫妻一方与第三人串通，虚构债务，第三人主张该债务为夫妻共同债务的，人民法院不予支持。

夫妻一方在从事赌博、吸毒等违法犯罪活动中所负债务，第三人主张该债务为夫妻共同债务的，人民法院不予支持。

第三十五条　当事人的离婚协议或者人民法院生效判决、裁定、调解书已经对夫妻财产分割问题作出处理的，债权人仍有权就夫妻共同债务向男女双方主张权利。

一方就夫妻共同债务承担清偿责任后，主张由另一方按照离婚协议或者人民法院的法律文书承担相应债务的，人民法院应予支持。

第三十六条　夫或者妻一方死亡的，生存一方应当对婚姻关系存续期间的夫妻共同债务承担清偿责任。

第三十七条　民法典第一千零六十五条第三款所称"相对人知道该约定的"，夫妻一方对此负有举证责任。

第三十八条　婚姻关系存续期间，除民法典第一千零六十六条规定情形以外，夫妻一方请求分割共同财产的，人民法院不予支持。

四、父母子女关系

第三十九条 父或者母向人民法院起诉请求否认亲子关系,并已提供必要证据予以证明,另一方没有相反证据又拒绝做亲子鉴定的,人民法院可以认定否认亲子关系一方的主张成立。

父或者母以及成年子女起诉请求确认亲子关系,并提供必要证据予以证明,另一方没有相反证据又拒绝做亲子鉴定的,人民法院可以认定确认亲子关系一方的主张成立。

第四十条 婚姻关系存续期间,夫妻双方一致同意进行人工授精,所生子女应视为婚生子女,父母子女间的权利义务关系适用民法典的有关规定。

第四十一条 尚在校接受高中及其以下学历教育,或者丧失、部分丧失劳动能力等非因主观原因而无法维持正常生活的成年子女,可以认定为民法典第一千零六十七条规定的"不能独立生活的成年子女"。

第四十二条 民法典第一千零六十七条所称"抚养费",包括子女生活费、教育费、医疗费等费用。

第四十三条 婚姻关系存续期间,父母双方或者一方拒不履行抚养子女义务,未成年子女或者不能独立生活的成年子女请求支付抚养费的,人民法院应予支持。

第四十四条 离婚案件涉及未成年子女抚养的,对不满两周岁的子女,按照民法典第一千零八十四条第三款规定的原则处理。母亲有下列情形之一,父亲请求直接抚养的,人民法院应予支持:

(一)患有久治不愈的传染性疾病或者其他严重疾病,子女不宜与其共同生活;

(二)有抚养条件不尽抚养义务,而父亲要求子女随其生活;

(三)因其他原因,子女确不宜随母亲生活。

第四十五条 父母双方协议不满两周岁子女由父亲直接抚养,并对子女健康成长无不利影响的,人民法院应予支持。

第四十六条 对已满两周岁的未成年子女,父母均要求直接抚养,一方有下列情形之一的,可予优先考虑:

（一）已做绝育手术或者因其他原因丧失生育能力；

（二）子女随其生活时间较长，改变生活环境对子女健康成长明显不利；

（三）无其他子女，而另一方有其他子女；

（四）子女随其生活，对子女成长有利，而另一方患有久治不愈的传染性疾病或者其他严重疾病，或者有其他不利于子女身心健康的情形，不宜与子女共同生活。

第四十七条 父母抚养子女的条件基本相同，双方均要求直接抚养子女，但子女单独随祖父母或者外祖父母共同生活多年，且祖父母或者外祖父母要求并且有能力帮助子女照顾孙子女或者外孙子女的，可以作为父或者母直接抚养子女的优先条件予以考虑。

第四十八条 在有利于保护子女利益的前提下，父母双方协议轮流直接抚养子女的，人民法院应予支持。

第四十九条 抚养费的数额，可以根据子女的实际需要、父母双方的负担能力和当地的实际生活水平确定。

有固定收入的，抚养费一般可以按其月总收入的百分之二十至三十的比例给付。负担两个以上子女抚养费的，比例可以适当提高，但一般不得超过月总收入的百分之五十。

无固定收入的，抚养费的数额可以依据当年总收入或者同行业平均收入，参照上述比例确定。

有特殊情况的，可以适当提高或者降低上述比例。

第五十条 抚养费应当定期给付，有条件的可以一次性给付。

第五十一条 父母一方无经济收入或者下落不明的，可以用其财物折抵抚养费。

第五十二条 父母双方可以协议由一方直接抚养子女并由直接抚养方负担子女全部抚养费。但是，直接抚养方的抚养能力明显不能保障子女所需费用，影响子女健康成长的，人民法院不予支持。

第五十三条 抚养费的给付期限，一般至子女十八周岁为止。

十六周岁以上不满十八周岁，以其劳动收入为主要生活来源，并能维持当地一般生活水平的，父母可以停止给付抚养费。

第五十四条 生父与继母离婚或者生母与继父离婚时，对曾受其抚养教育的继子女，继父或者继母不同意继续抚养的，仍应由生父或者生母抚养。

第五十五条　离婚后，父母一方要求变更子女抚养关系的，或者子女要求增加抚养费的，应当另行提起诉讼。

第五十六条　具有下列情形之一，父母一方要求变更子女抚养关系的，人民法院应予支持：

（一）与子女共同生活的一方因患严重疾病或者因伤残无力继续抚养子女；

（二）与子女共同生活的一方不尽抚养义务或有虐待子女行为，或者其与子女共同生活对子女身心健康确有不利影响；

（三）已满八周岁的子女，愿随另一方生活，该方又有抚养能力；

（四）有其他正当理由需要变更。

第五十七条　父母双方协议变更子女抚养关系的，人民法院应予支持。

第五十八条　具有下列情形之一，子女要求有负担能力的父或者母增加抚养费的，人民法院应予支持：

（一）原定抚养费数额不足以维持当地实际生活水平；

（二）因子女患病、上学，实际需要已超过原定数额；

（三）有其他正当理由应当增加。

第五十九条　父母不得因子女变更姓氏而拒付子女抚养费。父或者母擅自将子女姓氏改为继母或继父姓氏而引起纠纷的，应当责令恢复原姓氏。

第六十条　在离婚诉讼期间，双方均拒绝抚养子女的，可以先行裁定暂由一方抚养。

第六十一条　对拒不履行或者妨害他人履行生效判决、裁定、调解书中有关子女抚养义务的当事人或者其他人，人民法院可依照民事诉讼法第一百一十一条的规定采取强制措施。

五、离　　婚

第六十二条　无民事行为能力人的配偶有民法典第三十六条第一款规定行为，其他有监护资格的人可以要求撤销其监护资格，并依法指定新的监护人；变更后的监护人代理无民事行为能力一方提起离婚诉讼的，人民法院应予受理。

第六十三条　人民法院审理离婚案件，符合民法典第一千零七十九条第三款规定"应当准予离婚"情形的，不应当因当事人有过错而判决不准离婚。

第六十四条　民法典第一千零八十一条所称的"军人一方有重大过错"，可以依据民法典第一千零七十九条第三款前三项规定及军人有其他重大过错导致夫妻感情破裂的情形予以判断。

第六十五条　人民法院作出的生效的离婚判决中未涉及探望权，当事人就探望权问题单独提起诉讼的，人民法院应予受理。

第六十六条　当事人在履行生效判决、裁定或者调解书的过程中，一方请求中止探望的，人民法院在征询双方当事人意见后，认为需要中止探望的，依法作出裁定；中止探望的情形消失后，人民法院应当根据当事人的请求书面通知其恢复探望。

第六十七条　未成年子女、直接抚养子女的父或者母以及其他对未成年子女负担抚养、教育、保护义务的法定监护人，有权向人民法院提出中止探望的请求。

第六十八条　对于拒不协助另一方行使探望权的有关个人或者组织，可以由人民法院依法采取拘留、罚款等强制措施，但是不能对子女的人身、探望行为进行强制执行。

第六十九条　当事人达成的以协议离婚或者到人民法院调解离婚为条件的财产以及债务处理协议，如果双方离婚未成，一方在离婚诉讼中反悔的，人民法院应当认定该财产以及债务处理协议没有生效，并根据实际情况依照民法典第一千零八十七条和第一千零八十九条的规定判决。

当事人依照民法典第一千零七十六条签订的离婚协议中关于财产以及债务处理的条款，对男女双方具有法律约束力。登记离婚后当事人因履行上述协议发生纠纷提起诉讼的，人民法院应当受理。

第七十条　夫妻双方协议离婚后就财产分割问题反悔，请求撤销财产分割协议的，人民法院应当受理。

人民法院审理后，未发现订立财产分割协议时存在欺诈、胁迫等情形的，应当依法驳回当事人的诉讼请求。

第七十一条　人民法院审理离婚案件，涉及分割发放到军人名下的复员费、自主择业费等一次性费用的，以夫妻婚姻关系存续年限乘以年平均值，所得数额为夫妻共同财产。

前款所称年平均值，是指将发放到军人名下的上述费用总额按具体年限均分得出的数额。其具体年限为人均寿命七十岁与军人入伍时实际年龄的差额。

第七十二条　夫妻双方分割共同财产中的股票、债券、投资基金份额等有价证券以及未上市股份有限公司股份时，协商不成或者按市价分配有困难的，人民法院可以根据数量按比例分配。

第七十三条　人民法院审理离婚案件，涉及分割夫妻共同财产中以一方名义在有限责任公司的出资额，另一方不是该公司股东的，按以下情形分别处理：

（一）夫妻双方协商一致将出资额部分或者全部转让给该股东的配偶，其他股东过半数同意，并且其他股东均明确表示放弃优先购买权的，该股东的配偶可以成为该公司股东；

（二）夫妻双方就出资额转让份额和转让价格等事项协商一致后，其他股东半数以上不同意转让，但愿意以同等条件购买该出资额的，人民法院可以对转让出资所得财产进行分割。其他股东半数以上不同意转让，也不愿意以同等条件购买该出资额的，视为其同意转让，该股东的配偶可以成为该公司股东。

用于证明前款规定的股东同意的证据，可以是股东会议材料，也可以是当事人通过其他合法途径取得的股东的书面声明材料。

第七十四条　人民法院审理离婚案件，涉及分割夫妻共同财产中以一方名义在合伙企业中的出资，另一方不是该企业合伙人的，当夫妻双方协商一致，将其合伙企业中的财产份额全部或者部分转让给对方时，按以下情形分别处理：

（一）其他合伙人一致同意的，该配偶依法取得合伙人地位；

（二）其他合伙人不同意转让，在同等条件下行使优先购买权的，可以对转让所得的财产进行分割；

（三）其他合伙人不同意转让，也不行使优先购买权，但同意该合伙人退伙或者削减部分财产份额的，可以对结算后的财产进行分割；

（四）其他合伙人既不同意转让，也不行使优先购买权，又不同意该合伙人退伙或者削减部分财产份额的，视为全体合伙人同意转让，该配偶依法取得合伙人地位。

第七十五条 夫妻以一方名义投资设立个人独资企业的，人民法院分割夫妻在该个人独资企业中的共同财产时，应当按照以下情形分别处理：

（一）一方主张经营该企业的，对企业资产进行评估后，由取得企业资产所有权一方给予另一方相应的补偿；

（二）双方均主张经营该企业的，在双方竞价基础上，由取得企业资产所有权的一方给予另一方相应的补偿；

（三）双方均不愿意经营该企业的，按照《中华人民共和国个人独资企业法》等有关规定办理。

第七十六条 双方对夫妻共同财产中的房屋价值及归属无法达成协议时，人民法院按以下情形分别处理：

（一）双方均主张房屋所有权并且同意竞价取得的，应当准许；

（二）一方主张房屋所有权的，由评估机构按市场价格对房屋作出评估，取得房屋所有权的一方应当给予另一方相应的补偿；

（三）双方均不主张房屋所有权的，根据当事人的申请拍卖、变卖房屋，就所得价款进行分割。

第七十七条 离婚时双方对尚未取得所有权或者尚未取得完全所有权的房屋有争议且协商不成的，人民法院不宜判决房屋所有权的归属，应当根据实际情况判决由当事人使用。

当事人就前款规定的房屋取得完全所有权后，有争议的，可以另行向人民法院提起诉讼。

第七十八条 夫妻一方婚前签订不动产买卖合同，以个人财产支付首付款并在银行贷款，婚后用夫妻共同财产还贷，不动产登记于首付款支付方名下的，离婚时该不动产由双方协议处理。

依前款规定不能达成协议的，人民法院可以判决该不动产归登记一方，尚未归还的贷款为不动产登记一方的个人债务。双方婚后共同还贷支付的款项及其相对应财产增值部分，离婚时应根据民法典第一千零八十七条第一款规定的原则，由不动产登记一方对另一方进行补偿。

第七十九条 婚姻关系存续期间，双方用夫妻共同财产出资购买以一方父母名义参加房改的房屋，登记在一方父母名下，离婚时另一方主张按照夫妻共同财产对该房屋进行分割的，人民法院不予支持。购买该房屋时的出资，可以作为债权处理。

第八十条 离婚时夫妻一方尚未退休、不符合领取基本养老金条件，另一方请求按照夫妻共同财产分割基本养老金的，人民法院不予支持；婚后以夫妻共同财产缴纳基本养老保险费，离婚时一方主张将养老金账户中婚姻关系存续期间个人实际缴纳部分及利息作为夫妻共同财产分割的，人民法院应予支持。

第八十一条 婚姻关系存续期间，夫妻一方作为继承人依法可以继承的遗产，在继承人之间尚未实际分割，起诉离婚时另一方请求分割的，人民法院应当告知当事人在继承人之间实际分割遗产后另行起诉。

第八十二条 夫妻之间订立借款协议，以夫妻共同财产出借给一方从事个人经营活动或者用于其他个人事务的，应视为双方约定处分夫妻共同财产的行为，离婚时可以按照借款协议的约定处理。

第八十三条 离婚后，一方以尚有夫妻共同财产未处理为由向人民法院起诉请求分割的，经审查该财产确属离婚时未涉及的夫妻共同财产，人民法院应当依法予以分割。

第八十四条 当事人依据民法典第一千零九十二条的规定向人民法院提起诉讼，请求再次分割夫妻共同财产的诉讼时效期间为三年，从当事人发现之日起计算。

第八十五条 夫妻一方申请对配偶的个人财产或者夫妻共同财产采取保全措施的，人民法院可以在采取保全措施可能造成损失的范围内，根据实际情况，确定合理的财产担保数额。

第八十六条 民法典第一千零九十一条规定的"损害赔偿"，包括物质损害赔偿和精神损害赔偿。涉及精神损害赔偿的，适用《最高人民法院关于确定民事侵权精神损害赔偿责任若干问题的解释》的有关规定。

第八十七条 承担民法典第一千零九十一条规定的损害赔偿责任的主体，为离婚诉讼当事人中无过错方的配偶。

人民法院判决不准离婚的案件，对于当事人基于民法典第一千零九十一条提出的损害赔偿请求，不予支持。

在婚姻关系存续期间，当事人不起诉离婚而单独依据民法典第一千零九十一条提起损害赔偿请求的,人民法院不予受理。

第八十八条 人民法院受理离婚案件时,应当将民法典第一千零九十一条等规定中当事人的有关权利义务,书面告知当事人。在适用民法典第一千零九十一条时,应当区分以下不同情况:

(一)符合民法典第一千零九十一条规定的无过错方作为原告基于该条规定向人民法院提起损害赔偿请求的,必须在离婚诉讼的同时提出。

(二)符合民法典第一千零九十一条规定的无过错方作为被告的离婚诉讼案件,如果被告不同意离婚也不基于该条规定提起损害赔偿请求的,可以就此单独提起诉讼。

(三)无过错方作为被告的离婚诉讼案件,一审时被告未基于民法典第一千零九十一条规定提出损害赔偿请求,二审期间提出的,人民法院应当进行调解;调解不成的,告知当事人另行起诉。双方当事人同意由第二审人民法院一并审理的,第二审人民法院可以一并裁判。

第八十九条 当事人在婚姻登记机关办理离婚登记手续后,以民法典第一千零九十一条规定为由向人民法院提出损害赔偿请求的,人民法院应当受理。但当事人在协议离婚时已经明确表示放弃该项请求的,人民法院不予支持。

第九十条 夫妻双方均有民法典第一千零九十一条规定的过错情形,一方或者双方向对方提出离婚损害赔偿请求的,人民法院不予支持。

六、附　　则

第九十一条 本解释自 2021 年 1 月 1 日起施行。

一、综　合

中华人民共和国民法典（节录）

（2020年5月28日第十三届全国人民代表大会第三次会议通过　2020年5月28日中华人民共和国主席令第45号公布　自2021年1月1日起施行）

第一编　总　则

第一章　基本规定

第一条　【立法目的和依据】为了保护民事主体的合法权益，调整民事关系，维护社会和经济秩序，适应中国特色社会主义发展要求，弘扬社会主义核心价值观，根据宪法，制定本法。

第二条　【调整范围】民法调整平等主体的自然人、法人和非法人组织之间的人身关系和财产关系。

第三条　【民事权利及其他合法权益受法律保护】民事主体的人身权利、财产权利以及其他合法权益受法律保护，任何组织或者个人不得侵犯。

第四条　【平等原则】民事主体在民事活动中的法律地位一律平等。

第五条　【自愿原则】民事主体从事民事活动，应当遵循自愿原则，按照自己的意思设立、变更、终止民事法律关系。

第六条　【公平原则】民事主体从事民事活动，应当遵循公平原则，合理确定各方的权利和义务。

第七条　【诚信原则】民事主体从事民事活动，应当遵循诚信原则，秉持诚实，恪守承诺。

第八条　【守法与公序良俗原则】民事主体从事民事活动，不得违反法律，不得违背公序良俗。

第九条　【绿色原则】民事主体从事民事活动，应当有利于节约资源、保护生态环境。

第十条　【处理民事纠纷的依据】处理民事纠纷，应当依照法律；法律没有规定的，可以适用习惯，但是不得违背公序良俗。

第十一条　【特别法优先】其他法律对民事关系有特别规定的，依照其规定。

第十二条　【民法的效力范围】中华人民共和国领域内的民事活动，适用中华人民共和国法律。法律另有规定的，依照其规定。

第二章　自　然　人

第一节　民事权利能力和民事行为能力

第十三条　【自然人民事权利能力的起止时间】自然人从出生时起到死亡时止，具有民事权利能力，依法享有民事权利，承担民事义务。

第十四条　【民事权利能力平等】自然人的民事权利能力一律平等。

第十五条　【出生和死亡时间的认定】自然人的出生时间和死亡时间，以出生证明、死亡证明记载的时间为准；没有出生证明、死亡证明的，以户籍登记或者其他有效身份登记记载的时间为准。有其他证据足以推翻以上记载时间的，以该证据证明的时间为准。

第十六条　【胎儿利益保护】涉及遗产继承、接受赠与等胎儿利益保护的，胎儿视为具有民事权利能力。但是，胎儿娩出时为死体的，其民事权利能力自始不存在。

第十七条　【成年时间】十八周岁以上的自然人为成年人。不满十八周岁的自然人为未成年人。

第十八条　【完全民事行为能力人】成年人为完全民事行为能力

人,可以独立实施民事法律行为。

十六周岁以上的未成年人,以自己的劳动收入为主要生活来源的,视为完全民事行为能力人。

第十九条 【限制民事行为能力的未成年人】八周岁以上的未成年人为限制民事行为能力人,实施民事法律行为由其法定代理人代理或者经其法定代理人同意、追认;但是,可以独立实施纯获利益的民事法律行为或者与其年龄、智力相适应的民事法律行为。

第二十条 【无民事行为能力的未成年人】不满八周岁的未成年人为无民事行为能力人,由其法定代理人代理实施民事法律行为。

第二十一条 【无民事行为能力的成年人】不能辨认自己行为的成年人为无民事行为能力人,由其法定代理人代理实施民事法律行为。

八周岁以上的未成年人不能辨认自己行为的,适用前款规定。

第二十二条 【限制民事行为能力的成年人】不能完全辨认自己行为的成年人为限制民事行为能力人,实施民事法律行为由其法定代理人代理或者经其法定代理人同意、追认;但是,可以独立实施纯获利益的民事法律行为或者与其智力、精神健康状况相适应的民事法律行为。

第二十三条 【非完全民事行为能力人的法定代理人】无民事行为能力人、限制民事行为能力人的监护人是其法定代理人。

第二十四条 【民事行为能力的认定及恢复】不能辨认或者不能完全辨认自己行为的成年人,其利害关系人或者有关组织,可以向人民法院申请认定该成年人为无民事行为能力人或者限制民事行为能力人。

被人民法院认定为无民事行为能力人或者限制民事行为能力人的,经本人、利害关系人或者有关组织申请,人民法院可以根据其智力、精神健康恢复的状况,认定该成年人恢复为限制民事行为能力人或者完全民事行为能力人。

本条规定的有关组织包括:居民委员会、村民委员会、学校、医疗机构、妇女联合会、残疾人联合会、依法设立的老年人组织、民政部门等。

第二十五条 【自然人的住所】自然人以户籍登记或者其他有效身份登记记载的居所为住所;经常居所与住所不一致的,经常居所视为住所。

第二节 监 护

第二十六条 【父母子女之间的法律义务】父母对未成年子女负有抚养、教育和保护的义务。

成年子女对父母负有赡养、扶助和保护的义务。

第二十七条 【未成年人的监护人】父母是未成年子女的监护人。

未成年人的父母已经死亡或者没有监护能力的，由下列有监护能力的人按顺序担任监护人：

（一）祖父母、外祖父母；

（二）兄、姐；

（三）其他愿意担任监护人的个人或者组织，但是须经未成年人住所地的居民委员会、村民委员会或者民政部门同意。

第二十八条 【非完全民事行为能力成年人的监护人】无民事行为能力或者限制民事行为能力的成年人，由下列有监护能力的人按顺序担任监护人：

（一）配偶；

（二）父母、子女；

（三）其他近亲属；

（四）其他愿意担任监护人的个人或者组织，但是须经被监护人住所地的居民委员会、村民委员会或者民政部门同意。

第二十九条 【遗嘱指定监护】被监护人的父母担任监护人的，可以通过遗嘱指定监护人。

第三十条 【协议确定监护人】依法具有监护资格的人之间可以协议确定监护人。协议确定监护人应当尊重被监护人的真实意愿。

第三十一条 【监护争议解决程序】对监护人的确定有争议的，由被监护人住所地的居民委员会、村民委员会或者民政部门指定监护人，有关当事人对指定不服的，可以向人民法院申请指定监护人；有关当事人也可以直接向人民法院申请指定监护人。

居民委员会、村民委员会、民政部门或者人民法院应当尊重被监护人的真实意愿，按照最有利于被监护人的原则在依法具有监护资格的人中指定监护人。

依据本条第一款规定指定监护人前，被监护人的人身权利、财产权利以及其他合法权益处于无人保护状态的，由被监护人住所地的居民委员会、村民委员会、法律规定的有关组织或者民政部门担任临时监护人。

监护人被指定后，不得擅自变更；擅自变更的，不免除被指定的监护人的责任。

第三十二条 【公职监护人】没有依法具有监护资格的人的，监护人由民政部门担任，也可以由具备履行监护职责条件的被监护人住所地的居民委员会、村民委员会担任。

第三十三条 【意定监护】具有完全民事行为能力的成年人，可以与其近亲属、其他愿意担任监护人的个人或者组织事先协商，以书面形式确定自己的监护人，在自己丧失或者部分丧失民事行为能力时，由该监护人履行监护职责。

第三十四条 【监护职责及临时生活照料】监护人的职责是代理被监护人实施民事法律行为，保护被监护人的人身权利、财产权利以及其他合法权益等。

监护人依法履行监护职责产生的权利，受法律保护。

监护人不履行监护职责或者侵害被监护人合法权益的，应当承担法律责任。

因发生突发事件等紧急情况，监护人暂时无法履行监护职责，被监护人的生活处于无人照料状态的，被监护人住所地的居民委员会、村民委员会或者民政部门应当为被监护人安排必要的临时生活照料措施。

第三十五条 【履行监护职责应遵循的原则】监护人应当按照最有利于被监护人的原则履行监护职责。监护人除为维护被监护人利益外，不得处分被监护人的财产。

未成年人的监护人履行监护职责，在作出与被监护人利益有关的决定时，应当根据被监护人的年龄和智力状况，尊重被监护人的真实意愿。

成年人的监护人履行监护职责，应当最大程度地尊重被监护人的真实意愿，保障并协助被监护人实施与其智力、精神健康状况相适应的民事法律行为。对被监护人有能力独立处理的事务，监护人不得干涉。

第三十六条 【监护人资格的撤销】监护人有下列情形之一的，人民法院根据有关个人或者组织的申请，撤销其监护人资格，安排必要的临时监护措施，并按照最有利于被监护人的原则依法指定监护人：

（一）实施严重损害被监护人身心健康的行为；

（二）怠于履行监护职责，或者无法履行监护职责且拒绝将监护职责部分或者全部委托给他人，导致被监护人处于危困状态；

（三）实施严重侵害被监护人合法权益的其他行为。

本条规定的有关个人、组织包括：其他依法具有监护资格的人、居民委员会、村民委员会、学校、医疗机构、妇女联合会、残疾人联合会、未成年人保护组织、依法设立的老年人组织、民政部门等。

前款规定的个人和民政部门以外的组织未及时向人民法院申请撤销监护人资格的，民政部门应当向人民法院申请。

第三十七条 【监护人资格撤销后的义务】依法负担被监护人抚养费、赡养费、扶养费的父母、子女、配偶等，被人民法院撤销监护人资格后，应当继续履行负担的义务。

第三十八条 【监护人资格的恢复】被监护人的父母或者子女被人民法院撤销监护人资格后，除对被监护人实施故意犯罪的外，确有悔改表现的，经其申请，人民法院可以在尊重被监护人真实意愿的前提下，视情况恢复其监护人资格，人民法院指定的监护人与被监护人的监护关系同时终止。

第三十九条 【监护关系的终止】有下列情形之一的，监护关系终止：

（一）被监护人取得或者恢复完全民事行为能力；

（二）监护人丧失监护能力；

（三）被监护人或者监护人死亡；

（四）人民法院认定监护关系终止的其他情形。

监护关系终止后，被监护人仍然需要监护的，应当依法另行确定监护人。

第三节 宣告失踪和宣告死亡

第四十条 【宣告失踪】自然人下落不明满二年的，利害关系人可以向人民法院申请宣告该自然人为失踪人。

第四十一条 【下落不明的起算时间】自然人下落不明的时间自其失去音讯之日起计算。战争期间下落不明的,下落不明的时间自战争结束之日或者有关机关确定的下落不明之日起计算。

第四十二条 【财产代管人】失踪人的财产由其配偶、成年子女、父母或者其他愿意担任财产代管人的人代管。

代管有争议,没有前款规定的人,或者前款规定的人无代管能力的,由人民法院指定的人代管。

第四十三条 【财产代管人的职责】财产代管人应当妥善管理失踪人的财产,维护其财产权益。

失踪人所欠税款、债务和应付的其他费用,由财产代管人从失踪人的财产中支付。

财产代管人因故意或者重大过失造成失踪人财产损失的,应当承担赔偿责任。

第四十四条 【财产代管人的变更】财产代管人不履行代管职责、侵害失踪人财产权益或者丧失代管能力的,失踪人的利害关系人可以向人民法院申请变更财产代管人。

财产代管人有正当理由的,可以向人民法院申请变更财产代管人。

人民法院变更财产代管人的,变更后的财产代管人有权请求原财产代管人及时移交有关财产并报告财产代管情况。

第四十五条 【失踪宣告的撤销】失踪人重新出现,经本人或者利害关系人申请,人民法院应当撤销失踪宣告。

失踪人重新出现,有权请求财产代管人及时移交有关财产并报告财产代管情况。

第四十六条 【宣告死亡】自然人有下列情形之一的,利害关系人可以向人民法院申请宣告该自然人死亡:

(一)下落不明满四年;

(二)因意外事件,下落不明满二年。

因意外事件下落不明,经有关机关证明该自然人不可能生存的,申请宣告死亡不受二年时间的限制。

第四十七条 【宣告失踪与宣告死亡申请的竞合】对同一自然人,有的利害关系人申请宣告死亡,有的利害关系人申请宣告失踪,符合本法规定的宣告死亡条件的,人民法院应当宣告死亡。

第四十八条 【死亡日期的确定】被宣告死亡的人，人民法院宣告死亡的判决作出之日视为其死亡的日期；因意外事件下落不明宣告死亡的，意外事件发生之日视为其死亡的日期。

第四十九条 【被宣告死亡人实际生存时的行为效力】自然人被宣告死亡但是并未死亡的，不影响该自然人在被宣告死亡期间实施的民事法律行为的效力。

第五十条 【死亡宣告的撤销】被宣告死亡的人重新出现，经本人或者利害关系人申请，人民法院应当撤销死亡宣告。

第五十一条 【宣告死亡及其撤销后婚姻关系的效力】被宣告死亡的人的婚姻关系，自死亡宣告之日起消除。死亡宣告被撤销的，婚姻关系自撤销死亡宣告之日起自行恢复。但是，其配偶再婚或者向婚姻登记机关书面声明不愿意恢复的除外。

第五十二条 【死亡宣告撤销后子女被收养的效力】被宣告死亡的人在被宣告死亡期间，其子女被他人依法收养的，在死亡宣告被撤销后，不得以未经本人同意为由主张收养行为无效。

第五十三条 【死亡宣告撤销后的财产返还与赔偿责任】被撤销死亡宣告的人有权请求依照本法第六编取得其财产的民事主体返还财产；无法返还的，应当给予适当补偿。

利害关系人隐瞒真实情况，致使他人被宣告死亡而取得其财产的，除应当返还财产外，还应当对由此造成的损失承担赔偿责任。

第四节 个体工商户和农村承包经营户

第五十四条 【个体工商户】自然人从事工商业经营，经依法登记，为个体工商户。个体工商户可以起字号。

第五十五条 【农村承包经营户】农村集体经济组织的成员，依法取得农村土地承包经营权，从事家庭承包经营的，为农村承包经营户。

第五十六条 【"两户"的债务承担】个体工商户的债务，个人经营的，以个人财产承担；家庭经营的，以家庭财产承担；无法区分的，以家庭财产承担。

农村承包经营户的债务，以从事农村土地承包经营的农户财产承担；事实上由农户部分成员经营的，以该部分成员的财产承担。

第三章 法　　人

第一节　一般规定

第五十七条　【法人的定义】法人是具有民事权利能力和民事行为能力，依法独立享有民事权利和承担民事义务的组织。

第五十八条　【法人的成立】法人应当依法成立。

法人应当有自己的名称、组织机构、住所、财产或者经费。法人成立的具体条件和程序，依照法律、行政法规的规定。

设立法人，法律、行政法规规定须经有关机关批准的，依照其规定。

第五十九条　【法人的民事权利能力和民事行为能力】法人的民事权利能力和民事行为能力，从法人成立时产生，到法人终止时消灭。

第六十条　【法人的民事责任承担】法人以其全部财产独立承担民事责任。

第六十一条　【法定代表人】依照法律或者法人章程的规定，代表法人从事民事活动的负责人，为法人的法定代表人。

法定代表人以法人名义从事的民事活动，其法律后果由法人承受。

法人章程或者法人权力机构对法定代表人代表权的限制，不得对抗善意相对人。

第六十二条　【法定代表人职务行为的法律责任】法定代表人因执行职务造成他人损害的，由法人承担民事责任。

法人承担民事责任后，依照法律或者法人章程的规定，可以向有过错的法定代表人追偿。

第六十三条　【法人的住所】法人以其主要办事机构所在地为住所。依法需要办理法人登记的，应当将主要办事机构所在地登记为住所。

第六十四条　【法人的变更登记】法人存续期间登记事项发生变化的，应当依法向登记机关申请变更登记。

第六十五条　【法人登记的对抗效力】法人的实际情况与登记的事项不一致的，不得对抗善意相对人。

第六十六条 【法人登记公示制度】登记机关应当依法及时公示法人登记的有关信息。

第六十七条 【法人合并、分立后的权利义务承担】法人合并的，其权利和义务由合并后的法人享有和承担。

法人分立的，其权利和义务由分立后的法人享有连带债权，承担连带债务，但是债权人和债务人另有约定的除外。

第六十八条 【法人的终止】有下列原因之一并依法完成清算、注销登记的，法人终止：

（一）法人解散；

（二）法人被宣告破产；

（三）法律规定的其他原因。

法人终止，法律、行政法规规定须经有关机关批准的，依照其规定。

第六十九条 【法人的解散】有下列情形之一的，法人解散：

（一）法人章程规定的存续期间届满或者法人章程规定的其他解散事由出现；

（二）法人的权力机构决议解散；

（三）因法人合并或者分立需要解散；

（四）法人依法被吊销营业执照、登记证书，被责令关闭或者被撤销；

（五）法律规定的其他情形。

第七十条 【法人解散后的清算】法人解散的，除合并或者分立的情形外，清算义务人应当及时组成清算组进行清算。

法人的董事、理事等执行机构或者决策机构的成员为清算义务人。法律、行政法规另有规定的，依照其规定。

清算义务人未及时履行清算义务，造成损害的，应当承担民事责任；主管机关或者利害关系人可以申请人民法院指定有关人员组成清算组进行清算。

第七十一条 【法人清算的法律适用】法人的清算程序和清算组职权，依照有关法律的规定；没有规定的，参照适用公司法律的有关规定。

第七十二条 【清算的法律效果】清算期间法人存续，但是不得从事与清算无关的活动。

法人清算后的剩余财产,按照法人章程的规定或者法人权力机构的决议处理。法律另有规定的,依照其规定。

清算结束并完成法人注销登记时,法人终止;依法不需要办理法人登记的,清算结束时,法人终止。

第七十三条 【法人因破产而终止】法人被宣告破产的,依法进行破产清算并完成法人注销登记时,法人终止。

第七十四条 【法人的分支机构】法人可以依法设立分支机构。法律、行政法规规定分支机构应当登记的,依照其规定。

分支机构以自己的名义从事民事活动,产生的民事责任由法人承担;也可以先以该分支机构管理的财产承担,不足以承担的,由法人承担。

第七十五条 【法人设立行为的法律后果】设立人为设立法人从事的民事活动,其法律后果由法人承受;法人未成立的,其法律后果由设立人承受,设立人为二人以上的,享有连带债权,承担连带债务。

设立人为设立法人以自己的名义从事民事活动产生的民事责任,第三人有权选择请求法人或者设立人承担。

第二节 营利法人

第七十六条 【营利法人的定义和类型】以取得利润并分配给股东等出资人为目的成立的法人,为营利法人。

营利法人包括有限责任公司、股份有限公司和其他企业法人等。

第七十七条 【营利法人的成立】营利法人经依法登记成立。

第七十八条 【营利法人的营业执照】依法设立的营利法人,由登记机关发给营利法人营业执照。营业执照签发日期为营利法人的成立日期。

第七十九条 【营利法人的章程】设立营利法人应当依法制定法人章程。

第八十条 【营利法人的权力机构】营利法人应当设权力机构。

权力机构行使修改法人章程,选举或者更换执行机构、监督机构成员,以及法人章程规定的其他职权。

第八十一条 【营利法人的执行机构】营利法人应当设执行机构。

执行机构行使召集权力机构会议、决定法人的经营计划和投资方案，决定法人内部管理机构的设置，以及法人章程规定的其他职权。

执行机构为董事会或者执行董事的，董事长、执行董事或者经理按照法人章程的规定担任法定代表人；未设董事会或者执行董事的，法人章程规定的主要负责人为其执行机构和法定代表人。

第八十二条 【营利法人的监督机构】营利法人设监事会或者监事等监督机构的，监督机构依法行使检查法人财务、监督执行机构成员、高级管理人员执行法人职务的行为，以及法人章程规定的其他职权。

第八十三条 【出资人滥用权利的责任承担】营利法人的出资人不得滥用出资人权利损害法人或者其他出资人的利益；滥用出资人权利造成法人或者其他出资人损失的，应当依法承担民事责任。

营利法人的出资人不得滥用法人独立地位和出资人有限责任损害法人债权人的利益；滥用法人独立地位和出资人有限责任，逃避债务，严重损害法人债权人的利益的，应当对法人债务承担连带责任。

第八十四条 【利用关联关系造成损失的赔偿责任】营利法人的控股出资人、实际控制人、董事、监事、高级管理人员不得利用其关联关系损害法人的利益；利用关联关系造成法人损失的，应当承担赔偿责任。

第八十五条 【营利法人出资人对瑕疵决议的撤销权】营利法人的权力机构、执行机构作出决议的会议召集程序、表决方式违反法律、行政法规、法人章程，或者决议内容违反法人章程的，营利法人的出资人可以请求人民法院撤销该决议。但是，营利法人依据该决议与善意相对人形成的民事法律关系不受影响。

第八十六条 【营利法人的社会责任】营利法人从事经营活动，应当遵守商业道德，维护交易安全，接受政府和社会的监督，承担社会责任。

第三节 非营利法人

第八十七条 【非营利法人的定义和范围】为公益目的或者其他非营利目的成立，不向出资人、设立人或者会员分配所取得利润的法人，为非营利法人。

非营利法人包括事业单位、社会团体、基金会、社会服务机构等。

第八十八条 【事业单位法人资格的取得】具备法人条件，为适应经济社会发展需要，提供公益服务设立的事业单位，经依法登记成立，取得事业单位法人资格；依法不需要办理法人登记的，从成立之日起，具有事业单位法人资格。

第八十九条 【事业单位法人的组织机构】事业单位法人设理事会的，除法律另有规定外，理事会为其决策机构。事业单位法人的法定代表人依照法律、行政法规或者法人章程的规定产生。

第九十条 【社会团体法人资格的取得】具备法人条件，基于会员共同意愿，为公益目的或者会员共同利益等非营利目的设立的社会团体，经依法登记成立，取得社会团体法人资格；依法不需要办理法人登记的，从成立之日起，具有社会团体法人资格。

第九十一条 【社会团体法人章程和组织机构】设立社会团体法人应当依法制定法人章程。

社会团体法人应当设会员大会或者会员代表大会等权力机构。

社会团体法人应当设理事会等执行机构。理事长或者会长等负责人按照法人章程的规定担任法定代表人。

第九十二条 【捐助法人】具备法人条件，为公益目的以捐助财产设立的基金会、社会服务机构等，经依法登记成立，取得捐助法人资格。

依法设立的宗教活动场所，具备法人条件的，可以申请法人登记，取得捐助法人资格。法律、行政法规对宗教活动场所有规定的，依照其规定。

第九十三条 【捐助法人章程和组织机构】设立捐助法人应当依法制定法人章程。

捐助法人应当设理事会、民主管理组织等决策机构，并设执行机构。理事长等负责人按照法人章程的规定担任法定代表人。

捐助法人应当设监事会等监督机构。

第九十四条 【捐助人的权利】捐助人有权向捐助法人查询捐助财产的使用、管理情况，并提出意见和建议，捐助法人应当及时、如实答复。

捐助法人的决策机构、执行机构或者法定代表人作出决定的程序违反法律、行政法规、法人章程，或者决定内容违反法人章程的，捐助人等利害关系人或者主管机关可以请求人民法院撤销该决定。但是，捐助法人依据该决定与善意相对人形成的民事法律关系不受影响。

第九十五条 【公益性非营利法人剩余财产的处理】为公益目的成立的非营利法人终止时，不得向出资人、设立人或者会员分配剩余财产。剩余财产应当按照法人章程的规定或者权力机构的决议用于公益目的；无法按照法人章程的规定或者权力机构的决议处理的，由主管机关主持转给宗旨相同或者相近的法人，并向社会公告。

第四节　特别法人

第九十六条 【特别法人的类型】本节规定的机关法人、农村集体经济组织法人、城镇农村的合作经济组织法人、基层群众性自治组织法人，为特别法人。

第九十七条 【机关法人】有独立经费的机关和承担行政职能的法定机构从成立之日起，具有机关法人资格，可以从事为履行职能所需要的民事活动。

第九十八条 【机关法人的终止】机关法人被撤销的，法人终止，其民事权利和义务由继任的机关法人享有和承担；没有继任的机关法人的，由作出撤销决定的机关法人享有和承担。

第九十九条 【农村集体经济组织法人】农村集体经济组织依法取得法人资格。

法律、行政法规对农村集体经济组织有规定的，依照其规定。

第一百条 【合作经济组织法人】城镇农村的合作经济组织依法取得法人资格。

法律、行政法规对城镇农村的合作经济组织有规定的，依照其规定。

第一百零一条 【基层群众性自治组织法人】居民委员会、村民委员会具有基层群众性自治组织法人资格，可以从事为履行职能所需要的民事活动。

未设立村集体经济组织的，村民委员会可以依法代行村集体经济组织的职能。

第四章　非法人组织

第一百零二条　【非法人组织的定义】非法人组织是不具有法人资格，但是能够依法以自己的名义从事民事活动的组织。

非法人组织包括个人独资企业、合伙企业、不具有法人资格的专业服务机构等。

第一百零三条　【非法人组织的设立程序】非法人组织应当依照法律的规定登记。

设立非法人组织，法律、行政法规规定须经有关机关批准的，依照其规定。

第一百零四条　【非法人组织的债务承担】非法人组织的财产不足以清偿债务的，其出资人或者设立人承担无限责任。法律另有规定的，依照其规定。

第一百零五条　【非法人组织的代表人】非法人组织可以确定一人或者数人代表该组织从事民事活动。

第一百零六条　【非法人组织的解散】有下列情形之一的，非法人组织解散：

（一）章程规定的存续期间届满或者章程规定的其他解散事由出现；

（二）出资人或者设立人决定解散；

（三）法律规定的其他情形。

第一百零七条　【非法人组织的清算】非法人组织解散的，应当依法进行清算。

第一百零八条　【非法人组织的参照适用规定】非法人组织除适用本章规定外，参照适用本编第三章第一节的有关规定。

第五章　民事权利

第一百零九条　【一般人格权】自然人的人身自由、人格尊严受法律保护。

第一百一十条 【民事主体的人格权】自然人享有生命权、身体权、健康权、姓名权、肖像权、名誉权、荣誉权、隐私权、婚姻自主权等权利。

法人、非法人组织享有名称权、名誉权和荣誉权。

第一百一十一条 【个人信息受法律保护】自然人的个人信息受法律保护。任何组织或者个人需要获取他人个人信息的,应当依法取得并确保信息安全,不得非法收集、使用、加工、传输他人个人信息,不得非法买卖、提供或者公开他人个人信息。

第一百一十二条 【婚姻家庭关系等产生的人身权利】自然人因婚姻家庭关系等产生的人身权利受法律保护。

第一百一十三条 【财产权受法律平等保护】民事主体的财产权利受法律平等保护。

第一百一十四条 【物权的定义及类型】民事主体依法享有物权。

物权是权利人依法对特定的物享有直接支配和排他的权利,包括所有权、用益物权和担保物权。

第一百一十五条 【物权的客体】物包括不动产和动产。法律规定权利作为物权客体的,依照其规定。

第一百一十六条 【物权法定原则】物权的种类和内容,由法律规定。

第一百一十七条 【征收与征用】为了公共利益的需要,依照法律规定的权限和程序征收、征用不动产或者动产的,应当给予公平、合理的补偿。

第一百一十八条 【债权的定义】民事主体依法享有债权。

债权是因合同、侵权行为、无因管理、不当得利以及法律的其他规定,权利人请求特定义务人为或者不为一定行为的权利。

第一百一十九条 【合同之债】依法成立的合同,对当事人具有法律约束力。

第一百二十条 【侵权之债】民事权益受到侵害的,被侵权人有权请求侵权人承担侵权责任。

第一百二十一条 【无因管理之债】没有法定的或者约定的义务,为避免他人利益受损失而进行管理的人,有权请求受益人偿还由此支出的必要费用。

第一百二十二条 【不当得利之债】因他人没有法律根据，取得不当利益，受损失的人有权请求其返还不当利益。

第一百二十三条 【知识产权及其客体】民事主体依法享有知识产权。

知识产权是权利人依法就下列客体享有的专有的权利：

（一）作品；

（二）发明、实用新型、外观设计；

（三）商标；

（四）地理标志；

（五）商业秘密；

（六）集成电路布图设计；

（七）植物新品种；

（八）法律规定的其他客体。

第一百二十四条 【继承权及其客体】自然人依法享有继承权。

自然人合法的私有财产，可以依法继承。

第一百二十五条 【投资性权利】民事主体依法享有股权和其他投资性权利。

第一百二十六条 【其他民事权益】民事主体享有法律规定的其他民事权利和利益。

第一百二十七条 【对数据和网络虚拟财产的保护】法律对数据、网络虚拟财产的保护有规定的，依照其规定。

第一百二十八条 【对弱势群体的特别保护】法律对未成年人、老年人、残疾人、妇女、消费者等的民事权利保护有特别规定的，依照其规定。

第一百二十九条 【民事权利的取得方式】民事权利可以依据民事法律行为、事实行为、法律规定的事件或者法律规定的其他方式取得。

第一百三十条 【权利行使的自愿原则】民事主体按照自己的意愿依法行使民事权利，不受干涉。

第一百三十一条 【权利人的义务履行】民事主体行使权利时，应当履行法律规定的和当事人约定的义务。

第一百三十二条 【禁止权利滥用】民事主体不得滥用民事权利

损害国家利益、社会公共利益或者他人合法权益。

第六章 民事法律行为

第一节 一般规定

第一百三十三条 【民事法律行为的定义】 民事法律行为是民事主体通过意思表示设立、变更、终止民事法律关系的行为。

第一百三十四条 【民事法律行为的成立】 民事法律行为可以基于双方或者多方的意思表示一致成立，也可以基于单方的意思表示成立。

法人、非法人组织依照法律或者章程规定的议事方式和表决程序作出决议的，该决议行为成立。

第一百三十五条 【民事法律行为的形式】 民事法律行为可以采用书面形式、口头形式或者其他形式；法律、行政法规规定或者当事人约定采用特定形式的，应当采用特定形式。

第一百三十六条 【民事法律行为的生效】 民事法律行为自成立时生效，但是法律另有规定或者当事人另有约定的除外。

行为人非依法律规定或者未经对方同意，不得擅自变更或者解除民事法律行为。

第二节 意思表示

第一百三十七条 【有相对人的意思表示的生效时间】 以对话方式作出的意思表示，相对人知道其内容时生效。

以非对话方式作出的意思表示，到达相对人时生效。以非对话方式作出的采用数据电文形式的意思表示，相对人指定特定系统接收数据电文的，该数据电文进入该特定系统时生效；未指定特定系统的，相对人知道或者应当知道该数据电文进入其系统时生效。当事人对采用数据电文形式的意思表示的生效时间另有约定的，按照其约定。

第一百三十八条 【无相对人的意思表示的生效时间】 无相对人的意思表示，表示完成时生效。法律另有规定的，依照其规定。

第一百三十九条 【公告的意思表示的生效时间】以公告方式作出的意思表示,公告发布时生效。

第一百四十条 【意思表示的方式】行为人可以明示或者默示作出意思表示。

沉默只有在有法律规定、当事人约定或者符合当事人之间的交易习惯时,才可以视为意思表示。

第一百四十一条 【意思表示的撤回】行为人可以撤回意思表示。撤回意思表示的通知应当在意思表示到达相对人前或者与意思表示同时到达相对人。

第一百四十二条 【意思表示的解释】有相对人的意思表示的解释,应当按照所使用的词句,结合相关条款、行为的性质和目的、习惯以及诚信原则,确定意思表示的含义。

无相对人的意思表示的解释,不能完全拘泥于所使用的词句,而应当结合相关条款、行为的性质和目的、习惯以及诚信原则,确定行为人的真实意思。

第三节 民事法律行为的效力

第一百四十三条 【民事法律行为的有效条件】具备下列条件的民事法律行为有效:

(一)行为人具有相应的民事行为能力;

(二)意思表示真实;

(三)不违反法律、行政法规的强制性规定,不违背公序良俗。

第一百四十四条 【无民事行为能力人实施的民事法律行为】无民事行为能力人实施的民事法律行为无效。

第一百四十五条 【限制民事行为能力人实施的民事法律行为】限制民事行为能力人实施的纯获利益的民事法律行为或者与其年龄、智力、精神健康状况相适应的民事法律行为有效;实施的其他民事法律行为经法定代理人同意或者追认后有效。

相对人可以催告法定代理人自收到通知之日起三十日内予以追认。法定代理人未作表示的,视为拒绝追认。民事法律行为被追认前,善意相对人有撤销的权利。撤销应当以通知的方式作出。

第一百四十六条 【虚假表示与隐藏行为效力】行为人与相对人

以虚假的意思表示实施的民事法律行为无效。

以虚假的意思表示隐藏的民事法律行为的效力，依照有关法律规定处理。

第一百四十七条　【重大误解】基于重大误解实施的民事法律行为，行为人有权请求人民法院或者仲裁机构予以撤销。

第一百四十八条　【欺诈】一方以欺诈手段，使对方在违背真实意思的情况下实施的民事法律行为，受欺诈方有权请求人民法院或者仲裁机构予以撤销。

第一百四十九条　【第三人欺诈】第三人实施欺诈行为，使一方在违背真实意思的情况下实施的民事法律行为，对方知道或者应当知道该欺诈行为的，受欺诈方有权请求人民法院或者仲裁机构予以撤销。

第一百五十条　【胁迫】一方或者第三人以胁迫手段，使对方在违背真实意思的情况下实施的民事法律行为，受胁迫方有权请求人民法院或者仲裁机构予以撤销。

第一百五十一条　【乘人之危导致的显失公平】一方利用对方处于危困状态、缺乏判断能力等情形，致使民事法律行为成立时显失公平的，受损害方有权请求人民法院或者仲裁机构予以撤销。

第一百五十二条　【撤销权的消灭期间】有下列情形之一的，撤销权消灭：

（一）当事人自知道或者应当知道撤销事由之日起一年内、重大误解的当事人自知道或者应当知道撤销事由之日起九十日内没有行使撤销权；

（二）当事人受胁迫，自胁迫行为终止之日起一年内没有行使撤销权；

（三）当事人知道撤销事由后明确表示或者以自己的行为表明放弃撤销权。

当事人自民事法律行为发生之日起五年内没有行使撤销权的，撤销权消灭。

第一百五十三条　【违反强制性规定及违背公序良俗的民事法律行为的效力】违反法律、行政法规的强制性规定的民事法律行为无效。但是，该强制性规定不导致该民事法律行为无效的除外。

违背公序良俗的民事法律行为无效。

第一百五十四条 【恶意串通】行为人与相对人恶意串通，损害他人合法权益的民事法律行为无效。

第一百五十五条 【无效或者被撤销民事法律行为自始无效】无效的或者被撤销的民事法律行为自始没有法律约束力。

第一百五十六条 【民事法律行为部分无效】民事法律行为部分无效，不影响其他部分效力的，其他部分仍然有效。

第一百五十七条 【民事法律行为无效、被撤销、不生效力的法律后果】民事法律行为无效、被撤销或者确定不发生效力后，行为人因该行为取得的财产，应当予以返还；不能返还或者没有必要返还的，应当折价补偿。有过错的一方应当赔偿对方由此所受到的损失；各方都有过错的，应当各自承担相应的责任。法律另有规定的，依照其规定。

第四节 民事法律行为的附条件和附期限

第一百五十八条 【附条件的民事法律行为】民事法律行为可以附条件，但是根据其性质不得附条件的除外。附生效条件的民事法律行为，自条件成就时生效。附解除条件的民事法律行为，自条件成就时失效。

第一百五十九条 【条件成就或不成就的拟制】附条件的民事法律行为，当事人为自己的利益不正当地阻止条件成就的，视为条件已经成就；不正当地促成条件成就的，视为条件不成就。

第一百六十条 【附期限的民事法律行为】民事法律行为可以附期限，但是根据其性质不得附期限的除外。附生效期限的民事法律行为，自期限届至时生效。附终止期限的民事法律行为，自期限届满时失效。

第七章 代 理

第一节 一般规定

第一百六十一条 【代理的适用范围】民事主体可以通过代理人

实施民事法律行为。

依照法律规定、当事人约定或者民事法律行为的性质，应当由本人亲自实施的民事法律行为，不得代理。

第一百六十二条　【代理的效力】代理人在代理权限内，以被代理人名义实施的民事法律行为，对被代理人发生效力。

第一百六十三条　【代理的类型】代理包括委托代理和法定代理。

委托代理人按照被代理人的委托行使代理权。法定代理人依照法律的规定行使代理权。

第一百六十四条　【不当代理的民事责任】代理人不履行或者不完全履行职责，造成被代理人损害的，应当承担民事责任。

代理人和相对人恶意串通，损害被代理人合法权益的，代理人和相对人应当承担连带责任。

第二节　委托代理

第一百六十五条　【授权委托书】委托代理授权采用书面形式的，授权委托书应当载明代理人的姓名或者名称、代理事项、权限和期限，并由被代理人签名或者盖章。

第一百六十六条　【共同代理】数人为同一代理事项的代理人的，应当共同行使代理权，但是当事人另有约定的除外。

第一百六十七条　【违法代理的责任承担】代理人知道或者应当知道代理事项违法仍然实施代理行为，或者被代理人知道或者应当知道代理人的代理行为违法未作反对表示的，被代理人和代理人应当承担连带责任。

第一百六十八条　【禁止自己代理和双方代理】代理人不得以被代理人的名义与自己实施民事法律行为，但是被代理人同意或者追认的除外。

代理人不得以被代理人的名义与自己同时代理的其他人实施民事法律行为，但是被代理的双方同意或者追认的除外。

第一百六十九条　【复代理】代理人需要转委托第三人代理的，应当取得被代理人的同意或者追认。

转委托代理经被代理人同意或者追认的，被代理人可以就代理事务直接指示转委托的第三人，代理人仅就第三人的选任以及对第三人的指示承担责任。

转委托代理未经被代理人同意或者追认的,代理人应当对转委托的第三人的行为承担责任;但是,在紧急情况下代理人为了维护被代理人的利益需要转委托第三人代理的除外。

第一百七十条 【职务代理】执行法人或者非法人组织工作任务的人员,就其职权范围内的事项,以法人或者非法人组织的名义实施的民事法律行为,对法人或者非法人组织发生效力。

法人或者非法人组织对执行其工作任务的人员职权范围的限制,不得对抗善意相对人。

第一百七十一条 【无权代理】行为人没有代理权、超越代理权或者代理权终止后,仍然实施代理行为,未经被代理人追认的,对被代理人不发生效力。

相对人可以催告被代理人自收到通知之日起三十日内予以追认。被代理人未作表示的,视为拒绝追认。行为人实施的行为被追认前,善意相对人有撤销的权利。撤销应当以通知的方式作出。

行为人实施的行为未被追认的,善意相对人有权请求行为人履行债务或者就其受到的损害请求行为人赔偿。但是,赔偿的范围不得超过被代理人追认时相对人所能获得的利益。

相对人知道或者应当知道行为人无权代理的,相对人和行为人按照各自的过错承担责任。

第一百七十二条 【表见代理】行为人没有代理权、超越代理权或者代理权终止后,仍然实施代理行为,相对人有理由相信行为人有代理权的,代理行为有效。

第三节 代理终止

第一百七十三条 【委托代理的终止】有下列情形之一的,委托代理终止:

(一)代理期限届满或者代理事务完成;
(二)被代理人取消委托或者代理人辞去委托;
(三)代理人丧失民事行为能力;
(四)代理人或者被代理人死亡;
(五)作为代理人或者被代理人的法人、非法人组织终止。

第一百七十四条 【委托代理终止的例外】被代理人死亡后，有下列情形之一的，委托代理人实施的代理行为有效：
（一）代理人不知道且不应当知道被代理人死亡；
（二）被代理人的继承人予以承认；
（三）授权中明确代理权在代理事务完成时终止；
（四）被代理人死亡前已经实施，为了被代理人的继承人的利益继续代理。
作为被代理人的法人、非法人组织终止的，参照适用前款规定。

第一百七十五条 【法定代理的终止】有下列情形之一的，法定代理终止：
（一）被代理人取得或者恢复完全民事行为能力；
（二）代理人丧失民事行为能力；
（三）代理人或者被代理人死亡；
（四）法律规定的其他情形。

第八章 民事责任

第一百七十六条 【民事责任】民事主体依照法律规定或者按照当事人约定，履行民事义务，承担民事责任。

第一百七十七条 【按份责任】二人以上依法承担按份责任，能够确定责任大小的，各自承担相应的责任；难以确定责任大小的，平均承担责任。

第一百七十八条 【连带责任】二人以上依法承担连带责任的，权利人有权请求部分或者全部连带责任人承担责任。
连带责任人的责任份额根据各自责任大小确定；难以确定责任大小的，平均承担责任。实际承担责任超过自己责任份额的连带责任人，有权向其他连带责任人追偿。
连带责任，由法律规定或者当事人约定。

第一百七十九条 【民事责任的承担方式】承担民事责任的方式主要有：
（一）停止侵害；
（二）排除妨碍；

（三）消除危险；
（四）返还财产；
（五）恢复原状；
（六）修理、重作、更换；
（七）继续履行；
（八）赔偿损失；
（九）支付违约金；
（十）消除影响、恢复名誉；
（十一）赔礼道歉。

法律规定惩罚性赔偿的，依照其规定。

本条规定的承担民事责任的方式，可以单独适用，也可以合并适用。

第一百八十条　**【不可抗力】**因不可抗力不能履行民事义务的，不承担民事责任。法律另有规定的，依照其规定。

不可抗力是不能预见、不能避免且不能克服的客观情况。

第一百八十一条　**【正当防卫】**因正当防卫造成损害的，不承担民事责任。

正当防卫超过必要的限度，造成不应有的损害的，正当防卫人应当承担适当的民事责任。

第一百八十二条　**【紧急避险】**因紧急避险造成损害的，由引起险情发生的人承担民事责任。

危险由自然原因引起的，紧急避险人不承担民事责任，可以给予适当补偿。

紧急避险采取措施不当或者超过必要的限度，造成不应有的损害的，紧急避险人应当承担适当的民事责任。

第一百八十三条　**【因保护他人民事权益而受损的责任承担】**因保护他人民事权益使自己受到损害的，由侵权人承担民事责任，受益人可以给予适当补偿。没有侵权人、侵权人逃逸或者无力承担民事责任，受害人请求补偿的，受益人应当给予适当补偿。

第一百八十四条　**【紧急救助的责任豁免】**因自愿实施紧急救助行为造成受助人损害的，救助人不承担民事责任。

第一百八十五条　**【英雄烈士人格利益的保护】**侵害英雄烈士等

的姓名、肖像、名誉、荣誉，损害社会公共利益的，应当承担民事责任。

第一百八十六条 【违约责任与侵权责任的竞合】因当事人一方的违约行为，损害对方人身权益、财产权益的，受损害方有权选择请求其承担违约责任或者侵权责任。

第一百八十七条 【民事责任优先】民事主体因同一行为应当承担民事责任、行政责任和刑事责任的，承担行政责任或者刑事责任不影响承担民事责任；民事主体的财产不足以支付的，优先用于承担民事责任。

第九章 诉讼时效

第一百八十八条 【普通诉讼时效】向人民法院请求保护民事权利的诉讼时效期间为三年。法律另有规定的，依照其规定。

诉讼时效期间自权利人知道或者应当知道权利受到损害以及义务人之日起计算。法律另有规定的，依照其规定。但是，自权利受到损害之日起超过二十年的，人民法院不予保护，有特殊情况的，人民法院可以根据权利人的申请决定延长。

第一百八十九条 【分期履行债务诉讼时效的起算】当事人约定同一债务分期履行的，诉讼时效期间自最后一期履行期限届满之日起计算。

第一百九十条 【对法定代理人请求权诉讼时效的起算】无民事行为能力人或者限制民事行为能力人对其法定代理人的请求权的诉讼时效期间，自该法定代理终止之日起计算。

第一百九十一条 【未成年人遭受性侵害的损害赔偿诉讼时效的起算】未成年人遭受性侵害的损害赔偿请求权的诉讼时效期间，自受害人年满十八周岁之日起计算。

第一百九十二条 【诉讼时效届满的法律效果】诉讼时效期间届满的，义务人可以提出不履行义务的抗辩。

诉讼时效期间届满后，义务人同意履行的，不得以诉讼时效期间届满为由抗辩；义务人已经自愿履行的，不得请求返还。

第一百九十三条 【诉讼时效援用】人民法院不得主动适用诉讼

时效的规定。

第一百九十四条 【诉讼时效的中止】在诉讼时效期间的最后六个月内，因下列障碍，不能行使请求权的，诉讼时效中止：

（一）不可抗力；

（二）无民事行为能力人或者限制民事行为能力人没有法定代理人，或者法定代理人死亡、丧失民事行为能力、丧失代理权；

（三）继承开始后未确定继承人或者遗产管理人；

（四）权利人被义务人或者其他人控制；

（五）其他导致权利人不能行使请求权的障碍。

自中止时效的原因消除之日起满六个月，诉讼时效期间届满。

第一百九十五条 【诉讼时效的中断】有下列情形之一的，诉讼时效中断，从中断、有关程序终结时起，诉讼时效期间重新计算：

（一）权利人向义务人提出履行请求；

（二）义务人同意履行义务；

（三）权利人提起诉讼或者申请仲裁；

（四）与提起诉讼或者申请仲裁具有同等效力的其他情形。

第一百九十六条 【不适用诉讼时效的情形】下列请求权不适用诉讼时效的规定：

（一）请求停止侵害、排除妨碍、消除危险；

（二）不动产物权和登记的动产物权的权利人请求返还财产；

（三）请求支付抚养费、赡养费或者扶养费；

（四）依法不适用诉讼时效的其他请求权。

第一百九十七条 【诉讼时效法定】诉讼时效的期间、计算方法以及中止、中断的事由由法律规定，当事人约定无效。

当事人对诉讼时效利益的预先放弃无效。

第一百九十八条 【仲裁时效】法律对仲裁时效有规定的，依照其规定；没有规定的，适用诉讼时效的规定。

第一百九十九条 【除斥期间】法律规定或者当事人约定的撤销权、解除权等权利的存续期间，除法律另有规定外，自权利人知道或者应当知道权利产生之日起计算，不适用有关诉讼时效中止、中断和延长的规定。存续期间届满，撤销权、解除权等权利消灭。

第十章 期间计算

第二百条 【期间的计算单位】民法所称的期间按照公历年、月、日、小时计算。

第二百零一条 【期间的起算】按照年、月、日计算期间的,开始的当日不计入,自下一日开始计算。

按照小时计算期间的,自法律规定或者当事人约定的时间开始计算。

第二百零二条 【期间结束】按照年、月计算期间的,到期月的对应日为期间的最后一日;没有对应日的,月末日为期间的最后一日。

第二百零三条 【期间计算的特殊规定】期间的最后一日是法定休假日的,以法定休假日结束的次日为期间的最后一日。

期间的最后一日的截止时间为二十四时;有业务时间的,停止业务活动的时间为截止时间。

第二百零四条 【期间法定或约定】期间的计算方法依照本法的规定,但是法律另有规定或者当事人另有约定的除外。

中华人民共和国
妇女权益保障法（节录）

(1992年4月3日第七届全国人民代表大会第五次会议通过 根据2005年8月28日第十届全国人民代表大会常务委员会第十七次会议《关于修改〈中华人民共和国妇女权益保障法〉的决定》第一次修正 根据2018年10月26日第十三届全国人民代表大会常务委员会第六次会议《关于修改〈中华人民共和国野生动物保护法〉等十五部法律的决定》第二次修正)

……

第五章 财产权益

第三十条 国家保障妇女享有与男子平等的财产权利。

第三十一条　在婚姻、家庭共有财产关系中，不得侵害妇女依法享有的权益。

第三十二条　妇女在农村土地承包经营、集体经济组织收益分配、土地征收或者征用补偿费使用以及宅基地使用等方面，享有与男子平等的权利。

第三十三条　任何组织和个人不得以妇女未婚、结婚、离婚、丧偶等为由，侵害妇女在农村集体经济组织中的各项权益。

因结婚男方到女方住所落户的，男方和子女享有与所在地农村集体经济组织成员平等的权益。

第三十四条　妇女享有的与男子平等的财产继承权受法律保护。在同一顺序法定继承人中，不得歧视妇女。

丧偶妇女有权处分继承的财产，任何人不得干涉。

第三十五条　丧偶妇女对公、婆尽了主要赡养义务的，作为公、婆的第一顺序法定继承人，其继承权不受子女代位继承的影响。

……

第七章　婚姻家庭权益

第四十三条　国家保障妇女享有与男子平等的婚姻家庭权利。

第四十四条　国家保护妇女的婚姻自主权。禁止干涉妇女的结婚、离婚自由。

第四十五条　女方在怀孕期间、分娩后一年内或者终止妊娠后六个月内，男方不得提出离婚。女方提出离婚的，或者人民法院认为确有必要受理男方离婚请求的，不在此限。

第四十六条　禁止对妇女实施家庭暴力。

国家采取措施，预防和制止家庭暴力。

公安、民政、司法行政等部门以及城乡基层群众性自治组织、社会团体，应当在各自的职责范围内预防和制止家庭暴力，依法为受害妇女提供救助。

第四十七条　妇女对依照法律规定的夫妻共同财产享有与其配偶平等的占有、使用、收益和处分的权利，不受双方收入状况的影响。

夫妻书面约定婚姻关系存续期间所得的财产归各自所有，女方因抚育子女、照料老人、协助男方工作等承担较多义务的,有权在离婚时要求男方予以补偿。

第四十八条　夫妻共有的房屋,离婚时,分割住房由双方协议解决;协议不成的,由人民法院根据双方的具体情况,按照照顾子女和女方权益的原则判决。夫妻双方另有约定的除外。

夫妻共同租用的房屋,离婚时,女方的住房应当按照照顾子女和女方权益的原则解决。

第四十九条　父母双方对未成年子女享有平等的监护权。

父亲死亡、丧失行为能力或者有其他情形不能担任未成年子女的监护人的,母亲的监护权任何人不得干涉。

第五十条　离婚时,女方因实施绝育手术或者其他原因丧失生育能力的,处理子女抚养问题,应在有利子女权益的条件下,照顾女方的合理要求。

第五十一条　妇女有按照国家有关规定生育子女的权利,也有不生育的自由。

育龄夫妻双方按照国家有关规定计划生育,有关部门应当提供安全、有效的避孕药具和技术,保障实施节育手术的妇女的健康和安全。

国家实行婚前保健、孕产期保健制度,发展母婴保健事业。各级人民政府应当采取措施,保障妇女享有计划生育技术服务,提高妇女的生殖健康水平。

第八章　法律责任

第五十二条　妇女的合法权益受到侵害的,有权要求有关部门依法处理,或者依法向仲裁机构申请仲裁,或者向人民法院起诉。

对有经济困难需要法律援助或者司法救助的妇女,当地法律援助机构或者人民法院应当给予帮助,依法为其提供法律援助或者司法救助。

第五十三条　妇女的合法权益受到侵害的,可以向妇女组织投诉,妇女组织应当维护被侵害妇女的合法权益,有权要求并协助有关部门或者单位查处。有关部门或者单位应当依法查处,并予以答复。

第五十四条　妇女组织对于受害妇女进行诉讼需要帮助的,应当给予支持。

妇女联合会或者相关妇女组织对侵害特定妇女群体利益的行为，可以通过大众传播媒介揭露、批评，并有权要求有关部门依法查处。

第五十五条 违反本法规定，以妇女未婚、结婚、离婚、丧偶等为由，侵害妇女在农村集体经济组织中的各项权益的，或者因结婚男方到女方住所落户，侵害男方和子女享有与所在地农村集体经济组织成员平等权益的，由乡镇人民政府依法调解；受害人也可以依法向农村土地承包仲裁机构申请仲裁，或者向人民法院起诉，人民法院应当依法受理。

第五十六条 违反本法规定，侵害妇女的合法权益，其他法律、法规规定行政处罚的，从其规定；造成财产损失或者其他损害的，依法承担民事责任；构成犯罪的，依法追究刑事责任。

第五十七条 违反本法规定，对侵害妇女权益的申诉、控告、检举，推诿、拖延、压制不予查处，或者对提出申诉、控告、检举的人进行打击报复的，由其所在单位、主管部门或者上级机关责令改正，并依法对直接负责的主管人员和其他直接责任人员给予行政处分。

国家机关及其工作人员未依法履行职责，对侵害妇女权益的行为未及时制止或者未给予受害妇女必要帮助，造成严重后果的，由其所在单位或者上级机关依法对直接负责的主管人员和其他直接责任人员给予行政处分。

违反本法规定，侵害妇女文化教育权益、劳动和社会保障权益、人身和财产权益以及婚姻家庭权益的，由其所在单位、主管部门或者上级机关责令改正，直接负责的主管人员和其他直接责任人员属于国家工作人员的，由其所在单位或者上级机关依法给予行政处分。

第五十八条 违反本法规定，对妇女实施性骚扰或者家庭暴力，构成违反治安管理行为的，受害人可以提请公安机关对违法行为人依法给予行政处罚，也可以依法向人民法院提起民事诉讼。

第五十九条 违反本法规定，通过大众传播媒介或者其他方式贬低损害妇女人格的，由文化、广播电影电视、新闻出版或者其他有关部门依据各自的职权责令改正，并依法给予行政处罚。

……

中华人民共和国
老年人权益保障法（节录）

（1996年8月29日第八届全国人民代表大会常务委员会第二十一次会议通过 根据2009年8月27日第十一届全国人民代表大会常务委员会第十次会议《关于修改部分法律的决定》第一次修正 2012年12月28日第十一届全国人民代表大会常务委员会第三十次会议修订 根据2015年4月24日第十二届全国人民代表大会常务委员会第十四次会议《关于修改〈中华人民共和国电力法〉等六部法律的决定》第二次修正 根据2018年12月29日第十三届全国人民代表大会常务委员会第七次会议《关于修改〈中华人民共和国劳动法〉等七部法律的决定》第三次修正）

……

第二章 家庭赡养与扶养

第十三条 【居家养老】老年人养老以居家为基础，家庭成员应当尊重、关心和照料老年人。

第十四条 【赡养义务】赡养人应当履行对老年人经济上供养、生活上照料和精神上慰藉的义务，照顾老年人的特殊需要。

赡养人是指老年人的子女以及其他依法负有赡养义务的人。

赡养人的配偶应当协助赡养人履行赡养义务。

第十五条 【治疗和护理、生活照料】赡养人应当使患病的老年人及时得到治疗和护理；对经济困难的老年人，应当提供医疗费用。

对生活不能自理的老年人，赡养人应当承担照料责任；不能亲自照料的，可以按照老年人的意愿委托他人或者养老机构等照料。

第十六条 【老年人的住房】赡养人应当妥善安排老年人的住房，不得强迫老年人居住或者迁居条件低劣的房屋。

老年人自有的或者承租的住房,子女或者其他亲属不得侵占,不得擅自改变产权关系或者租赁关系。

老年人自有的住房,赡养人有维修的义务。

第十七条 【老年人的田地、林木和牲畜】赡养人有义务耕种或者委托他人耕种老年人承包的田地,照管或者委托他人照管老年人的林木和牲畜等,收益归老年人所有。

第十八条 【老年人的精神需求】家庭成员应当关心老年人的精神需求,不得忽视、冷落老年人。

与老年人分开居住的家庭成员,应当经常看望或者问候老年人。

用人单位应当按照国家有关规定保障赡养人探亲休假的权利。

第十九条 【不得拒绝履行赡养义务、要求老年人承担力不能及的劳动】赡养人不得以放弃继承权或者其他理由,拒绝履行赡养义务。

赡养人不履行赡养义务,老年人有要求赡养人付给赡养费等权利。

赡养人不得要求老年人承担力不能及的劳动。

第二十条 【赡养协议】经老年人同意,赡养人之间可以就履行赡养义务签订协议。赡养协议的内容不得违反法律的规定和老年人的意愿。

基层群众性自治组织、老年人组织或者赡养人所在单位监督协议的履行。

第二十一条 【老年人的婚姻自由】老年人的婚姻自由受法律保护。子女或者其他亲属不得干涉老年人离婚、再婚及婚后的生活。

赡养人的赡养义务不因老年人的婚姻关系变化而消除。

第二十二条 【老年人的财产权利】老年人对个人的财产,依法享有占有、使用、收益和处分的权利,子女或者其他亲属不得干涉,不得以窃取、骗取、强行索取等方式侵犯老年人的财产权益。

老年人有依法继承父母、配偶、子女或者其他亲属遗产的权利,有接受赠与的权利。子女或者其他亲属不得侵占、抢夺、转移、隐匿或者损毁应当由老年人继承或者接受赠与的财产。

老年人以遗嘱处分财产,应当依法为老年配偶保留必要的份额。

第二十三条 【扶养义务】老年人与配偶有相互扶养的义务。

由兄、姐扶养的弟、妹成年后,有负担能力的,对年老无赡养人的兄、姐有扶养的义务。

第二十四条 【督促履行赡养、扶养义务】赡养人、扶养人不履行赡养、扶养义务的，基层群众性自治组织、老年人组织或者赡养人、扶养人所在单位应当督促其履行。

第二十五条　【禁止实施家庭暴力】禁止对老年人实施家庭暴力。

第二十六条　【监护】具备完全民事行为能力的老年人，可以在近亲属或者其他与自己关系密切、愿意承担监护责任的个人、组织中协商确定自己的监护人。监护人在老年人丧失或者部分丧失民事行为能力时，依法承担监护责任。

老年人未事先确定监护人的，其丧失或者部分丧失民事行为能力时，依照有关法律的规定确定监护人。

第二十七条　【家庭养老支持政策】国家建立健全家庭养老支持政策，鼓励家庭成员与老年人共同生活或者就近居住，为老年人随配偶或者赡养人迁徙提供条件，为家庭成员照料老年人提供帮助。

……

中华人民共和国
未成年人保护法（节录）

（1991年9月4日第七届全国人民代表大会常务委员会第二十一次会议通过　2006年12月29日第十届全国人民代表大会常务委员会第二十五次会议第一次修订　根据2012年10月26日第十一届全国人民代表大会常务委员会第二十九次会议《关于修改〈中华人民共和国未成年人保护法〉的决定》修正　2020年10月17日第十三届全国人民代表大会常务委员会第二十二次会议第二次修订　2020年10月17日中华人民共和国主席令第57号公布　自2021年6月1日起施行）

……

第二章　家　庭　保　护

第十五条　未成年人的父母或者其他监护人应当学习家庭教育知

识，接受家庭教育指导，创造良好、和睦、文明的家庭环境。

共同生活的其他成年家庭成员应当协助未成年人的父母或者其他监护人抚养、教育和保护未成年人。

第十六条 未成年人的父母或者其他监护人应当履行下列监护职责：

（一）为未成年人提供生活、健康、安全等方面的保障；

（二）关注未成年人的生理、心理状况和情感需求；

（三）教育和引导未成年人遵纪守法、勤俭节约，养成良好的思想品德和行为习惯；

（四）对未成年人进行安全教育，提高未成年人的自我保护意识和能力；

（五）尊重未成年人受教育的权利，保障适龄未成年人依法接受并完成义务教育；

（六）保障未成年人休息、娱乐和体育锻炼的时间，引导未成年人进行有益身心健康的活动；

（七）妥善管理和保护未成年人的财产；

（八）依法代理未成年人实施民事法律行为；

（九）预防和制止未成年人的不良行为和违法犯罪行为，并进行合理管教；

（十）其他应当履行的监护职责。

第十七条 未成年人的父母或者其他监护人不得实施下列行为：

（一）虐待、遗弃、非法送养未成年人或者对未成年人实施家庭暴力；

（二）放任、教唆或者利用未成年人实施违法犯罪行为；

（三）放任、唆使未成年人参与邪教、迷信活动或者接受恐怖主义、分裂主义、极端主义等侵害；

（四）放任、唆使未成年人吸烟（含电子烟，下同）、饮酒、赌博、流浪乞讨或者欺凌他人；

（五）放任或者迫使应当接受义务教育的未成年人失学、辍学；

（六）放任未成年人沉迷网络，接触危害或者可能影响其身心健康的图书、报刊、电影、广播电视节目、音像制品、电子出版物和网络信息等；

（七）放任未成年人进入营业性娱乐场所、酒吧、互联网上网服务营业场所等不适宜未成年人活动的场所；

（八）允许或者迫使未成年人从事国家规定以外的劳动；

（九）允许、迫使未成年人结婚或者为未成年人订立婚约；

（十）违法处分、侵吞未成年人的财产或者利用未成年人牟取不正当利益；

（十一）其他侵犯未成年人身心健康、财产权益或者不依法履行未成年人保护义务的行为。

第十八条 未成年人的父母或者其他监护人应当为未成年人提供安全的家庭生活环境，及时排除引发触电、烫伤、跌落等伤害的安全隐患；采取配备儿童安全座椅、教育未成年人遵守交通规则等措施，防止未成年人受到交通事故的伤害；提高户外安全保护意识，避免未成年人发生溺水、动物伤害等事故。

第十九条 未成年人的父母或者其他监护人应当根据未成年人的年龄和智力发展状况，在作出与未成年人权益有关的决定前，听取未成年人的意见，充分考虑其真实意愿。

第二十条 未成年人的父母或者其他监护人发现未成年人身心健康受到侵害、疑似受到侵害或者其他合法权益受到侵犯的，应当及时了解情况并采取保护措施；情况严重的，应当立即向公安、民政、教育等部门报告。

第二十一条 未成年人的父母或者其他监护人不得使未满八周岁或者由于身体、心理原因需要特别照顾的未成年人处于无人看护状态，或者将其交由无民事行为能力、限制民事行为能力、患有严重传染性疾病或者其他不适宜的人员临时照护。

未成年人的父母或者其他监护人不得使未满十六周岁的未成年人脱离监护单独生活。

第二十二条 未成年人的父母或者其他监护人因外出务工等原因在一定期限内不能完全履行监护职责的，应当委托具有照护能力的完全民事行为能力人代为照护；无正当理由的，不得委托他人代为照护。

未成年人的父母或者其他监护人在确定被委托人时，应当综合考虑其道德品质、家庭状况、身心健康状况、与未成年人生活情感上的联系等情况，并听取有表达意愿能力未成年人的意见。

具有下列情形之一的，不得作为被委托人：

（一）曾实施性侵害、虐待、遗弃、拐卖、暴力伤害等违法犯罪行为；

（二）有吸毒、酗酒、赌博等恶习；

（三）曾拒不履行或者长期怠于履行监护、照护职责；

（四）其他不适宜担任被委托人的情形。

第二十三条 未成年人的父母或者其他监护人应当及时将委托照护情况书面告知未成年人所在学校、幼儿园和实际居住地的居民委员会、村民委员会，加强和未成年人所在学校、幼儿园的沟通；与未成年人、被委托人至少每周联系和交流一次，了解未成年人的生活、学习、心理等情况，并给予未成年人亲情关爱。

未成年人的父母或者其他监护人接到被委托人、居民委员会、村民委员会、学校、幼儿园等关于未成年人心理、行为异常的通知后，应当及时采取干预措施。

第二十四条 未成年人的父母离婚时，应当妥善处理未成年子女的抚养、教育、探望、财产等事宜，听取有表达意愿能力未成年人的意见。不得以抢夺、藏匿未成年子女等方式争夺抚养权。

未成年人的父母离婚后，不直接抚养未成年子女的一方应当依照协议、人民法院判决或者调解确定的时间和方式，在不影响未成年人学习、生活的情况下探望未成年子女，直接抚养的一方应当配合，但被人民法院依法中止探望权的除外。

……

中华人民共和国刑法（节录）*（节录）

（1979年7月1日第五届全国人民代表大会第二次会议通过　1997年3月14日第八届全国人民代表大会第五次会议修订　1997年3月14日中华人民共和国主席令第83号公布　自1997年10月1日起施行）

……

第二百五十七条　【暴力干涉婚姻自由罪】以暴力干涉他人婚姻自由的，处二年以下有期徒刑或者拘役。

犯前款罪，致使被害人死亡的，处二年以上七年以下有期徒刑。

第一款罪，告诉的才处理。

第二百五十八条　【重婚罪】有配偶而重婚的，或者明知他人有

---

* 根据1998年12月29日第九届全国人民代表大会常务委员会第六次会议通过的《全国人民代表大会常务委员会关于惩治骗购外汇、逃汇和非法买卖外汇犯罪的决定》、1999年12月25日第九届全国人民代表大会常务委员会第十三次会议通过的《中华人民共和国刑法修正案》、2001年8月31日第九届全国人民代表大会常务委员会第二十三次会议通过的《中华人民共和国刑法修正案（二）》、2001年12月29日第九届全国人民代表大会常务委员会第二十五次会议通过的《中华人民共和国刑法修正案（三）》、2002年12月28日第九届全国人民代表大会常务委员会第三十一次会议通过的《中华人民共和国刑法修正案（四）》、2005年2月28日第十届全国人民代表大会常务委员会第十四次会议通过的《中华人民共和国刑法修正案（五）》、2006年6月29日第十届全国人民代表大会常务委员会第二十二次会议通过的《中华人民共和国刑法修正案（六）》、2009年2月28日第十一届全国人民代表大会常务委员会第七次会议通过的《中华人民共和国刑法修正案（七）》、2009年8月27日第十一届全国人民代表大会常务委员会第十次会议通过的《关于修改部分法律的决定》、2011年2月25日第十一届全国人民代表大会常务委员会第十九次会议通过的《中华人民共和国刑法修正案（八）》、2015年8月29日第十二届全国人民代表大会常务委员会第十六次会议通过的《中华人民共和国刑法修正案（九）》、2017年11月4日第十二届全国人民代表大会常务委员会第三十次会议通过的《中华人民共和国刑法修正案（十）》、2020年12月26日第十三届全国人民代表大会常务委员会第二十四次会议通过的《中华人民共和国刑法修正案（十一）》修正。

配偶而与之结婚的,处二年以下有期徒刑或者拘役。

第二百五十九条 【破坏军婚罪】明知是现役军人的配偶而与之同居或者结婚的,处三年以下有期徒刑或者拘役。

利用职权、从属关系,以胁迫手段奸淫现役军人的妻子的,依照本法第二百三十六条的规定定罪处罚。

第二百六十条 【虐待罪】虐待家庭成员,情节恶劣的,处二年以下有期徒刑、拘役或者管制。

犯前款罪,致使被害人重伤、死亡的,处二年以上七年以下有期徒刑。

第一款罪,告诉的才处理,但被害人没有能力告诉,或者因受到强制、威吓无法告诉的除外。

第二百六十条之一 【虐待被监护、看护人罪】对未成年人、老年人、患病的人、残疾人等负有监护、看护职责的人虐待被监护、看护的人,情节恶劣的,处三年以下有期徒刑或者拘役。

单位犯前款罪的,对单位判处罚金,并对其直接负责的主管人员和其他直接责任人员,依照前款的规定处罚。

有第一款行为,同时构成其他犯罪的,依照处罚较重的规定定罪处罚。

第二百六十一条 【遗弃罪】对于年老、年幼、患病或者其他没有独立生活能力的人,负有扶养义务而拒绝扶养,情节恶劣的,处五年以下有期徒刑、拘役或者管制。

……

中华人民共和国民事诉讼法（节录）

（1991年4月9日第七届全国人民代表大会第四次会议通过 根据2007年10月28日第十届全国人民代表大会常务委员会第三十次会议《关于修改〈中华人民共和国民事诉讼法〉的决定》第一次修正 根据2012年8月31日第十一届全国人民代表大会常务委员会第二十八次会议《关于修改〈中华人民共和国民事诉讼法〉的决定》第二次修正 根据2017年6月27日第十二届全国人民代表大会常务委员会第二十八次会议《关于修改〈中华人民共和国民事诉讼法〉和〈中华人民共和国行政诉讼法〉的决定》第三次修正）

……

第二章 管　　辖

……

第二节 地域管辖

第二十一条 【被告住所地、经常居住地法院管辖】对公民提起的民事诉讼，由被告住所地人民法院管辖；被告住所地与经常居住地不一致的，由经常居住地人民法院管辖。

对法人或者其他组织提起的民事诉讼，由被告住所地人民法院管辖。

同一诉讼的几个被告住所地、经常居住地在两个以上人民法院辖区的，各该人民法院都有管辖权。

第二十二条 【原告住所地、经常居住地法院管辖】下列民事诉讼，由原告住所地人民法院管辖；原告住所地与经常居住地不一致的，由原告经常居住地人民法院管辖：

（一）对不在中华人民共和国领域内居住的人提起的有关身份关系

的诉讼；

（二）对下落不明或者宣告失踪的人提起的有关身份关系的诉讼；

（三）对被采取强制性教育措施的人提起的诉讼；

（四）对被监禁的人提起的诉讼。

......

第五章　诉讼参加人

第一节　当　事　人

第四十八条　【当事人范围】公民、法人和其他组织可以作为民事诉讼的当事人。

法人由其法定代表人进行诉讼。其他组织由其主要负责人进行诉讼。

第四十九条　【诉讼权利义务】当事人有权委托代理人，提出回避申请，收集、提供证据，进行辩论，请求调解，提起上诉，申请执行。

当事人可以查阅本案有关材料，并可以复制本案有关材料和法律文书。查阅、复制本案有关材料的范围和办法由最高人民法院规定。

当事人必须依法行使诉讼权利，遵守诉讼秩序，履行发生法律效力的判决书、裁定书和调解书。

第五十条　【自行和解】双方当事人可以自行和解。

第五十一条　【诉讼请求的放弃、变更、承认、反驳及反诉】原告可以放弃或者变更诉讼请求。被告可以承认或者反驳诉讼请求，有权提起反诉。

......

第二节　诉讼代理人

第五十七条　【法定诉讼代理人】无诉讼行为能力人由他的监护人作为法定代理人代为诉讼。法定代理人之间互相推诿代理责任的，由人民法院指定其中一人代为诉讼。

第五十八条　【委托诉讼代理人】当事人、法定代理人可以委托一至二人作为诉讼代理人。

下列人员可以被委托为诉讼代理人：

（一）律师、基层法律服务工作者；

（二）当事人的近亲属或者工作人员；

（三）当事人所在社区、单位以及有关社会团体推荐的公民。

第五十九条 【委托诉讼代理权的取得和权限】委托他人代为诉讼，必须向人民法院提交由委托人签名或者盖章的授权委托书。

授权委托书必须记明委托事项和权限。诉讼代理人代为承认、放弃、变更诉讼请求，进行和解，提起反诉或者上诉，必须有委托人的特别授权。

侨居在国外的中华人民共和国公民从国外寄交或者托交的授权委托书，必须经中华人民共和国驻该国的使领馆证明；没有使领馆的，由与中华人民共和国有外交关系的第三国驻该国的使领馆证明，再转由中华人民共和国驻该第三国使领馆证明，或者由当地的爱国华侨团体证明。

第六十条 【诉讼代理权的变更和解除】诉讼代理人的权限如果变更或者解除，当事人应当书面告知人民法院，并由人民法院通知对方当事人。

第六十一条 【诉讼代理人调查收集证据和查阅有关资料的权利】代理诉讼的律师和其他诉讼代理人有权调查收集证据，可以查阅本案有关材料。查阅本案有关材料的范围和办法由最高人民法院规定。

第六十二条 【离婚诉讼代理的特别规定】离婚案件有诉讼代理人的，本人除不能表达意思的以外，仍应出庭；确因特殊情况无法出庭的，必须向人民法院提交书面意见。

……

第九章　保全和先予执行

第一百条 【诉讼保全】人民法院对于可能因当事人一方的行为或者其他原因，使判决难以执行或者造成当事人其他损害的案件，根据对方当事人的申请，可以裁定对其财产进行保全、责令其作出一定行为或者禁止其作出一定行为；当事人没有提出申请的，人民法院在必要时也可以裁定采取保全措施。

人民法院采取保全措施，可以责令申请人提供担保，申请人不提供担保的，裁定驳回申请。

人民法院接受申请后，对情况紧急的，必须在四十八小时内作出裁定；裁定采取保全措施的，应当立即开始执行。

第一百零一条 【诉前保全】利害关系人因情况紧急，不立即申请保全将会使其合法权益受到难以弥补的损害的，可以在提起诉讼或者申请仲裁前向被保全财产所在地、被申请人住所地或者对案件有管辖权的人民法院申请采取保全措施。申请人应当提供担保，不提供担保的，裁定驳回申请。

人民法院接受申请后，必须在四十八小时内作出裁定；裁定采取保全措施的，应当立即开始执行。

申请人在人民法院采取保全措施后三十日内不依法提起诉讼或者申请仲裁的，人民法院应当解除保全。

第一百零二条 【保全的范围】保全限于请求的范围，或者与本案有关的财物。

第一百零三条 【财产保全的措施】财产保全采取查封、扣押、冻结或者法律规定的其他方法。人民法院保全财产后，应当立即通知被保全财产的人。

财产已被查封、冻结的，不得重复查封、冻结。

第一百零四条 【保全的解除】财产纠纷案件，被申请人提供担保的，人民法院应当裁定解除保全。

第一百零五条 【保全申请错误的处理】申请有错误的，申请人应当赔偿被申请人因保全所遭受的损失。

第一百零六条 【先予执行的适用范围】人民法院对下列案件，根据当事人的申请，可以裁定先予执行：

（一）追索赡养费、扶养费、抚育费、抚恤金、医疗费用的；

（二）追索劳动报酬的；

（三）因情况紧急需要先予执行的。

第一百零七条 【先予执行的条件】人民法院裁定先予执行的，应当符合下列条件：

（一）当事人之间权利义务关系明确，不先予执行将严重影响申请人的生活或者生产经营的；

（二）被申请人有履行能力。

人民法院可以责令申请人提供担保，申请人不提供担保的，驳回申请。申请人败诉的，应当赔偿被申请人因先予执行遭受的财产损失。

第一百零八条　【对保全或先予执行不服的救济程序】当事人对保全或者先予执行的裁定不服的，可以申请复议一次。复议期间不停止裁定的执行。

……

第十二章　第一审普通程序

第一节　起诉和受理

第一百一十九条　【起诉的实质要件】起诉必须符合下列条件：

（一）原告是与本案有直接利害关系的公民、法人和其他组织；

（二）有明确的被告；

（三）有具体的诉讼请求和事实、理由；

（四）属于人民法院受理民事诉讼的范围和受诉人民法院管辖。

第一百二十条　【起诉的形式要件】起诉应当向人民法院递交起诉状，并按照被告人数提出副本。

书写起诉状确有困难的，可以口头起诉，由人民法院记入笔录，并告知对方当事人。

第一百二十一条　【起诉状的内容】起诉状应当记明下列事项：

（一）原告的姓名、性别、年龄、民族、职业、工作单位、住所、联系方式，法人或者其他组织的名称、住所和法定代表人或者主要负责人的姓名、职务、联系方式；

（二）被告的姓名、性别、工作单位、住所等信息，法人或者其他组织的名称、住所等信息；

（三）诉讼请求和所根据的事实与理由；

（四）证据和证据来源，证人姓名和住所。

第一百二十二条　【先行调解】当事人起诉到人民法院的民事纠纷，适宜调解的，先行调解，但当事人拒绝调解的除外。

第一百二十三条 【起诉权和受理程序】人民法院应当保障当事人依照法律规定享有的起诉权利。对符合本法第一百一十九条的起诉,必须受理。符合起诉条件的,应当在七日内立案,并通知当事人;不符合起诉条件的,应当在七日内作出裁定书,不予受理;原告对裁定不服的,可以提起上诉。

第一百二十四条 【对特殊情形的处理】人民法院对下列起诉,分别情形,予以处理:

(一)依照行政诉讼法的规定,属于行政诉讼受案范围的,告知原告提起行政诉讼;

(二)依照法律规定,双方当事人达成书面仲裁协议申请仲裁、不得向人民法院起诉的,告知原告向仲裁机构申请仲裁;

(三)依照法律规定,应当由其他机关处理的争议,告知原告向有关机关申请解决;

(四)对不属于本院管辖的案件,告知原告向有管辖权的人民法院起诉;

(五)对判决、裁定、调解书已经发生法律效力的案件,当事人又起诉的,告知原告申请再审,但人民法院准许撤诉的裁定除外;

(六)依照法律规定,在一定期限内不得起诉的案件,在不得起诉的期限内起诉的,不予受理;

(七)判决不准离婚和调解和好的离婚案件,判决、调解维持收养关系的案件,没有新情况、新理由,原告在六个月内又起诉的,不予受理。

第二节 审理前的准备

第一百二十五条 【送达起诉状和答辩状】人民法院应当在立案之日起五日内将起诉状副本发送被告,被告应当在收到之日起十五日内提出答辩状。答辩状应当记明被告的姓名、性别、年龄、民族、职业、工作单位、住所、联系方式;法人或者其他组织的名称、住所和法定代表人或者主要负责人的姓名、职务、联系方式。人民法院应当在收到答辩状之日起五日内将答辩状副本发送原告。

被告不提出答辩状的,不影响人民法院审理。

第一百二十六条 【诉讼权利义务的告知】人民法院对决定受理

的案件，应当在受理案件通知书和应诉通知书中向当事人告知有关的诉讼权利义务，或者口头告知。

第一百二十七条 【对管辖权异议的审查和处理】人民法院受理案件后，当事人对管辖权有异议的，应当在提交答辩状期间提出。人民法院对当事人提出的异议，应当审查。异议成立的，裁定将案件移送有管辖权的人民法院；异议不成立的，裁定驳回。

当事人未提出管辖异议，并应诉答辩的，视为受诉人民法院有管辖权，但违反级别管辖和专属管辖规定的除外。

第一百二十八条 【合议庭组成人员的告知】合议庭组成人员确定后，应当在三日内告知当事人。

第一百二十九条 【审核取证】审判人员必须认真审核诉讼材料，调查收集必要的证据。

第一百三十条 【调查取证的程序】人民法院派出人员进行调查时，应当向被调查人出示证件。

调查笔录经被调查人校阅后，由被调查人、调查人签名或者盖章。

第一百三十一条 【委托调查】人民法院在必要时可以委托外地人民法院调查。

委托调查，必须提出明确的项目和要求。受委托人民法院可以主动补充调查。

受委托人民法院收到委托书后，应当在三十日内完成调查。因故不能完成的，应当在上述期限内函告委托人民法院。

第一百三十二条 【当事人的追加】必须共同进行诉讼的当事人没有参加诉讼的，人民法院应当通知其参加诉讼。

第一百三十三条 【案件受理后的处理】人民法院对受理的案件，分别情形，予以处理：

（一）当事人没有争议，符合督促程序规定条件的，可以转入督促程序；

（二）开庭前可以调解的，采取调解方式及时解决纠纷；

（三）根据案件情况，确定适用简易程序或者普通程序；

（四）需要开庭审理的，通过要求当事人交换证据等方式，明确争议焦点。

第三节 开庭审理

第一百三十四条 【公开审理及例外】人民法院审理民事案件,除涉及国家秘密、个人隐私或者法律另有规定的以外,应当公开进行。

离婚案件,涉及商业秘密的案件,当事人申请不公开审理的,可以不公开审理。

第一百三十五条 【巡回审理】人民法院审理民事案件,根据需要进行巡回审理,就地办案。

第一百三十六条 【开庭通知与公告】人民法院审理民事案件,应当在开庭三日前通知当事人和其他诉讼参与人。公开审理的,应当公告当事人姓名、案由和开庭的时间、地点。

第一百三十七条 【宣布开庭】开庭审理前,书记员应当查明当事人和其他诉讼参与人是否到庭,宣布法庭纪律。

开庭审理时,由审判长核对当事人,宣布案由,宣布审判人员、书记员名单,告知当事人有关的诉讼权利义务,询问当事人是否提出回避申请。

第一百三十八条 【法庭调查顺序】法庭调查按照下列顺序进行:

(一)当事人陈述;

(二)告知证人的权利义务,证人作证,宣读未到庭的证人证言;

(三)出示书证、物证、视听资料和电子数据;

(四)宣读鉴定意见;

(五)宣读勘验笔录。

第一百三十九条 【当事人庭审诉讼权利】当事人在法庭上可以提出新的证据。

当事人经法庭许可,可以向证人、鉴定人、勘验人发问。

当事人要求重新进行调查、鉴定或者勘验的,是否准许,由人民法院决定。

第一百四十条 【合并审理】原告增加诉讼请求,被告提出反诉,第三人提出与本案有关的诉讼请求,可以合并审理。

第一百四十一条 【法庭辩论】法庭辩论按照下列顺序进行:

(一)原告及其诉讼代理人发言;

(二)被告及其诉讼代理人答辩;

（三）第三人及其诉讼代理人发言或者答辩；

（四）互相辩论。

法庭辩论终结，由审判长按照原告、被告、第三人的先后顺序征询各方最后意见。

第一百四十二条 【法庭调解】法庭辩论终结，应当依法作出判决。判决前能够调解的，还可以进行调解，调解不成的，应当及时判决。

第一百四十三条 【原告不到庭和中途退庭的处理】原告经传票传唤，无正当理由拒不到庭的，或者未经法庭许可中途退庭的，可以按撤诉处理；被告反诉的，可以缺席判决。

第一百四十四条 【被告不到庭和中途退庭的处理】被告经传票传唤，无正当理由拒不到庭的，或者未经法庭许可中途退庭的，可以缺席判决。

第一百四十五条 【原告申请撤诉的处理】宣判前，原告申请撤诉的，是否准许，由人民法院裁定。

人民法院裁定不准许撤诉的，原告经传票传唤，无正当理由拒不到庭的，可以缺席判决。

第一百四十六条 【延期审理】有下列情形之一的，可以延期开庭审理：

（一）必须到庭的当事人和其他诉讼参与人有正当理由没有到庭的；

（二）当事人临时提出回避申请的；

（三）需要通知新的证人到庭，调取新的证据，重新鉴定、勘验，或者需要补充调查的；

（四）其他应当延期的情形。

第一百四十七条 【法庭笔录】书记员应当将法庭审理的全部活动记入笔录，由审判人员和书记员签名。

法庭笔录应当当庭宣读，也可以告知当事人和其他诉讼参与人当庭或者在五日内阅读。当事人和其他诉讼参与人认为对自己的陈述记录有遗漏或者差错的，有权申请补正。如果不予补正，应当将申请记录在案。

法庭笔录由当事人和其他诉讼参与人签名或者盖章。拒绝签名盖章的，记明情况附卷。

第一百四十八条 【宣告判决】人民法院对公开审理或者不公开

审理的案件，一律公开宣告判决。

当庭宣判的，应当在十日内发送判决书；定期宣判的，宣判后立即发给判决书。

宣告判决时，必须告知当事人上诉权利、上诉期限和上诉的法院。

宣告离婚判决，必须告知当事人在判决发生法律效力前不得另行结婚。

第一百四十九条 【一审审限】人民法院适用普通程序审理的案件，应当在立案之日起六个月内审结。有特殊情况需要延长的，由本院院长批准，可以延长六个月；还需要延长的，报请上级人民法院批准。

……

第十四章　第二审程序

第一百六十四条 【上诉权】当事人不服地方人民法院第一审判决的，有权在判决书送达之日起十五日内向上一级人民法院提起上诉。

当事人不服地方人民法院第一审裁定的，有权在裁定书送达之日起十日内向上一级人民法院提起上诉。

第一百六十五条 【上诉状的内容】上诉应当递交上诉状。上诉状的内容，应当包括当事人的姓名，法人的名称及其法定代表人的姓名或者其他组织的名称及其主要负责人的姓名；原审人民法院名称、案件的编号和案由；上诉的请求和理由。

第一百六十六条 【上诉的提起】上诉状应当通过原审人民法院提出，并按照对方当事人或者代表人的人数提出副本。

当事人直接向第二审人民法院上诉的，第二审人民法院应当在五日内将上诉状移交原审人民法院。

第一百六十七条 【上诉的受理】原审人民法院收到上诉状，应当在五日内将上诉状副本送达对方当事人，对方当事人在收到之日起十五日内提出答辩状。人民法院应当在收到答辩状之日起五日内将副本送达上诉人。对方当事人不提出答辩状的，不影响人民法院审理。

原审人民法院收到上诉状、答辩状，应当在五日内连同全部案卷和证据，报送第二审人民法院。

……

155

第十六章 审判监督程序

……

第一百九十九条 【当事人申请再审】当事人对已经发生法律效力的判决、裁定，认为有错误的，可以向上一级人民法院申请再审；当事人一方人数众多或者当事人双方为公民的案件，也可以向原审人民法院申请再审。当事人申请再审的，不停止判决、裁定的执行。

第二百条 【再审事由】当事人的申请符合下列情形之一的，人民法院应当再审：

（一）有新的证据，足以推翻原判决、裁定的；

（二）原判决、裁定认定的基本事实缺乏证据证明的；

（三）原判决、裁定认定事实的主要证据是伪造的；

（四）原判决、裁定认定事实的主要证据未经质证的；

（五）对审理案件需要的主要证据，当事人因客观原因不能自行收集，书面申请人民法院调查收集，人民法院未调查收集的；

（六）原判决、裁定适用法律确有错误的；

（七）审判组织的组成不合法或者依法应当回避的审判人员没有回避的；

（八）无诉讼行为能力人未经法定代理人代为诉讼或者应当参加诉讼的当事人，因不能归责于本人或者其诉讼代理人的事由，未参加诉讼的；

（九）违反法律规定，剥夺当事人辩论权利的；

（十）未经传票传唤，缺席判决的；

（十一）原判决、裁定遗漏或者超出诉讼请求的；

（十二）据以作出原判决、裁定的法律文书被撤销或者变更的；

（十三）审判人员审理该案件时有贪污受贿，徇私舞弊，枉法裁判行为的。

第二百零一条 【调解书的再审】当事人对已经发生法律效力的调解书，提出证据证明调解违反自愿原则或者调解协议的内容违反法律的，可以申请再审。经人民法院审查属实的，应当再审。

第二百零二条 【不得申请再审的案件】当事人对已经发生法律效力的解除婚姻关系的判决、调解书，不得申请再审。

……

第二百零六条 【中止原判决的执行及例外】按照审判监督程序决定再审的案件，裁定中止原判决、裁定、调解书的执行，但追索赡养费、扶养费、抚育费、抚恤金、医疗费用、劳动报酬等案件，可以不中止执行。

……

最高人民法院关于适用《中华人民共和国民事诉讼法》的解释（节录）

（2014年12月18日最高人民法院审判委员会第1636次会议通过 根据2020年12月23日最高人民法院审判委员会第1823次会议通过的《最高人民法院关于修改〈最高人民法院关于人民法院民事调解工作若干问题的规定〉等十九件民事诉讼类司法解释的决定》修正）

……

第十二条 夫妻一方离开住所地超过一年，另一方起诉离婚的案件，可以由原告住所地人民法院管辖。

夫妻双方离开住所地超过一年，一方起诉离婚的案件，由被告经常居住地人民法院管辖；没有经常居住地的，由原告起诉时被告居住地人民法院管辖。

第十三条 在国内结婚并定居国外的华侨，如定居国法院以离婚诉讼须由婚姻缔结地法院管辖为由不予受理，当事人向人民法院提出离婚诉讼的，由婚姻缔结地或者一方在国内的最后居住地人民法院管辖。

第十四条 在国外结婚并定居国外的华侨，如定居国法院以离婚诉讼须由国籍所属国法院管辖为由不予受理，当事人向人民法院提出离婚诉讼的，由一方原住所地或者在国内的最后居住地人民法院管辖。

第十五条 中国公民一方居住在国外，一方居住在国内，不论哪一方向人民法院提起离婚诉讼，国内一方住所地人民法院都有权管辖。

国外一方在居住国法院起诉,国内一方向人民法院起诉的,受诉人民法院有权管辖。

　　第十六条　中国公民双方在国外但未定居,一方向人民法院起诉离婚的,应由原告或者被告原住所地人民法院管辖。

　　第十七条　已经离婚的中国公民,双方均定居国外,仅就国内财产分割提起诉讼的,由主要财产所在地人民法院管辖。

　　……

　　第一百四十五条　人民法院审理民事案件,应当根据自愿、合法的原则进行调解。当事人一方或者双方坚持不愿调解的,应当及时裁判。

　　人民法院审理离婚案件,应当进行调解,但不应久调不决。

　　第一百四十六条　人民法院审理民事案件,调解过程不公开,但当事人同意公开的除外。

　　调解协议内容不公开,但为保护国家利益、社会公共利益、他人合法权益,人民法院认为确有必要公开的除外。

　　主持调解以及参与调解的人员,对调解过程以及调解过程中获悉的国家秘密、商业秘密、个人隐私和其他不宜公开的信息,应当保守秘密,但为保护国家利益、社会公共利益、他人合法权益的除外。

　　第一百四十七条　人民法院调解案件时,当事人不能出庭的,经其特别授权,可由其委托代理人参加调解,达成的调解协议,可由委托代理人签名。

　　离婚案件当事人确因特殊情况无法出庭参加调解的,除本人不能表达意志的以外,应当出具书面意见。

　　第一百四十八条　当事人自行和解或者调解达成协议后,请求人民法院按照和解协议或者调解协议的内容制作判决书的,人民法院不予准许。

　　无民事行为能力人的离婚案件,由其法定代理人进行诉讼。法定代理人与对方达成协议要求发给判决书的,可根据协议内容制作判决书。

　　……

　　第二百一十四条　原告撤诉或者人民法院按撤诉处理后,原告以同一诉讼请求再次起诉的,人民法院应予受理。

　　原告撤诉或者按撤诉处理的离婚案件,没有新情况、新理由,六个月内又起诉的，比照民事诉讼法第一百二十四条第七项的规定不予受理。

......

诉讼费用交纳办法（节录）

（2006年12月8日国务院第159次常务会议通过 2006年12月19日中华人民共和国国务院令第481号公布 自2007年4月1日起施行）

......

第三章 诉讼费用交纳标准

第十三条 案件受理费分别按照下列标准交纳：

（一）财产案件根据诉讼请求的金额或者价额，按照下列比例分段累计交纳：

1. 不超过1万元的，每件交纳50元；
2. 超过1万元至10万元的部分，按照2.5%交纳；
3. 超过10万元至20万元的部分，按照2%交纳；
4. 超过20万元至50万元的部分，按照1.5%交纳；
5. 超过50万元至100万元的部分，按照1%交纳；
6. 超过100万元至200万元的部分，按照0.9%交纳；
7. 超过200万元至500万元的部分，按照0.8%交纳；
8. 超过500万元至1000万元的部分，按照0.7%交纳；
9. 超过1000万元至2000万元的部分，按照0.6%交纳；
10. 超过2000万元的部分，按照0.5%交纳。

（二）非财产案件按照下列标准交纳：

1. 离婚案件每件交纳50元至300元。涉及财产分割，财产总额不超过20万元的，不另行交纳；超过20万元的部分，按照0.5%交纳。
2. 侵害姓名权、名称权、肖像权、名誉权、荣誉权以及其他人格权的案件，每件交纳 100 元至 500 元。涉及损害赔偿，赔偿金额不超过 5 万元的，不另行交纳；超过 5 万元至 10 万元的部分，按照 1% 交纳；超过 10 万元的部分，按照 0.5% 交纳。

3. 其他非财产案件每件交纳 50 元至 100 元。

（三）知识产权民事案件，没有争议金额或者价额的，每件交纳 500 元至 1000 元；有争议金额或者价额的，按照财产案件的标准交纳。

（四）劳动争议案件每件交纳 10 元。

（五）行政案件按照下列标准交纳：

1. 商标、专利、海事行政案件每件交纳 100 元；

2. 其他行政案件每件交纳 50 元。

（六）当事人提出案件管辖权异议，异议不成立的，每件交纳 50 元至 100 元。

省、自治区、直辖市人民政府可以结合本地实际情况在本条第（二）项、第（三）项、第（六）项规定的幅度内制定具体交纳标准。

……

第五章 诉讼费用的负担

……

第三十一条 经人民法院调解达成协议的案件，诉讼费用的负担由双方当事人协商解决；协商不成的，由人民法院决定。

第三十二条 依照本办法第九条第（一）项、第（二）项的规定应当交纳案件受理费的再审案件，诉讼费用由申请再审的当事人负担；双方当事人都申请再审的，诉讼费用依照本办法第二十九条的规定负担。原审诉讼费用的负担由人民法院根据诉讼费用负担原则重新确定。

第三十三条 离婚案件诉讼费用的负担由双方当事人协商解决；协商不成的，由人民法院决定。

第三十四条 民事案件的原告或者上诉人申请撤诉，人民法院裁定准许的，案件受理费由原告或者上诉人负担。

行政案件的被告改变或者撤销具体行政行为，原告申请撤诉，人民法院裁定准许的，案件受理费由被告负担。

第三十五条 当事人在法庭调查终结后提出减少诉讼请求数额的，

减少请求数额部分的案件受理费由变更诉讼请求的当事人负担。

......

第四十四条 当事人交纳诉讼费用确有困难的，可以依照本办法向人民法院申请缓交、减交或者免交诉讼费用的司法救助。

诉讼费用的免交只适用于自然人。

第四十五条 当事人申请司法救助，符合下列情形之一的，人民法院应当准予免交诉讼费用：

（一）残疾人无固定生活来源的；

（二）追索赡养费、扶养费、抚育费、抚恤金的；

（三）最低生活保障对象、农村特困定期救济对象、农村五保供养对象或者领取失业保险金人员，无其他收入的；

（四）因见义勇为或者为保护社会公共利益致使自身合法权益受到损害，本人或者其近亲属请求赔偿或者补偿的；

（五）确实需要免交的其他情形。

......

中华人民共和国
涉外民事关系法律适用法（节录）

（2010年10月28日第十一届全国人民代表大会常务委员会第十七次会议通过 2010年10月28日中华人民共和国主席令第36号公布 自2011年4月1日起施行）

......

第三章 婚姻家庭

第二十一条 结婚条件，适用当事人共同经常居所地法律；没有共同经常居所地的，适用共同国籍国法律；没有共同国籍，在一方当事人经常居所地或者国籍国缔结婚姻的，适用婚姻缔结地法律。

第二十二条 结婚手续，符合婚姻缔结地法律、一方当事人经常居所地法律或者国籍国法律的，均为有效。

第二十三条 夫妻人身关系，适用共同经常居所地法律；没有共同经常居所地的，适用共同国籍国法律。

第二十四条 夫妻财产关系，当事人可以协议选择适用一方当事人经常居所地法律、国籍国法律或者主要财产所在地法律。当事人没有选择的，适用共同经常居所地法律；没有共同经常居所地的，适用共同国籍国法律。

第二十五条 父母子女人身、财产关系，适用共同经常居所地法律；没有共同经常居所地的，适用一方当事人经常居所地法律或者国籍国法律中有利于保护弱者权益的法律。

第二十六条 协议离婚，当事人可以协议选择适用一方当事人经常居所地法律或者国籍国法律。当事人没有选择的，适用共同经常居所地法律；没有共同经常居所地的，适用共同国籍国法律；没有共同国籍的，适用办理离婚手续机构所在地法律。

第二十七条 诉讼离婚，适用法院地法律。

第二十八条 收养的条件和手续，适用收养人和被收养人经常居所地法律。收养的效力，适用收养时收养人经常居所地法律。收养关系的解除，适用收养时被收养人经常居所地法律或者法院地法律。

第二十九条 扶养，适用一方当事人经常居所地法律、国籍国法律或者主要财产所在地法律中有利于保护被扶养人权益的法律。

第三十条 监护，适用一方当事人经常居所地法律或者国籍国法律中有利于保护被监护人权益的法律。

第四章 继　　承

第三十一条 法定继承，适用被继承人死亡时经常居所地法律，但不动产法定继承，适用不动产所在地法律。

第三十二条 遗嘱方式，符合遗嘱人立遗嘱时或者死亡时经常居所地法律、国籍国法律或者遗嘱行为地法律的，遗嘱均为成立。

第三十三条 遗嘱效力，适用遗嘱人立遗嘱时或者死亡时经常居所地法律或者国籍国法律。

第三十四条　遗产管理等事项，适用遗产所在地法律。

第三十五条　无人继承遗产的归属，适用被继承人死亡时遗产所在地法律。

……

最高人民法院关于适用《中华人民共和国涉外民事关系法律适用法》若干问题的解释（一）

（2012年12月10日最高人民法院审判委员会第1563次会议通过　根据2020年12月23日最高人民法院审判委员会第1823次会议通过的《最高人民法院关于修改〈最高人民法院关于破产企业国有划拨土地使用权应否列入破产财产等问题的批复〉等二十九件商事类司法解释的决定》修正）

为正确审理涉外民事案件，根据《中华人民共和国涉外民事关系法律适用法》的规定，对人民法院适用该法的有关问题解释如下：

第一条　民事关系具有下列情形之一的，人民法院可以认定为涉外民事关系：

（一）当事人一方或双方是外国公民、外国法人或者其他组织、无国籍人；

（二）当事人一方或双方的经常居所地在中华人民共和国领域外；

（三）标的物在中华人民共和国领域外；

（四）产生、变更或者消灭民事关系的法律事实发生在中华人民共和国领域外；

（五）可以认定为涉外民事关系的其他情形。

第二条　涉外民事关系法律适用法实施以前发生的涉外民事关系，人民法院应当根据该涉外民事关系发生时的有关法律规定确定应当适用的法律；当时法律没有规定的，可以参照涉外民事关系法律适用法的规定确定。

第三条 涉外民事关系法律适用法与其他法律对同一涉外民事关系法律适用规定不一致的,适用涉外民事关系法律适用法的规定,但《中华人民共和国票据法》《中华人民共和国海商法》《中华人民共和国民用航空法》等商事领域法律的特别规定以及知识产权领域法律的特别规定除外。

涉外民事关系法律适用法对涉外民事关系的法律适用没有规定而其他法律有规定的,适用其他法律的规定。

第四条 中华人民共和国法律没有明确规定当事人可以选择涉外民事关系适用的法律,当事人选择适用法律的,人民法院应认定该选择无效。

第五条 一方当事人以双方协议选择的法律与系争的涉外民事关系没有实际联系为由主张选择无效的,人民法院不予支持。

第六条 当事人在一审法庭辩论终结前协议选择或者变更选择适用的法律的,人民法院应予准许。

各方当事人援引相同国家的法律且未提出法律适用异议的,人民法院可以认定当事人已经就涉外民事关系适用的法律做出了选择。

第七条 当事人在合同中援引尚未对中华人民共和国生效的国际条约的,人民法院可以根据该国际条约的内容确定当事人之间的权利义务,但违反中华人民共和国社会公共利益或中华人民共和国法律、行政法规强制性规定的除外。

第八条 有下列情形之一,涉及中华人民共和国社会公共利益、当事人不能通过约定排除适用、无需通过冲突规范指引而直接适用于涉外民事关系的法律、行政法规的规定,人民法院应当认定为涉外民事关系法律适用法第四条规定的强制性规定:

(一)涉及劳动者权益保护的;

(二)涉及食品或公共卫生安全的;

(三)涉及环境安全的;

(四)涉及外汇管制等金融安全的;

(五)涉及反垄断、反倾销的;

(六)应当认定为强制性规定的其他情形。

第九条 一方当事人故意制造涉外民事关系的连结点,规避中华人民共和国法律、行政法规的强制性规定的,人民法院应认定为不发生适用外国法律的效力。

第十条 涉外民事争议的解决须以另一涉外民事关系的确认为前提时,人民法院应当根据该先决问题自身的性质确定其应当适用的法律。

第十一条 案件涉及两个或者两个以上的涉外民事关系时,人民法院应当分别确定应当适用的法律。

第十二条 当事人没有选择涉外仲裁协议适用的法律,也没有约定仲裁机构或者仲裁地,或者约定不明的,人民法院可以适用中华人民共和国法律认定该仲裁协议的效力。

第十三条 自然人在涉外民事关系产生或者变更、终止时已经连续居住一年以上且作为其生活中心的地方,人民法院可以认定为涉外民事关系法律适用法规定的自然人的经常居所地,但就医、劳务派遣、公务等情形除外。

第十四条 人民法院应当将法人的设立登记地认定为涉外民事关系法律适用法规定的法人的登记地。

第十五条 人民法院通过由当事人提供、已对中华人民共和国生效的国际条约规定的途径、中外法律专家提供等合理途径仍不能获得外国法律的,可以认定为不能查明外国法律。

根据涉外民事关系法律适用法第十条第一款的规定,当事人应当提供外国法律,其在人民法院指定的合理期限内无正当理由未提供该外国法律的,可以认定为不能查明外国法律。

第十六条 人民法院应当听取各方当事人对应当适用的外国法律的内容及其理解与适用的意见,当事人对该外国法律的内容及其理解与适用均无异议的,人民法院可以予以确认;当事人有异议的,由人民法院审查认定。

第十七条 涉及香港特别行政区、澳门特别行政区的民事关系的法律适用问题,参照适用本规定。

第十八条 涉外民事关系法律适用法施行后发生的涉外民事纠纷案件,本解释施行后尚未终审的,适用本解释;本解释施行前已经终审,当事人申请再审或者按照审判监督程序决定再审的,不适用本解释。

第十九条 本院以前发布的司法解释与本解释不一致的,以本解释为准。

二、婚　姻

婚姻登记条例

(2003年7月30日国务院第16次常务会议通过　2003年8月8日中华人民共和国国务院令第387号公布　自2003年10月1日起施行)

第一章　总　则

第一条　为了规范婚姻登记工作，保障婚姻自由、一夫一妻、男女平等的婚姻制度的实施，保护婚姻当事人的合法权益，根据《中华人民共和国婚姻法》（以下简称婚姻法），制定本条例。

第二条　内地居民办理婚姻登记的机关是县级人民政府民政部门或者乡（镇）人民政府，省、自治区、直辖市人民政府可以按照便民原则确定农村居民办理婚姻登记的具体机关。

中国公民同外国人，内地居民同香港特别行政区居民（以下简称香港居民）、澳门特别行政区居民（以下简称澳门居民）、台湾地区居民（以下简称台湾居民）、华侨办理婚姻登记的机关是省、自治区、直辖市人民政府民政部门或者省、自治区、直辖市人民政府民政部门确定的机关。

第三条　婚姻登记机关的婚姻登记员应当接受婚姻登记业务培训，经考核合格，方可从事婚姻登记工作。

婚姻登记机关办理婚姻登记，除按收费标准向当事人收取工本费外，不得收取其他费用或者附加其他义务。

第二章　结婚登记

第四条　内地居民结婚，男女双方应当共同到一方当事人常住户口所在地的婚姻登记机关办理结婚登记。

中国公民同外国人在中国内地结婚的，内地居民同香港居民、澳门居民、台湾居民、华侨在中国内地结婚的，男女双方应当共同到内地居民常住户口所在地的婚姻登记机关办理结婚登记。

第五条　办理结婚登记的内地居民应当出具下列证件和证明材料：

（一）本人的户口簿、身份证；

（二）本人无配偶以及与对方当事人没有直系血亲和三代以内旁系血亲关系的签字声明。

办理结婚登记的香港居民、澳门居民、台湾居民应当出具下列证件和证明材料：

（一）本人的有效通行证、身份证；

（二）经居住地公证机构公证的本人无配偶以及与对方当事人没有直系血亲和三代以内旁系血亲关系的声明。

办理结婚登记的华侨应当出具下列证件和证明材料：

（一）本人的有效护照；

（二）居住国公证机构或者有权机关出具的、经中华人民共和国驻该国使（领）馆认证的本人无配偶以及与对方当事人没有直系血亲和三代以内旁系血亲关系的证明，或者中华人民共和国驻该国使（领）馆出具的本人无配偶以及与对方当事人没有直系血亲和三代以内旁系血亲关系的证明。

办理结婚登记的外国人应当出具下列证件和证明材料：

（一）本人的有效护照或者其他有效的国际旅行证件；

（二）所在国公证机构或者有权机关出具的、经中华人民共和国驻该国使（领）馆认证或者该国驻华使（领）馆认证的本人无配偶的证明，或者所在国驻华使（领）馆出具的本人无配偶的证明。

第六条　办理结婚登记的当事人有下列情形之一的，婚姻登记机关不予登记：

（一）未到法定结婚年龄的；

（二）非双方自愿的；
（三）一方或者双方已有配偶的；
（四）属于直系血亲或者三代以内旁系血亲的；
（五）患有医学上认为不应当结婚的疾病的。

第七条 婚姻登记机关应当对结婚登记当事人出具的证件、证明材料进行审查并询问相关情况。对当事人符合结婚条件的，应当当场予以登记，发给结婚证；对当事人不符合结婚条件不予登记的，应当向当事人说明理由。

第八条 男女双方补办结婚登记的，适用本条例结婚登记的规定。

第九条 因胁迫结婚的，受胁迫的当事人依据婚姻法第十一条的规定向婚姻登记机关请求撤销其婚姻的，应当出具下列证明材料：
（一）本人的身份证、结婚证；
（二）能够证明受胁迫结婚的证明材料。

婚姻登记机关经审查认为受胁迫结婚的情况属实且不涉及子女抚养、财产及债务问题的，应当撤销该婚姻，宣告结婚证作废。

第三章 离婚登记

第十条 内地居民自愿离婚的，男女双方应当共同到一方当事人常住户口所在地的婚姻登记机关办理离婚登记。

中国公民同外国人在中国内地自愿离婚的，内地居民同香港居民、澳门居民、台湾居民、华侨在中国内地自愿离婚的，男女双方应当共同到内地居民常住户口所在地的婚姻登记机关办理离婚登记。

第十一条 办理离婚登记的内地居民应当出具下列证件和证明材料：
（一）本人的户口簿、身份证；
（二）本人的结婚证；
（三）双方当事人共同签署的离婚协议书。

办理离婚登记的香港居民、澳门居民、台湾居民、华侨、外国人除应当出具前款第（二）项、第（三）项规定的证件、证明材料外，香港居民、澳门居民、台湾居民还应当出具本人的有效通行证、身份证，华侨、外国人还应当出具本人的有效护照或者其他有效国际旅行证件。

离婚协议书应当载明双方当事人自愿离婚的意思表示以及对子女

抚养、财产及债务处理等事项协商一致的意见。

第十二条 办理离婚登记的当事人有下列情形之一的，婚姻登记机关不予受理：

（一）未达成离婚协议的；

（二）属于无民事行为能力人或者限制民事行为能力人的；

（三）其结婚登记不是在中国内地办理的。

第十三条 婚姻登记机关应当对离婚登记当事人出具的证件、证明材料进行审查并询问相关情况。对当事人确属自愿离婚，并已对子女抚养、财产、债务等问题达成一致处理意见的，应当当场予以登记，发给离婚证。

第十四条 离婚的男女双方自愿恢复夫妻关系的，应当到婚姻登记机关办理复婚登记。复婚登记适用本条例结婚登记的规定。

第四章 婚姻登记档案和婚姻登记证

第十五条 婚姻登记机关应当建立婚姻登记档案。婚姻登记档案应当长期保管。具体管理办法由国务院民政部门会同国家档案管理部门规定。

第十六条 婚姻登记机关收到人民法院宣告婚姻无效或者撤销婚姻的判决书副本后，应当将该判决书副本收入当事人的婚姻登记档案。

第十七条 结婚证、离婚证遗失或者损毁的，当事人可以持户口簿、身份证向原办理婚姻登记的机关或者一方当事人常住户口所在地的婚姻登记机关申请补领。婚姻登记机关对当事人的婚姻登记档案进行查证，确认属实的，应当为当事人补发结婚证、离婚证。

第五章 罚 则

第十八条 婚姻登记机关及其婚姻登记员有下列行为之一的，对直接负责的主管人员和其他直接责任人员依法给予行政处分：

（一）为不符合婚姻登记条件的当事人办理婚姻登记的；

（二）玩忽职守造成婚姻登记档案损失的；

（三）办理婚姻登记或者补发结婚证、离婚证超过收费标准收取费用的。

违反前款第（三）项规定收取的费用，应当退还当事人。

第六章 附 则

第十九条 中华人民共和国驻外使（领）馆可以依照本条例的有关规定，为男女双方均居住于驻在国的中国公民办理婚姻登记。

第二十条 本条例规定的婚姻登记证由国务院民政部门规定式样并监制。

第二十一条 当事人办理婚姻登记或者补领结婚证、离婚证应当交纳工本费。工本费的收费标准由国务院价格主管部门会同国务院财政部门规定并公布。

第二十二条 本条例自2003年10月1日起施行。1994年1月12日国务院批准、1994年2月1日民政部发布的《婚姻登记管理条例》同时废止。

民政部关于贯彻落实《中华人民共和国民法典》中有关婚姻登记规定的通知

（2020年11月24日　民发〔2020〕116号）

各省、自治区、直辖市民政厅（局），各计划单列市民政局，新疆生产建设兵团民政局：

《中华人民共和国民法典》（以下简称《民法典》）将于2021年1月1日起施行。根据《民法典》规定，对婚姻登记有关程序等作出如下调整：

一、婚姻登记机关不再受理因胁迫结婚请求撤销业务

《民法典》第一千零五十二条第一款规定："因胁迫结婚的，受胁迫的一方可以向人民法院请求撤销婚姻。"因此，婚姻登记机关不再受理因胁迫结婚的撤销婚姻申请，《婚姻登记工作规范》第四条第三款、第五章废止，删除第十四条第（五）项中"及可撤销婚姻"、第二十五条第（二）项中"撤销受胁迫婚姻"及第七十二条第（二）项中"撤销婚姻"表述。

二、调整离婚登记程序

根据《民法典》第一千零七十六条、第一千零七十七条和第一千零七十八条规定，离婚登记按如下程序办理：

（一）申请。夫妻双方自愿离婚的，应当签订书面离婚协议，共同到有管辖权的婚姻登记机关提出申请，并提供以下证件和证明材料：

1. 内地婚姻登记机关或者中国驻外使（领）馆颁发的结婚证；

2. 符合《婚姻登记工作规范》第二十九条至第三十五条规定的有效身份证件；

3. 在婚姻登记机关现场填写的《离婚登记申请书》。

（二）受理。婚姻登记机关按照《婚姻登记工作规范》有关规定对当事人提交的上述材料进行初审。

申请办理离婚登记的当事人有一本结婚证丢失的，当事人应当书面声明遗失，婚姻登记机关可以根据另一本结婚证受理离婚登记申请；申请办理离婚登记的当事人两本结婚证都丢失的，当事人应当书面声明结婚证遗失并提供加盖查档专用章的结婚登记档案复印件，婚姻登记机关可根据当事人提供的上述材料受理离婚登记申请。

婚姻登记机关对当事人提交的证件和证明材料初审无误后，发给《离婚登记申请受理回执单》。不符合离婚登记申请条件的，不予受理。当事人要求出具《不予受理离婚登记申请告知书》的，应当出具。

（三）冷静期。自婚姻登记机关收到离婚登记申请并向当事人发放《离婚登记申请受理回执单》之日起三十日内（自婚姻登记机关收到离婚登记申请之日的次日开始计算期间，期间的最后一日是法定休假日的，以法定休假日结束的次日为期间的最后一日），任何一方不愿意离婚的，可以持本人有效身份证件和《离婚登记申请受理回执单》（遗失的可不提供，但需书面说明情况），向受理离婚登记申请的婚姻登记机关撤回离婚登记申请，并亲自填写《撤回离婚登记申请书》。经婚姻登记机关核实无误后，发给《撤回离婚登记申请确认单》，并将《离婚登记申请书》、《撤回离婚登记申请书》与《撤回离婚登记申请确认单（存根联）》一并存档。

自离婚冷静期届满后三十日内（自冷静期届满日的次日开始计算期间，期间的最后一日是法定休假日的，以法定休假日结束的次日为期间的最后一日），双方未共同到婚姻登记机关申请发给离婚证的，视为撤回离婚登记申请。

（四）审查。自离婚冷静期届满后三十日内（自冷静期届满日的次日开始计算期间，期间的最后一日是法定休假日的，以法定休假日结束的次日为期间的最后一日），双方当事人应当持《婚姻登记工作规范》第五十五条第（四）至（七）项规定的证件和材料，共同到婚姻登记机关申请发给离婚证。

婚姻登记机关按照《婚姻登记工作规范》第五十六条和第五十七条规定的程序和条件执行和审查。婚姻登记机关对不符合离婚登记条件的，不予办理。当事人要求出具《不予办理离婚登记告知书》的，应当出具。

（五）登记（发证）。婚姻登记机关按照《婚姻登记工作规范》第五十八条至六十条规定，予以登记，发给离婚证。

离婚协议书一式三份，男女双方各一份并自行保存，婚姻登记机关存档一份。婚姻登记机关在当事人持有的两份离婚协议书上加盖"此件与存档件一致，涂改无效。×××婚姻登记处×××年××月××日"的长方形红色印章并填写日期。多页离婚协议书同时在骑缝处加盖此印章，骑缝处不填写日期。当事人亲自签订的离婚协议书原件存档。婚姻登记机关在存档的离婚协议书加盖"×××婚姻登记处存档件×××年××月××日"的长方形红色印章并填写日期。

三、离婚登记档案归档

婚姻登记机关应当按照《婚姻登记档案管理办法》规定建立离婚登记档案，形成电子档案。归档材料应当增加离婚登记申请环节所有材料（包括撤回离婚登记申请和视为撤回离婚登记申请的所有材料）。

四、工作要求

（一）加强宣传培训。要将本《通知》纳入信息公开的范围，将更新后的婚姻登记相关规定和工作程序及时在相关网站、婚姻登记场所公开，让群众知悉婚姻登记的工作流程和工作要求，最大限度做到便民利民。要抓紧开展教育培训工作，使婚姻登记员及时掌握《通知》的各项规定和要求，确保婚姻登记工作依法依规开展。

（二）做好配套衔接。加快推进本地区相关配套制度的"废改立"工作，确保与本《通知》的规定相一致。做好婚姻登记信息系统的升级，及时将离婚登记的申请、撤回等环节纳入信息系统，确保与婚姻登记程序有效衔接。

（三）强化风险防控。要做好分析研判，对《通知》实施过程中可能出现的风险和问题要有应对措施，确保矛盾问题得到及时处置。要健全请示报告制度，在《通知》执行过程中遇到的重要问题和有关情况，及时报告民政部。

本通知自2021年1月1日起施行。《民政部关于印发〈婚姻登记工作规范〉的通知》（民发〔2015〕230号）中与本《通知》不一致的，以本《通知》为准。

婚姻登记工作规范

（2015年12月8日民政部公布 根据2020年11月24日《民政部关于贯彻落实〈中华人民共和国民法典〉中有关婚姻登记规定的通知》修订）

第一章 总 则

第一条 为加强婚姻登记规范化管理，维护婚姻当事人的合法权益，根据《中华人民共和国婚姻法》和《婚姻登记条例》，制定本规范。

第二条 各级婚姻登记机关应当依照法律、法规及本规范，认真履行职责，做好婚姻登记工作。

第二章 婚姻登记机关

第三条 婚姻登记机关是依法履行婚姻登记行政职能的机关。
第四条 婚姻登记机关履行下列职责：

（一）办理婚姻登记；
（二）补发婚姻登记证；
（三）建立和管理婚姻登记档案；
（四）宣传婚姻法律法规，倡导文明婚俗。

第五条 婚姻登记管辖按照行政区域划分。

（一）县、不设区的市、市辖区人民政府民政部门办理双方或者一方常住户口在本行政区域内的内地居民之间的婚姻登记。

省级人民政府可以根据实际情况，规定乡（镇）人民政府办理双方或者一方常住户口在本乡（镇）的内地居民之间的婚姻登记。

（二）省级人民政府民政部门或者其确定的民政部门，办理一方常住户口在辖区内的涉外和涉香港、澳门、台湾居民以及华侨的婚姻登记。

办理经济技术开发区、高新技术开发区等特别区域内居民婚姻登记的机关由省级人民政府民政部门提出意见报同级人民政府确定。

（三）现役军人由部队驻地、入伍前常住户口所在地或另一方当事人常住户口所在地婚姻登记机关办理婚姻登记。

婚姻登记机关不得违反上述规定办理婚姻登记。

第六条 具有办理婚姻登记职能的县级以上人民政府民政部门和乡（镇）人民政府应当按照本规范要求设置婚姻登记处。

省级人民政府民政部门设置、变更或撤销婚姻登记处，应当形成文件并对外公布；市、县（市、区）人民政府民政部门、乡（镇）人民政府设置、变更或撤销婚姻登记处，应当形成文件，对外公布并逐级上报省级人民政府民政部门。省级人民政府民政部门应当相应调整婚姻登记信息系统使用相关权限。

第七条 省、市、县（市、区）人民政府民政部门和乡镇人民政府设置的婚姻登记处分别称为：

××省（自治区、直辖市）民政厅（局）婚姻登记处，××市民政局婚姻登记处，××县（市）民政局婚姻登记处；

××市××区民政局婚姻登记处；

××县（市、区）××乡（镇）人民政府婚姻登记处。

县、不设区的市、市辖区人民政府民政部门设置多个婚姻登记处的，应当在婚姻登记处前冠其所在地的地名。

第八条 婚姻登记处应当在门外醒目处悬挂婚姻登记处标牌。标牌尺寸不得小于1500mm×300mm或550mm×450mm。

第九条 婚姻登记处应当按照民政部要求，使用全国婚姻登记工作标识。

第十条 具有办理婚姻登记职能的县级以上人民政府民政部门和乡（镇）人民政府应当刻制婚姻登记工作业务专用印章和钢印。专用印章和钢印为圆形，直径35mm。

婚姻登记工作业务专用印章和钢印，中央刊"★"，"★"外围刊婚姻登记处所属民政厅（局）或乡（镇）人民政府名称，如："××省民政厅"、"××市民政局"、"××市××区民政局"、"××县民政局"或者"××县××乡（镇）人民政府"。

"★"下方刊"婚姻登记专用章"。民政局设置多个婚姻登记处的，"婚姻登记专用章"下方刊婚姻登记处序号。

第十一条 婚姻登记处应当有独立的场所办理婚姻登记，并设有候登大厅、结婚登记区、离婚登记室和档案室。结婚登记区、离婚登记室可合并为相应数量的婚姻登记室。

婚姻登记场所应当宽敞、庄严、整洁，设有婚姻登记公告栏。

婚姻登记处不得设在婚纱摄影、婚庆服务、医疗等机构场所内，上述服务机构不得设置在婚姻登记场所内。

第十二条 婚姻登记处应当配备以下设备：

（一）复印机；

（二）传真机；

（三）扫描仪；

（四）证件及纸张打印机；

（五）计算机；

（六）身份证阅读器。

第十三条 婚姻登记处可以安装具有音频和视频功能的设备，并妥善保管音频和视频资料。

婚姻登记场所应当配备必要的公共服务设施，婚姻登记当事人应当按照要求合理使用。

第十四条 婚姻登记处实行政务公开，下列内容应当在婚姻登记处公开展示：

（一）本婚姻登记处的管辖权及依据；

（二）婚姻法的基本原则以及夫妻的权利、义务；

（三）结婚登记、离婚登记的条件与程序；

（四）补领婚姻登记证的条件与程序；

（五）无效婚姻的规定；

（六）收费项目与收费标准；

（七）婚姻登记员职责及其照片、编号；

（八）婚姻登记处办公时间和服务电话，设置多个婚姻登记处的，应当同时公布，巡回登记的，应当公布巡回登记时间和地点；

（九）监督电话。

第十五条 婚姻登记处应当备有《中华人民共和国婚姻法》、《婚姻登记条例》及其他有关文件，供婚姻当事人免费查阅。

第十六条 婚姻登记处在工作日应当对外办公，办公时间在办公场所外公告。

第十七条 婚姻登记处应当通过省级婚姻登记信息系统开展实时联网登记，并将婚姻登记电子数据实时传送给民政部婚姻登记信息系统。

各级民政部门应当为本行政区域内婚姻登记管理信息化建设创造条件，并制定婚姻登记信息化管理制度。

婚姻登记处应当将保存的本辖区未录入信息系统的婚姻登记档案录入婚姻登记历史数据补录系统。

第十八条 婚姻登记处应当按照《婚姻登记档案管理办法》的规定管理婚姻登记档案。

第十九条 婚姻登记处应当制定婚姻登记印章、证书、纸制档案、电子档案等管理制度，完善业务学习、岗位责任、考评奖惩等制度。

第二十条 婚姻登记处应当开通婚姻登记网上预约功能和咨询电话，电话号码在当地114查询台登记。

具备条件的婚姻登记处应当开通互联网网页，互联网网页内容应当包括：办公时间、办公地点；管辖权限；申请结婚登记的条件、办理结婚登记的程序；申请离婚登记的条件、办理离婚登记的程序；申请补领婚姻登记证的程序和需要的证明材料、撤销婚姻的程序等内容。

第二十一条 婚姻登记处可以设立婚姻家庭辅导室，通过政府购买服务或公开招募志愿者等方式聘用婚姻家庭辅导员，并在坚持群众自愿的前提下，开展婚姻家庭辅导服务。婚姻家庭辅导员应当具备以下资格之一：

（一）社会工作师；

（二）心理咨询师；

（三）律师；

（四）其他相应专业资格。

第二十二条　婚姻登记处可以设立颁证厅，为有需要的当事人颁发结婚证。

第三章　婚姻登记员

第二十三条　婚姻登记机关应当配备专职婚姻登记员。婚姻登记员人数、编制可以参照《婚姻登记机关等级评定标准》确定。

第二十四条　婚姻登记员由本级民政部门考核、任命。

婚姻登记员应当由设区的市级以上人民政府民政部门进行业务培训，经考核合格，取得婚姻登记员培训考核合格证明，方可从事婚姻登记工作。其他人员不得从事本规范第二十五条规定的工作。

婚姻登记员培训考核合格证明由省级人民政府民政部门统一印制。

婚姻登记员应当至少每2年参加一次设区的市级以上人民政府民政部门举办的业务培训，取得业务培训考核合格证明。

婚姻登记处应当及时将婚姻登记员上岗或离岗信息逐级上报省级人民政府民政部门，省级人民政府民政部门应当根据上报的信息及时调整婚姻登记信息系统使用相关权限。

第二十五条　婚姻登记员的主要职责：

（一）负责对当事人有关婚姻状况声明的监督；

（二）审查当事人是否具备结婚、离婚、补发婚姻登记证的条件；

（三）办理婚姻登记手续，签发婚姻登记证；

（四）建立婚姻登记档案。

第二十六条　婚姻登记员应当熟练掌握相关法律法规，熟练使用婚姻登记信息系统，文明执法，热情服务。婚姻登记员一般应具有大学专科以上学历。

婚姻登记员上岗应当佩带标识并统一着装。

第四章　结婚登记

第二十七条　结婚登记应当按照初审—受理—审查—登记（发证）的程序办理。

第二十八条　受理结婚登记申请的条件是：

（一）婚姻登记处具有管辖权；

（二）要求结婚的男女双方共同到婚姻登记处提出申请；

（三）当事人男年满22周岁，女年满20周岁；

（四）当事人双方均无配偶（未婚、离婚、丧偶）；

（五）当事人双方没有直系血亲和三代以内旁系血亲关系；

（六）双方自愿结婚；

（七）当事人提交3张2寸双方近期半身免冠合影照片；

（八）当事人持有本规范第二十九条至第三十五条规定的有效证件。

第二十九条　内地居民办理结婚登记应当提交本人有效的居民身份证和户口簿，因故不能提交身份证的可以出具有效的临时身份证。

居民身份证与户口簿上的姓名、性别、出生日期、公民身份号码应当一致；不一致的，当事人应当先到有关部门更正。

户口簿上的婚姻状况应当与当事人声明一致。不一致的，当事人应当向登记机关提供能够证明其声明真实性的法院生效司法文书、配偶居民死亡医学证明（推断）书等材料；不一致且无法提供相关材料的，当事人应当先到有关部门更正。

当事人声明的婚姻状况与婚姻登记档案记载不一致的，当事人应当向登记机关提供能够证明其声明真实性的法院生效司法文书、配偶居民死亡医学证明（推断）书等材料。

第三十条　现役军人办理结婚登记应当提交本人的居民身份证、军人证件和部队出具的军人婚姻登记证明。

居民身份证、军人证件和军人婚姻登记证明上的姓名、性别、出生日期、公民身份号码应当一致；不一致的，当事人应当先到有关部门更正。

第三十一条　香港居民办理结婚登记应当提交：

（一）港澳居民来往内地通行证或者港澳同胞回乡证；

（二）香港居民身份证；

（三）经香港委托公证人公证的本人无配偶以及与对方当事人没有直系血亲和三代以内旁系血亲关系的声明。

第三十二条　澳门居民办理结婚登记应当提交：

（一）港澳居民来往内地通行证或者港澳同胞回乡证；

（二）澳门居民身份证；

（三）经澳门公证机构公证的本人无配偶以及与对方当事人没有直系血亲和三代以内旁系血亲关系的声明。

第三十三条　台湾居民办理结婚登记应当提交：

（一）台湾居民来往大陆通行证或者其他有效旅行证件；

（二）本人在台湾地区居住的有效身份证；

（三）经台湾公证机构公证的本人无配偶以及与对方当事人没有直系血亲和三代以内旁系血亲关系的声明。

第三十四条　华侨办理结婚登记应当提交：

（一）本人的有效护照；

（二）居住国公证机构或者有权机关出具的、经中华人民共和国驻该国使（领）馆认证的本人无配偶以及与对方当事人没有直系血亲和三代以内旁系血亲关系的证明，或者中华人民共和国驻该国使（领）馆出具的本人无配偶以及与对方当事人没有直系血亲和三代以内旁系血亲关系的证明。

与中国无外交关系的国家出具的有关证明，应当经与该国及中国均有外交关系的第三国驻该国使（领）馆和中国驻第三国使（领）馆认证，或者经第三国驻华使（领）馆认证。

第三十五条　外国人办理结婚登记应当提交：

（一）本人的有效护照或者其他有效的国际旅行证件；

（二）所在国公证机构或者有权机关出具的、经中华人民共和国驻该国使（领）馆认证或者该国驻华使（领）馆认证的本人无配偶的证明，或者所在国驻华使（领）馆出具的本人无配偶证明。

与中国无外交关系的国家出具的有关证明，应当经与该国及中国均有外交关系的第三国驻该国使（领）馆和中国驻第三国使（领）馆认证，或者经第三国驻华使（领）馆认证。

第三十六条 婚姻登记员受理结婚登记申请，应当按照下列程序进行：

（一）询问当事人的结婚意愿；

（二）查验本规范第二十九条至第三十五条规定的相应证件和材料；

（三）自愿结婚的双方各填写一份《申请结婚登记声明书》；《申请结婚登记声明书》中"声明人"一栏的签名必须由声明人在监誓人面前完成并按指纹；

（四）当事人现场复述声明书内容，婚姻登记员作监誓人并在监誓人一栏签名。

第三十七条 婚姻登记员对当事人提交的证件、证明、声明进行审查，符合结婚条件的，填写《结婚登记审查处理表》和结婚证。

第三十八条 《结婚登记审查处理表》的填写：

（一）《结婚登记审查处理表》项目的填写，按照下列规定通过计算机完成：

1. "申请人姓名"：当事人是中国公民的，使用中文填写；当事人是外国人的，按照当事人护照上的姓名填写。

2. "出生日期"：使用阿拉伯数字，按照身份证件上的出生日期填写为"××××年××月××日"。

3. "身份证件号"：当事人是内地居民的，填写居民身份证号；当事人是香港、澳门、台湾居民的，填写香港、澳门、台湾居民身份证号，并在号码后加注"（香港）"、"（澳门）"或者"（台湾）"；当事人是华侨的，填写护照或旅行证件号；当事人是外国人的，填写当事人的护照或旅行证件号。

证件号码前面有字符的，应当一并填写。

4. "国籍"：当事人是内地居民、香港居民、澳门居民、台湾居民、华侨的，填写"中国"；当事人是外国人的，按照护照上的国籍填写；无国籍人，填写"无国籍"。

5. "提供证件情况"：应当将当事人提供的证件、证明逐一填写，不得省略。

6. "审查意见"：填写"符合结婚条件，准予登记"。

7. "结婚登记日期"：使用阿拉伯数字，填写为："××××年×

×月××日"。填写的日期应当与结婚证上的登记日期一致。

8．"结婚证字号"填写式样按照民政部相关规定执行，填写规则见附则。

9．"结婚证印制号"填写颁发给当事人的结婚证上印制的号码。

10．"承办机关名称"：填写承办该结婚登记的婚姻登记处的名称。

（二）"登记员签名"：由批准该结婚登记的婚姻登记员亲笔签名，不得使用个人印章或者计算机打印。

（三）在"照片"处粘贴当事人提交的照片，并在骑缝处加盖钢印。

第三十九条 结婚证的填写：

（一）结婚证上"结婚证字号""姓名""性别""出生日期""身份证件号""国籍""登记日期"应当与《结婚登记审查处理表》中相应项目完全一致。

（二）"婚姻登记员"：由批准该结婚登记的婚姻登记员使用黑色墨水钢笔或签字笔亲笔签名，签名应清晰可辨，不得使用个人印章或者计算机打印。

（三）在"照片"栏粘贴当事人双方合影照片。

（四）在照片与结婚证骑缝处加盖婚姻登记工作业务专用钢印。

（五）"登记机关"：盖婚姻登记工作业务专用印章（红印）。

第四十条 婚姻登记员在完成结婚证填写后，应当进行认真核对、检查。对填写错误、证件被污染或者损坏的，应当将证件报废处理，重新填写。

第四十一条 颁发结婚证，应当在当事人双方均在场时按照下列步骤进行：

（一）向当事人双方询问核对姓名、结婚意愿；

（二）告知当事人双方领取结婚证后的法律关系以及夫妻权利、义务；

（三）见证当事人本人亲自在《结婚登记审查处理表》上的"当事人领证签名并按指纹"一栏中签名并按指纹；

"当事人领证签名并按指纹"一栏不得空白，不得由他人代为填写、代按指纹。

（四）将结婚证分别颁发给结婚登记当事人双方，向双方当事人宣

布:取得结婚证,确立夫妻关系;

(五)祝贺新人。

第四十二条 申请补办结婚登记的,当事人填写《申请补办结婚登记声明书》,婚姻登记机关按照结婚登记程序办理。

第四十三条 申请复婚登记的,当事人填写《申请结婚登记声明书》,婚姻登记机关按照结婚登记程序办理。

第四十四条 婚姻登记员每办完一对结婚登记,应当依照《婚姻登记档案管理办法》,对应当存档的材料进行整理、保存,不得出现原始材料丢失、损毁情况。

第四十五条 婚姻登记机关对不符合结婚登记条件的,不予受理。当事人要求出具《不予办理结婚登记告知书》的,应当出具。

第五章 离婚登记[①]

第四十六条 离婚登记按照初审—受理—审查—登记(发证)的程序办理。

第四十七条 受理离婚登记申请的条件是:

(一)婚姻登记处具有管辖权;

(二)要求离婚的夫妻双方共同到婚姻登记处提出申请;

(三)双方均具有完全民事行为能力;

(四)当事人持有离婚协议书,协议书中载明双方自愿离婚的意思表示以及对子女抚养、财产及债务处理等事项协商一致的意见;

(五)当事人持有内地婚姻登记机关或者中国驻外使(领)馆颁发的结婚证;

(六)当事人各提交2张2寸单人近期半身免冠照片;

(七)当事人持有本规范第二十九条至第三十五条规定的有效身份证件。

第四十八条 婚姻登记员受理离婚登记申请,应当按照下列程序进行:

[①] 离婚登记的程序有调整,具体参见《民政部关于贯彻落实〈中华人民共和国民法典〉中有关婚姻登记规定的通知》。

（一）分开询问当事人的离婚意愿，以及对离婚协议内容的意愿，并进行笔录，笔录当事人阅后签名。

（二）查验本规范第四十七条规定的证件和材料。申请办理离婚登记的当事人有一本结婚证丢失的，当事人应当书面声明遗失，婚姻登记机关可以根据另一本结婚证办理离婚登记；申请办理离婚登记的当事人两本结婚证都丢失的，当事人应当书面声明结婚证遗失并提供加盖查档专用章的结婚登记档案复印件，婚姻登记机关可根据当事人提供的上述材料办理离婚登记。

（三）双方自愿离婚且对子女抚养、财产及债务处理等事项协商一致的，双方填写《申请离婚登记声明书》；

《申请离婚登记声明书》中"声明人"一栏的签名必须由声明人在监誓人面前完成并按指纹；

婚姻登记员作监誓人并在监誓人一栏签名。

（四）夫妻双方应当在离婚协议上现场签名；婚姻登记员可以在离婚协议书上加盖"此件与存档件一致，涂改无效。××××婚姻登记处××年××月××日"的长方形印章。协议书夫妻双方各一份，婚姻登记处存档一份。当事人因离婚协议书遗失等原因，要求婚姻登记机关复印其离婚协议书的，按照《婚姻登记档案管理办法》的规定查阅婚姻登记档案。

离婚登记完成后，当事人要求更换离婚协议书或变更离婚协议内容的，婚姻登记机关不予受理。

第四十九条 婚姻登记员对当事人提交的证件、《申请离婚登记声明书》、离婚协议书进行审查，符合离婚条件的，填写《离婚登记审查处理表》和离婚证。

《离婚登记审查处理表》和离婚证分别参照本规范第三十八条、第三十九条规定填写。

第五十条 婚姻登记员在完成离婚证填写后，应当进行认真核对、检查。对打印或者书写错误、证件被污染或者损坏的，应当将证件报废处理，重新填写。

第五十一条 颁发离婚证，应当在当事人双方均在场时按照下列步骤进行：

（一）向当事人双方询问核对姓名、出生日期、离婚意愿；

（二）见证当事人本人亲自在《离婚登记审查处理表》"当事人领证签名并按指纹"一栏中签名并按指纹；

"当事人领证签名并按指纹"一栏不得空白，不得由他人代为填写、代按指纹；

（三）在当事人的结婚证上加盖条型印章，其中注明"双方离婚，证件失效。××婚姻登记处"。注销后的结婚证复印存档，原件退还当事人。

（四）将离婚证颁发给离婚当事人。

第五十二条　婚姻登记员每办完一对离婚登记，应当依照《婚姻登记档案管理办法》，对应当存档的材料进行整理、保存，不得出现原始材料丢失、损毁情况。

第五十三条　婚姻登记机关对不符合离婚登记条件的，不予受理。当事人要求出具《不予办理离婚登记告知书》的，应当出具。

第六章　补领婚姻登记证

第五十四条　当事人遗失、损毁婚姻登记证，可以向原办理该婚姻登记的机关或者一方常住户口所在地的婚姻登记机关申请补领。有条件的省份，可以允许本省居民向本辖区内负责内地居民婚姻登记的机关申请补领婚姻登记证。

第五十五条　婚姻登记机关为当事人补发结婚证、离婚证，应当按照初审—受理—审查—发证程序进行。

第五十六条　受理补领结婚、离婚证申请的条件是：

（一）婚姻登记处具有管辖权；

（二）当事人依法登记结婚或者离婚，现今仍然维持该状况；

（三）当事人持有本规范第二十九条至第三十五条规定的身份证件；

（四）当事人亲自到婚姻登记处提出申请，填写《申请补领婚姻登记证声明书》。

当事人因故不能到婚姻登记处申请补领婚姻登记证的，有档案可查且档案信息与身份信息一致的，可以委托他人办理。委托办理应当提交当事人的户口簿、身份证和经公证机关公证的授权委托书。委托书应当写明当事人姓名、身份证件号码、办理婚姻登记的时间及承办机关、目前的婚姻状况、委托事由、受委托人的姓名和身份证件号码。受委托人应当同时提交本人的身份证件。

当事人结婚登记档案查找不到的，当事人应当提供充分证据证明婚姻关系，婚姻登记机关经过严格审查，确认当事人存在婚姻关系的，可以为其补领结婚证。

第五十七条 婚姻登记员受理补领婚姻登记证申请，应当按照下列程序进行：

（一）查验本规范第五十六条规定的相应证件和证明材料；

（二）当事人填写《申请补领婚姻登记证声明书》，《申请补领婚姻登记证声明书》中"声明人"一栏的签名必须由声明人在监誓人面前完成并按指纹；

（三）婚姻登记员作监誓人并在监誓人一栏签名；

（四）申请补领结婚证的，双方当事人提交3张2寸双方近期半身免冠合影照片；申请补领离婚证的当事人提交2张2寸单人近期半身免冠照片。

第五十八条 婚姻登记员对当事人提交的证件、证明进行审查，符合补发条件的，填写《补发婚姻登记证审查处理表》和婚姻登记证。《补发婚姻登记证审查处理表》参照本规范第三十八条规定填写。

第五十九条 补发婚姻登记证时，应当向当事人询问核对姓名、出生日期，见证当事人本人亲自在《补发婚姻登记证审查处理表》"当事人领证签名并按指纹"一栏中签名并按指纹，将婚姻登记证发给当事人。

第六十条 当事人的户口簿上以曾用名的方式反映姓名变更的，婚姻登记机关可以采信。

当事人办理结婚登记时未达到法定婚龄，通过非法手段骗取婚姻登记，其在申请补领时仍未达法定婚龄的，婚姻登记机关不得补发结婚证；其在申请补领时已达法定婚龄的，当事人应对结婚登记情况作出书面说明，婚姻登记机关补发的结婚证登记日期为当事人达到法定婚龄之日。

第六十一条 当事人办理过结婚登记，申请补领时的婚姻状况因离婚或丧偶发生改变的，不予补发结婚证；当事人办理过离婚登记的，申请补领时的婚姻状况因复婚发生改变的，不予补发离婚证。

第六十二条 婚姻登记机关对不具备补发结婚证、离婚证受理条件的，不予受理。

第七章　监督与管理

第六十三条 各级民政部门应当建立监督检查制度，定期对本级民政部门设立的婚姻登记处和下级婚姻登记机关进行监督检查。

第六十四条 婚姻登记机关及其婚姻登记员有下列行为之一的，对直接负责的主管人员和其他直接责任人员依法给予行政处分：

（一）为不符合婚姻登记条件的当事人办理婚姻登记的；

（二）违反程序规定办理婚姻登记、发放婚姻登记证的；

（三）要求当事人提交《婚姻登记条例》和本规范规定以外的证件材料的；

（四）擅自提高收费标准或者增加收费项目的；

（五）玩忽职守造成婚姻登记档案损毁的；

（六）购买使用伪造婚姻证书的；

（七）违反规定应用婚姻登记信息系统的。

第六十五条 婚姻登记员违反规定办理婚姻登记，给当事人造成严重后果的，应当由婚姻登记机关承担对当事人的赔偿责任，并对承办人员进行追偿。

第六十六条 婚姻登记证使用单位不得使用非上级民政部门提供的婚姻登记证。各级民政部门发现本行政区域内有使用非上级民政部门提供的婚姻登记证的，应当予以没收，并追究相关责任人的法律责任和行政责任。

第六十七条 婚姻登记机关发现婚姻登记证有质量问题时，应当及时书面报告省级人民政府民政部门或者国务院民政部门。

第六十八条 人民法院作出与婚姻相关的判决、裁定和调解后，当事人将生效司法文书送婚姻登记机关的，婚姻登记机关应当将司法文书复印件存档并将相关信息录入婚姻登记信息系统。

婚姻登记机关应当加强与本地区人民法院的婚姻信息共享工作，完善婚姻信息数据库。

第八章 附 则

第六十九条 本规范规定的当事人无配偶声明或者证明，自出具之日起6个月内有效。

第七十条 县级或县级以上人民政府民政部门办理婚姻登记的，"结婚证字号"填写式样为"Jaaaaaa – bbbb – cccccc"（其中"aaaaaa"为6位行政区划代码，"bbbb"为当年年号，"cccccc"为当年办理婚姻登记的序号）。"离婚证字号"开头字符为"L"。"补发结婚证字号"开头字符为"BJ"。"补发离婚证字号"开头字符为"BL"。

县级人民政府民政部门设立多个婚姻登记巡回点的，由县级人民政府民政部门明确字号使用规则，规定各登记点使用号段。

乡（镇）人民政府办理婚姻登记的，行政区划代码由6位改为9位（在县级区划代码后增加三位乡镇代码），其他填写方法与上述规定一致。

对为方便人民群众办理婚姻登记、在行政区划单位之外设立的婚姻登记机关，其行政区划代码由省级人民政府民政部门按照前四位取所属地级市行政区划代码前四位，五六位为序号（从61开始，依次为62、63、……、99）的方式统一编码。

第七十一条 当事人向婚姻登记机关提交的"本人无配偶证明"等材料是外国语言文字的，应当翻译成中文。当事人未提交中文译文的，视为未提交该文件。婚姻登记机关可以接受中国驻外国使领馆或有资格的翻译机构出具的翻译文本。

第七十二条 本规范自2016年2月1日起实施。

附件：

1. 申请结婚登记声明书（略）

2. 结婚登记审查处理表（略）

3. 申请补办结婚登记声明书（略）

9.5 不予办理结婚登记告知书（略）

5. 撤销婚姻申请书（略）

6. 关于撤销×××与×××婚姻的决定（略）

7. 申请离婚登记声明书（略）

8. 离婚登记审查处理表（略）
9. 不予办理离婚登记告知书（略）
10. 申请补领婚姻登记证声明书（略）
11. 补发婚姻登记证审查处理表（略）

中国边民与毗邻国边民婚姻登记办法

（2012年8月8日民政部令第45号公布 自2012年10月1日起施行）

第一条 为规范边民婚姻登记工作，保护婚姻当事人的合法婚姻权益，根据《中华人民共和国婚姻法》、《婚姻登记条例》，制定本办法。

第二条 本办法所称边民是指中国与毗邻国边界线两侧县级行政区域内有当地常住户口的中国公民和外国人。中国与毗邻国就双方国家边境地区和边民的范围达成有关协议的，适用协议的规定。

第三条 本办法适用于中国边民与毗邻国边民在中国边境地区办理婚姻登记。

第四条 边民办理婚姻登记的机关是边境地区县级人民政府民政部门。

边境地区婚姻登记机关应当按照便民原则在交通不便的乡（镇）巡回登记。

第五条 中国边民与毗邻国边民在中国边境地区结婚，男女双方应当共同到中国一方当事人常住户口所在地的婚姻登记机关办理结婚登记。

第六条 办理结婚登记的中国边民应当出具下列证件、证明材料：

（一）本人的居民户口簿、居民身份证；

（二）本人无配偶以及与对方当事人没有直系血亲和三代以内旁系血亲关系的签字声明。

办理结婚登记的毗邻国边民应当出具下列证明材料：

（一）能够证明本人边民身份的有效护照、国际旅行证件或者边境地区出入境通行证件；

（二）所在国公证机构或者有权机关出具的、经中华人民共和国驻该国使（领）馆认证或者该国驻华使（领）馆认证的本人无配偶的证明，或者所在国驻华使（领）馆出具的本人无配偶的证明，或者由毗邻国边境地区与中国乡（镇）人民政府同级的政府出具的本人无配偶证明。

第七条 办理结婚登记的当事人有下列情形之一的，婚姻登记机关不予登记：

（一）未到中国法定结婚年龄的；

（二）非双方自愿的；

（三）一方或者双方已有配偶的；

（四）属于直系血亲或者三代以内旁系血亲的；

（五）患有医学上认为不应当结婚的疾病的。

第八条 婚姻登记机关应当对结婚登记当事人出具的证件、证明材料进行审查并询问相关情况，对当事人符合结婚条件的，应当当场予以登记，发给结婚证。对当事人不符合结婚条件不予登记的，应当向当事人说明理由。

第九条 男女双方补办结婚登记的，适用本办法关于结婚登记的规定。

第十条 未到婚姻登记机关办理结婚登记以夫妻名义同居生活的，不成立夫妻关系。

第十一条 因受胁迫结婚的，受胁迫的边民可以依据《中华人民共和国婚姻法》第十一条的规定向婚姻登记机关请求撤销其婚姻。受胁迫方应当出具下列证件、证明材料：

（一）本人的身份证件；

（二）结婚证；

（三）要求撤销婚姻的书面申请；

（四）公安机关出具或者人民法院作出的能够证明当事人被胁迫结婚的证明材料。

受胁迫方为毗邻国边民的，其身份证件包括能够证明边民身份的有效护照、国际旅行证件或者边境地区出入境通行证件。

婚姻登记机关经审查认为受胁迫结婚的情况属实且不涉及子女抚养、财产及债务问题的，应当撤销该婚姻，宣告结婚证作废。

第十二条 中国边民与毗邻国边民在中国边境地区自愿离婚的，应当共同到中国边民常住户口所在地的婚姻登记机关办理离婚登记。

第十三条 办理离婚登记的双方当事人应当出具下列证件、证明材料：

（一）本人的结婚证；

（二）双方当事人共同签署的离婚协议书。

除上述材料外，办理离婚登记的中国边民还需要提供本人的居民户口簿和居民身份证，毗邻国边民还需要提供能够证明边民身份的有效护照、国际旅行证件或者边境地区出入境通行证件。

离婚协议书应当载明双方当事人自愿离婚的意思表示以及对子女抚养、财产及债务处理等事项协商一致的意见。

第十四条 办理离婚登记的当事人有下列情形之一的，婚姻登记机关不予受理：

（一）未达成离婚协议的；

（二）属于无民事行为能力或者限制民事行为能力人的；

（三）其结婚登记不是在中国内地办理的。

第十五条 婚姻登记机关应当对离婚登记当事人出具的证件、证明材料进行审查并询问相关情况。对当事人确属自愿离婚，并已对子女抚养、财产、债务等问题达成一致处理意见的，应当当场予以登记，发给离婚证。

第十六条 离婚的男女双方自愿恢复夫妻关系的，应当到婚姻登记机关办理复婚登记。复婚登记适用本办法关于结婚登记的规定。

第十七条 结婚证、离婚证遗失或者损毁的，中国边民可以持居民户口簿、居民身份证，毗邻国边民可以持能够证明边民身份的有效护照、国际旅行证件或者边境地区出入境通行证向原办理婚姻登记的机关或者中国一方当事人常住户口所在地的婚姻登记机关申请补领。婚姻登记机关对当事人的婚姻登记档案进行查证，确认属实的，应当为当事人补发结婚证、离婚证。

第十八条 本办法自 2012 年 10 月 1 日起施行。1995 年颁布的《中国与毗邻国边民婚姻登记管理试行办法》（民政部令第 1 号）同时废止。

最高人民法院关于当事人申请承认澳大利亚法院出具的离婚证明书人民法院应否受理问题的批复

（2005年7月11日最高人民法院审判委员会第1359次会议通过 根据2008年12月16日公布的《最高人民法院关于调整司法解释等文件中引用〈中华人民共和国民事诉讼法〉条文序号的决定》第一次修正 根据2020年12月23日最高人民法院审判委员会第1823次会议通过的《最高人民法院关于修改〈最高人民法院关于人民法院民事调解工作若干问题的规定〉等十九件民事诉讼类司法解释的决定》第二次修正）

广东省高级人民法院：

你院报送的粤高法民一他字〔2004〕9号"关于当事人申请承认澳大利亚法院出具的离婚证明书有关问题"的请示收悉。经研究，答复如下：

当事人持澳大利亚法院出具的离婚证明书向人民法院申请承认其效力的，人民法院应予受理，并依照《中华人民共和国民事诉讼法》第二百八十一条和第二百八十二条以及最高人民法院《关于中国公民申请承认外国法院离婚判决程序问题的规定》的有关规定进行审查，依法作出承认或者不予承认的裁定。

此复。

最高人民法院关于人民法院受理申请承认外国法院离婚判决案件有关问题的规定

(1999年12月1日最高人民法院审判委员会第1090次会议通过 根据2020年12月23日最高人民法院审判委员会第1823次会议通过的《最高人民法院关于修改〈最高人民法院关于人民法院民事调解工作若干问题的规定〉等十九件民事诉讼类司法解释的决定》修正)

1998年9月17日,我院以法〔1998〕86号通知印发了《关于人民法院受理申请承认外国法院离婚判决案件几个问题的意见》,现根据新的情况,对人民法院受理申请承认外国法院离婚判决案件的有关问题重新作如下规定:

一、中国公民向人民法院申请承认外国法院离婚判决,人民法院不应以其未在国内缔结婚姻关系而拒绝受理;中国公民申请承认外国法院在其缺席情况下作出的离婚判决,应同时向人民法院提交作出该判决的外国法院已合法传唤其出庭的有关证明文件。

二、外国公民向人民法院申请承认外国法院离婚判决,如果其离婚的原配偶是中国公民的,人民法院应予受理;如果其离婚的原配偶是外国公民的,人民法院不予受理,但可告知其直接向婚姻登记机关申请结婚登记。

三、当事人向人民法院申请承认外国法院离婚调解书效力的,人民法院应予受理,并根据《关于中国公民申请承认外国法院离婚判决程序问题的规定》进行审查,作出承认或不予承认的裁定。

自本规定公布之日起,我院法〔1998〕86号通知印发的《关于人民法院受理申请承认外国法院离婚判决案件几个问题的意见》同时废止。

最高人民法院关于中国公民申请承认外国法院离婚判决程序问题的规定

（1991年7月5日最高人民法院审判委员会第503次会议通过 根据2020年12月23日最高人民法院审判委员会第1823次会议通过的《最高人民法院关于修改〈最高人民法院关于人民法院民事调解工作若干问题的规定〉等十九件民事诉讼类司法解释的决定》修正）

第一条 对与我国没有订立司法协助协议的外国法院作出的离婚判决，中国籍当事人可以根据本规定向人民法院申请承认该外国法院的离婚判决。

对与我国有司法协助协议的外国法院作出的离婚判决，按照协议的规定申请承认。

第二条 外国法院离婚判决中的夫妻财产分割、生活费负担、子女抚养方面判决的承认执行，不适用本规定。

第三条 向人民法院申请承认外国法院的离婚判决，申请人应提出书面申请书，并须附有外国法院离婚判决书正本及经证明无误的中文译本。否则，不予受理。

第四条 申请书应记明以下事项：

（一）申请人姓名、性别、年龄、工作单位和住址；

（二）判决由何国法院作出，判结果、时间；

（三）受传唤及应诉的情况；

（四）申请理由及请求；

（五）其他需要说明的情况。

第五条 申请由申请人住所地中级人民法院受理。申请人住所地与经常居住地不一致的，由经常居住地中级人民法院受理。

申请人不在国内的，由申请人原国内住所地中级人民法院受理。

第六条　人民法院接到申请书，经审查，符合本规定的受理条件的，应当在 7 日内立案；不符合的，应当在 7 日内通知申请人不予受理，并说明理由。

第七条　人民法院审查承认外国法院离婚判决的申请，由三名审判员组成合议庭进行，作出的裁定不得上诉。

第八条　人民法院受理申请后，对于外国法院离婚判决书没有指明已生效或生效时间的，应责令申请人提交作出判决的法院出具的判决已生效的证明文件。

第九条　外国法院作出离婚判决的原告为申请人的，人民法院应责令其提交作出判决的外国法院已合法传唤被告出庭的有关证明文件。

第十条　按照第八条、第九条要求提供的证明文件，应经该外国公证部门公证和我国驻该国使、领馆认证，或者履行中华人民共和国与该所在国订立的有关条约中规定的证明手续。同时应由申请人提供经证明无误的中文译本。

第十一条　居住在我国境内的外国法院离婚判决的被告为申请人，提交第八条、第十条所要求的证明文件和公证、认证有困难的，如能提交外国法院的应诉通知或出庭传票的，可推定外国法院离婚判决书为真实和已经生效。

第十二条　经审查，外国法院的离婚判决具有下列情形之一的，不予承认：

（一）判决尚未发生法律效力；

（二）作出判决的外国法院对案件没有管辖权；

（三）判决是在被告缺席且未得到合法传唤情况下作出的；

（四）该当事人之间的离婚案件，我国法院正在审理或已作出判决，或者第三国法院对该当事人之间作出的离婚案件判决已为我国法院所承认；

（五）判决违反我国法律的基本原则或者危害我国国家主权、安全和社会公共利益。

第十三条　对外国法院的离婚判决的承认，以裁定方式作出。没有第十二条规定的情形的，裁定承认其法律效力；具有第十二条规定的情形之一的，裁定驳回申请人的申请。

第十四条　裁定书以"中华人民共和国××中级人民法院"名义

作出,由合议庭成员署名,加盖人民法院印章。

第十五条 裁定书一经送达,即发生法律效力。

第十六条 申请承认外国法院的离婚判决,申请人应向人民法院交纳案件受理费人民币 100 元。

第十七条 申请承认外国法院的离婚判决,委托他人代理的,必须向人民法院提交由委托人签名或盖章的授权委托书。委托人在国外出具的委托书,必须经我国驻该国的使、领馆证明,或者履行中华人民共和国与该所在国订立的有关条约中规定的证明手续。

第十八条 人民法院受理离婚诉讼后,原告一方变更请求申请承认外国法院离婚判决,或者被告一方另提出承认外国法院离婚判决申请的,其申请均不受理。

第十九条 人民法院受理承认外国法院离婚判决的申请后,对方当事人向人民法院起诉离婚的,人民法院不予受理。

第二十条 当事人之间的婚姻虽经外国法院判决,但未向人民法院申请承认的,不妨碍当事人一方另行向人民法院提出离婚诉讼。

第二十一条 申请人的申请为人民法院受理后,申请人可以撤回申请,人民法院以裁定准予撤回。申请人撤回申请后,不得再提出申请,但可以另行向人民法院起诉离婚。

第二十二条 申请人的申请被驳回后,不得再提出申请,但可以另行向人民法院起诉离婚。

三、反家暴

中华人民共和国反家庭暴力法

(2015年12月27日第十二届全国人民代表大会常务委员会第十八次会议通过 2015年12月27日中华人民共和国主席令第37号公布 自2016年3月1日起施行)

第一章 总 则

第一条 为了预防和制止家庭暴力,保护家庭成员的合法权益,维护平等、和睦、文明的家庭关系,促进家庭和谐、社会稳定,制定本法。

第二条 本法所称家庭暴力,是指家庭成员之间以殴打、捆绑、残害、限制人身自由以及经常性谩骂、恐吓等方式实施的身体、精神等侵害行为。

第三条 家庭成员之间应当互相帮助,互相关爱,和睦相处,履行家庭义务。

反家庭暴力是国家、社会和每个家庭的共同责任。

国家禁止任何形式的家庭暴力。

第四条 县级以上人民政府负责妇女儿童工作的机构,负责组织、协调、指导、督促有关部门做好反家庭暴力工作。

县级以上人民政府有关部门、司法机关、人民团体、社会组织、居民委员会、村民委员会、企业事业单位,应当依照本法和有关法律规定,做好反家庭暴力工作。

各级人民政府应当对反家庭暴力工作给予必要的经费保障。

第五条 反家庭暴力工作遵循预防为主,教育、矫治与惩处相结合原则。

反家庭暴力工作应当尊重受害人真实意愿，保护当事人隐私。

未成年人、老年人、残疾人、孕期和哺乳期的妇女、重病患者遭受家庭暴力的，应当给予特殊保护。

第二章　家庭暴力的预防

第六条　国家开展家庭美德宣传教育，普及反家庭暴力知识，增强公民反家庭暴力意识。

工会、共产主义青年团、妇女联合会、残疾人联合会应当在各自工作范围内，组织开展家庭美德和反家庭暴力宣传教育。

广播、电视、报刊、网络等应当开展家庭美德和反家庭暴力宣传。

学校、幼儿园应当开展家庭美德和反家庭暴力教育。

第七条　县级以上人民政府有关部门、司法机关、妇女联合会应当将预防和制止家庭暴力纳入业务培训和统计工作。

医疗机构应当做好家庭暴力受害人的诊疗记录。

第八条　乡镇人民政府、街道办事处应当组织开展家庭暴力预防工作，居民委员会、村民委员会、社会工作服务机构应当予以配合协助。

第九条　各级人民政府应当支持社会工作服务机构等社会组织开展心理健康咨询、家庭关系指导、家庭暴力预防知识教育等服务。

第十条　人民调解组织应当依法调解家庭纠纷，预防和减少家庭暴力的发生。

第十一条　用人单位发现本单位人员有家庭暴力情况的，应当给予批评教育，并做好家庭矛盾的调解、化解工作。

第十二条　未成年人的监护人应当以文明的方式进行家庭教育，依法履行监护和教育职责，不得实施家庭暴力。

第三章　家庭暴力的处置

第十三条　家庭暴力受害人及其法定代理人、近亲属可以向加害人或者受害人所在单位、居民委员会、村民委员会、妇女联合会等单位投诉、反映或者求助。有关单位接到家庭暴力投诉、反映或者求助后，应当给予帮助、处理。

家庭暴力受害人及其法定代理人、近亲属也可以向公安机关报案或者依法向人民法院起诉。

单位、个人发现正在发生的家庭暴力行为，可以及时劝阻。

第十四条　学校、幼儿园、医疗机构、居民委员会、村民委员会、社会工作服务机构、救助管理机构、福利机构及其工作人员在工作中发现无民事行为能力人、限制民事行为能力人遭受或者疑似遭受家庭暴力的，应当及时向公安机关报案。公安机关应当对报案人的信息予以保密。

第十五条　公安机关接到家庭暴力报案后应当及时出警，制止家庭暴力，按照有关规定调查取证，协助受害人就医、鉴定伤情。

无民事行为能力人、限制民事行为能力人因家庭暴力身体受到严重伤害、面临人身安全威胁或者处于无人照料等危险状态的，公安机关应当通知并协助民政部门将其安置到临时庇护场所、救助管理机构或者福利机构。

第十六条　家庭暴力情节较轻，依法不给予治安管理处罚的，由公安机关对加害人给予批评教育或者出具告诫书。

告诫书应当包括加害人的身份信息、家庭暴力的事实陈述、禁止加害人实施家庭暴力等内容。

第十七条　公安机关应当将告诫书送交加害人、受害人，并通知居民委员会、村民委员会。

居民委员会、村民委员会、公安派出所应当对收到告诫书的加害人、受害人进行查访，监督加害人不再实施家庭暴力。

第十八条　县级或者设区的市级人民政府可以单独或者依托救助管理机构设立临时庇护场所，为家庭暴力受害人提供临时生活帮助。

第十九条　法律援助机构应当依法为家庭暴力受害人提供法律援助。

人民法院应当依法对家庭暴力受害人缓收、减收或者免收诉讼费用。

第二十条　人民法院审理涉及家庭暴力的案件，可以根据公安机关出警记录、告诫书、伤情鉴定意见等证据，认定家庭暴力事实。

第二十一条　监护人实施家庭暴力严重侵害被监护人合法权益的，人民法院可以根据被监护人的近亲属、居民委员会、村民委员会、县级人民政府民政部门等有关人员或者单位的申请，依法撤销其监护人资格，另行指定监护人。

被撤销监护人资格的加害人，应当继续负担相应的赡养、扶养、抚养费用。

第二十二条　工会、共产主义青年团、妇女联合会、残疾人联合会、居民委员会、村民委员会等应当对实施家庭暴力的加害人进行法治教育，必要时可以对加害人、受害人进行心理辅导。

第四章　人身安全保护令

第二十三条　当事人因遭受家庭暴力或者面临家庭暴力的现实危险，向人民法院申请人身安全保护令的，人民法院应当受理。

当事人是无民事行为能力人、限制民事行为能力人，或者因受到强制、威吓等原因无法申请人身安全保护令的，其近亲属、公安机关、妇女联合会、居民委员会、村民委员会、救助管理机构可以代为申请。

第二十四条　申请人身安全保护令应当以书面方式提出；书面申请确有困难的，可以口头申请，由人民法院记入笔录。

第二十五条　人身安全保护令案件由申请人或者被申请人居住地、家庭暴力发生地的基层人民法院管辖。

第二十六条　人身安全保护令由人民法院以裁定形式作出。

第二十七条　作出人身安全保护令，应当具备下列条件：

（一）有明确的被申请人；

（二）有具体的请求；

（三）有遭受家庭暴力或者面临家庭暴力现实危险的情形。

第二十八条　人民法院受理申请后，应当在七十二小时内作出人身安全保护令或者驳回申请；情况紧急的，应当在二十四小时内作出。

第二十九条　人身安全保护令可以包括下列措施：

（一）禁止被申请人实施家庭暴力；

（二）禁止被申请人骚扰、跟踪、接触申请人及其相关近亲属；

（三）责令被申请人迁出申请人住所；
（四）保护申请人人身安全的其他措施。

第三十条　人身安全保护令的有效期不超过六个月，自作出之日起生效。人身安全保护令失效前，人民法院可以根据申请人的申请撤销、变更或者延长。

第三十一条　申请人对驳回申请不服或者被申请人对人身安全保护令不服的，可以自裁定生效之日起五日内向作出裁定的人民法院申请复议一次。人民法院依法作出人身安全保护令的，复议期间不停止人身安全保护令的执行。

第三十二条　人民法院作出人身安全保护令后，应当送达申请人、被申请人、公安机关以及居民委员会、村民委员会等有关组织。人身安全保护令由人民法院执行，公安机关以及居民委员会、村民委员会等应当协助执行。

第五章　法律责任

第三十三条　加害人实施家庭暴力，造成人身损害、财产损失的，依法承担相关民事责任；构成违反治安管理行为的，依法给予治安管理处罚；构成犯罪的，依法追究刑事责任。

第三十四条　被申请人违反人身安全保护令，构成犯罪的，依法追究刑事责任；尚不构成犯罪的，人民法院应当给予训诫，可以根据情节轻重处以一千元以下罚款、十五日以下拘留。

第三十五条　学校、幼儿园、医疗机构、居民委员会、村民委员会、社会工作服务机构、救助管理机构、福利机构及其工作人员未依照本法第十四条规定向公安机关报案，造成严重后果的，由上级主管部门或者本单位对直接负责的主管人员和其他直接责任人员依法给予处分。

第三十六条　负有反家庭暴力职责的国家工作人员玩忽职守、滥用职权、徇私舞弊的，依法给予处分；构成犯罪的，依法追究刑事责任。

第六章 附　　则

第三十七条　家庭成员以外共同生活的人之间实施的暴力行为，参照本法规定执行。

第三十八条　本法自 2016 年 3 月 1 日起施行。

民政部、全国妇联关于做好家庭暴力受害人庇护救助工作的指导意见

(2015 年 9 月 24 日　民发〔2015〕189 号)

为加大反对家庭暴力工作力度，依法保护家庭暴力受害人，特别是遭受家庭暴力侵害的妇女、未成年人、老年人等弱势群体的人身安全和其他合法权益，根据《中华人民共和国妇女权益保障法》、《中华人民共和国未成年人保护法》、《中华人民共和国老年人权益保障法》、《社会救助暂行办法》等有关规定，现就民政部门和妇联组织做好家庭暴力受害人（以下简称受害人）庇护救助工作提出以下指导意见：

一、工作对象

家庭暴力受害人庇护救助工作对象是指常住人口及流动人口中，因遭受家庭暴力导致人身安全受到威胁，处于无处居住等暂时生活困境，需要进行庇护救助的未成年人和寻求庇护救助的成年受害人。寻求庇护救助的妇女可携带需要其照料的未成年子女同时申请庇护。

二、工作原则

（一）未成年人特殊、优先保护原则。为遭受家庭暴力侵害的未成年人提供特殊、优先保护，积极主动庇护救助未成年受害人。依法干预处置监护人侵害未成年人合法权益的行为，切实保护未成年人合法权益。

（二）依法庇护原则。依法为受害人提供临时庇护救助服务，充分尊重受害人合理意愿，严格保护其个人隐私。积极运用家庭暴力告诫

书、人身安全保护裁定、调解诉讼等法治手段，保障受害人人身安全，维护其合法权益。

（三）专业化帮扶原则。积极购买社会工作、心理咨询等专业服务，鼓励受害人自主接受救助方案和帮扶方式，协助家庭暴力受害人克服心理阴影和行为障碍，协调解决婚姻、生活、学习、工作等方面的实际困难，帮助其顺利返回家庭、融入社会。

（四）社会共同参与原则。在充分发挥民政部门和妇联组织职能职责和工作优势的基础上，动员引导多方面社会力量参与受害人庇护救助服务和反对家庭暴力宣传等工作，形成多方参与、优势互补、共同协作的工作合力。

三、工作内容

（一）及时受理求助。妇联组织要及时接待受害人求助请求或相关人员的举报投诉，根据调查了解的情况向公安机关报告，请公安机关对家庭暴力行为进行调查处置。妇联组织、民政部门发现未成年人遭受虐待、暴力伤害等家庭暴力情形的，应当及时报请公安机关进行调查处置和干预保护。民政部门及救助管理机构应当及时接收公安机关、妇联等有关部门护送或主动寻求庇护救助的受害人，办理入站登记手续，根据性别、年龄实行分类分区救助，妥善安排食宿等临时救助服务并做好隐私保护工作。救助管理机构庇护救助成年受害人期限一般不超过10天，因特殊情况需要延长的，报主管民政部门备案。城乡社区服务机构可以为社区内遭受家庭暴力的居民提供应急庇护救助服务。

（二）按需提供转介服务。民政部门及救助管理机构和妇联组织可以通过与社会工作服务机构、心理咨询机构等专业力量合作方式对受害人进行安全评估和需求评估，根据受害人的身心状况和客观需求制定个案服务方案。要积极协调人民法院、司法行政、人力资源社会保障、卫生等部门、社会救助经办机构、医院和社会组织，为符合条件的受害人提供司法救助、法律援助、婚姻家庭纠纷调解、就业援助、医疗救助、心理康复等转介服务。对于实施家庭暴力的未成年人监护人，应通过家庭教育指导、监护监督等多种方式，督促监护人改善监护方式，提升监护能力；对于目睹家庭暴力的未成年人，要提供心理辅导和关爱服务。

（三）加强受害人人身安全保护。民政部门及救助管理机构或妇联组织可以根据需要协助受害人或代表未成年受害人向人民法院申请人身安全保护裁定，依法保护受害人的人身安全，避免其再次受到家庭暴力的侵害。成年受害人在庇护期间自愿离开救助管理机构的，应提出书面申请，说明离开原因，可自行离开、由受害人亲友接回或由当地村（居）民委员会、基层妇联组织护送回家。其他监护人、近亲属前来接领未成年受害人的，经公安机关或村（居）民委员确认其身份后，救助管理机构可以将未成年受害人交由其照料，并与其办理书面交接手续。

（四）强化未成年受害人救助保护。民政部门和救助管理机构要按照《最高人民法院、最高人民检察院、公安部、民政部关于依法处理监护人侵害未成年人权益行为若干问题的意见》（法发〔2014〕24号）要求，做好未成年受害人临时监护、调查评估、多方会商等工作。救助管理机构要将遭受家庭暴力侵害的未成年受害人安排在专门区域进行救助保护。对于年幼的未成年受害人，要安排专业社会工作者或专人予以陪护和精心照料，待其情绪稳定后可根据需要安排到爱心家庭寄养。未成年受害人接受司法机关调查时，民政部门或救助管理机构要安排专职社会工作者或专人予以陪伴，必要时请妇联组织派员参加，避免其受到"二次伤害"。对于遭受严重家庭暴力侵害的未成年人，民政部门或救助管理机构、妇联组织可以向人民法院提出申请，要求撤销施暴人监护资格，依法另行指定监护人。

四、工作要求

（一）健全工作机制。民政部门和妇联组织要建立有效的信息沟通渠道，建立健全定期会商、联合作业、协同帮扶等联动协作机制，细化具体任务职责和合作流程，共同做好受害人的庇护救助和权益维护工作。民政部门及救助管理机构要为妇联组织、司法机关开展受害人维权服务、司法调查等工作提供设施场所、业务协作等便利。妇联组织要依法为受害人提供维权服务。

（二）加强能力建设。民政部门及救助管理机构和妇联组织要选派政治素质高、业务能力强的工作人员参与受害人庇护救助工作，加强对工作人员的业务指导和能力培训。救助管理机构应开辟专门服务区域设立家庭暴力庇护场所，实现与流浪乞讨人员救助服务区域的相对隔离，有条件的地方可充分利用现有设施设置生活居室、社会工作室、心理访谈室、探访会客室等，设施陈列和环境布置要温馨舒适。救助管理机构要加强家庭暴力庇护工作的管理服务制度建设，建立健全来访会谈、出入登记、隐私保护、信息查阅等制度。妇联组织要加强"12338"法律维权热线和维权队伍建设，为受害人主动求助、法律咨询和依法维权提供便利渠道和服务。

（三）动员社会参与。民政部门和救助管理机构可以通过购买服务、项目合作、志愿服务等多种方式，鼓励支持社会组织、社会工作服务机构、法律服务机构参与家庭暴力受害人庇护救助服务，提供法律政策咨询、心理疏导、婚姻家庭纠纷调解、家庭关系辅导、法律援助等服务，并加强对社会力量的统筹协调。妇联组织可以发挥政治优势、组织优势和群众工作优势，动员引导爱心企业、爱心家庭和志愿者等社会力量通过慈善捐赠、志愿服务等方式参与家庭暴力受害人庇护救助服务。

（四）强化宣传引导。各级妇联组织和民政部门要积极调动舆论资源，主动借助新兴媒体，切实运用各类传播阵地，公布家庭暴力救助维权热线电话，开设反对家庭暴力专题栏目，传播介绍反对家庭暴力的法律法规；加强依法处理家庭暴力典型事例（案例）的法律解读、政策释义和宣传报道，引导受害人及时保存证据，依法维护自身合法权益；城乡社区服务机构要积极开展反对家庭暴力宣传，提高社区居民参与反对家庭暴力工作的意识，鼓励社区居民主动发现和报告监护人虐待未成年人等家庭暴力线索。

最高人民法院关于审理人身损害赔偿案件适用法律若干问题的解释

（2003年12月4日最高人民法院审判委员会第1299次会议通过 根据2020年12月23日最高人民法院审判委员会第1823次会议通过的《最高人民法院关于修改〈最高人民法院关于在民事审判工作中适用《中华人民共和国工会法》若干问题的解释〉等二十七件民事类司法解释的决定》修正）

为正确审理人身损害赔偿案件，依法保护当事人的合法权益，根据《中华人民共和国民法典》《中华人民共和国民事诉讼法》等有关法律规定，结合审判实践，制定本解释。

第一条 因生命、身体、健康遭受侵害，赔偿权利人起诉请求赔偿义务人赔偿物质损害和精神损害的，人民法院应予受理。

本条所称"赔偿权利人"，是指因侵权行为或者其他致害原因直接遭受人身损害的受害人以及死亡受害人的近亲属。

本条所称"赔偿义务人"，是指因自己或者他人的侵权行为以及其他致害原因依法应当承担民事责任的自然人、法人或者非法人组织。

第二条 赔偿权利人起诉部分共同侵权人的，人民法院应当追加其他共同侵权人作为共同被告。赔偿权利人在诉讼中放弃对部分共同侵权人的诉讼请求的，其他共同侵权人对被放弃诉讼请求的被告应当承担的赔偿份额不承担连带责任。责任范围难以确定的，推定各共同侵权人承担同等责任。

人民法院应当将放弃诉讼请求的法律后果告知赔偿权利人，并将放弃诉讼请求的情况在法律文书中叙明。

第三条 依法应当参加工伤保险统筹的用人单位的劳动者，因工伤事故遭受人身损害，劳动者或者其近亲属向人民法院起诉请求用人单位承担民事赔偿责任的，告知其按《工伤保险条例》的规定处理。

因用人单位以外的第三人侵权造成劳动者人身损害，赔偿权利人请求第三人承担民事赔偿责任的,人民法院应予支持。

第四条 无偿提供劳务的帮工人,在从事帮工活动中致人损害的,被帮工人应当承担赔偿责任。被帮工人承担赔偿责任后向有故意或者重大过失的帮工人追偿的,人民法院应予支持。被帮工人明确拒绝帮工的,不承担赔偿责任。

第五条 无偿提供劳务的帮工人因帮工活动遭受人身损害的,根据帮工人和被帮工人各自的过错承担相应的责任;被帮工人明确拒绝帮工的,被帮工人不承担赔偿责任,但可以在受益范围内予以适当补偿。

帮工人在帮工活动中因第三人的行为遭受人身损害的,有权请求第三人承担赔偿责任,也有权请求被帮工人予以适当补偿。被帮工人补偿后,可以向第三人追偿。

第六条 医疗费根据医疗机构出具的医药费、住院费等收款凭证,结合病历和诊断证明等相关证据确定。赔偿义务人对治疗的必要性和合理性有异议的,应当承担相应的举证责任。

医疗费的赔偿数额,按照一审法庭辩论终结前实际发生的数额确定。器官功能恢复训练所必要的康复费、适当的整容费以及其他后续治疗费,赔偿权利人可以待实际发生后另行起诉。但根据医疗证明或者鉴定结论确定必然发生的费用,可以与已经发生的医疗费一并予以赔偿。

第七条 误工费根据受害人的误工时间和收入状况确定。

误工时间根据受害人接受治疗的医疗机构出具的证明确定。受害人因伤致残持续误工的,误工时间可以计算至定残日前一天。

受害人有固定收入的,误工费按照实际减少的收入计算。受害人无固定收入的,按照其最近三年的平均收入计算;受害人不能举证证明其最近三年的平均收入状况的,可以参照受诉法院所在地相同或者相近行业上一年度职工的平均工资计算。

第八条 护理费根据护理人员的收入状况和护理人数、护理期限确定。

护理人员有收入的,参照误工费的规定计算;护理人员没有收入或者雇佣护工的,参照当地护工从事同等级别护理的劳务报酬标准计算。护理人员原则上为一人,但医疗机构或者鉴定机构有明确意见的,可以参照确定护理人员人数。

护理期限应计算至受害人恢复生活自理能力时止。受害人因残疾不能恢复生活自理能力的，可以根据其年龄、健康状况等因素确定合理的护理期限，但最长不超过二十年。

受害人定残后的护理，应当根据其护理依赖程度并结合配制残疾辅助器具的情况确定护理级别。

第九条 交通费根据受害人及其必要的陪护人员因就医或者转院治疗实际发生的费用计算。交通费应当以正式票据为凭；有关凭据应当与就医地点、时间、人数、次数相符合。

第十条 住院伙食补助费可以参照当地国家机关一般工作人员的出差伙食补助标准予以确定。

受害人确有必要到外地治疗，因客观原因不能住院，受害人本人及其陪护人员实际发生的住宿费和伙食费，其合理部分应予赔偿。

第十一条 营养费根据受害人伤残情况参照医疗机构的意见确定。

第十二条 残疾赔偿金根据受害人丧失劳动能力程度或者伤残等级，按照受诉法院所在地上一年度城镇居民人均可支配收入或者农村居民人均纯收入标准，自定残之日起按二十年计算。但六十周岁以上的，年龄每增加一岁减少一年；七十五周岁以上的，按五年计算。

受害人因伤致残但实际收入没有减少，或者伤残等级较轻但造成职业妨害严重影响其劳动就业的，可以对残疾赔偿金作相应调整。

第十三条 残疾辅助器具费按照普通适用器具的合理费用标准计算。伤情有特殊需要的，可以参照辅助器具配制机构的意见确定相应的合理费用标准。

辅助器具的更换周期和赔偿期限参照配制机构的意见确定。

第十四条 丧葬费按照受诉法院所在地上一年度职工月平均工资标准，以六个月总额计算。

第十五条 死亡赔偿金按照受诉法院所在地上一年度城镇居民人均可支配收入或者农村居民人均纯收入标准，按二十年计算。但六十周岁以上的，年龄每增加一岁减少一年；七十五周岁以上的，按五年计算。

第十六条 被扶养人生活费计入残疾赔偿金或者死亡赔偿金。

第十七条 被扶养人生活费根据扶养人丧失劳动能力程度，按照受诉法院所在地上一年度城镇居民人均消费性支出和农村居民人均年生活消费支出标准计算。被扶养人为未成年人的，计算至十八周岁；被扶养人无劳动能力又无其他生活来源的，计算二十年。但六十周岁以上的，年龄每增加一岁减少一年；七十五周岁以上的，按五年计算。

被扶养人是指受害人依法应当承担扶养义务的未成年人或者丧失劳动能力又无其他生活来源的成年近亲属。被扶养人还有其他扶养人的，赔偿义务人只赔偿受害人依法应当负担的部分。被扶养人有数人的，年赔偿总额累计不超过上一年度城镇居民人均消费性支出额或者农村居民人均年生活消费支出额。

第十八条 赔偿权利人举证证明其住所地或者经常居住地城镇居民人均可支配收入或者农村居民人均纯收入高于受诉法院所在地标准的，残疾赔偿金或者死亡赔偿金可以按照其住所地或者经常居住地的相关标准计算。

被扶养人生活费的相关计算标准，依照前款原则确定。

第十九条 超过确定的护理期限、辅助器具费给付年限或者残疾赔偿金给付年限，赔偿权利人向人民法院起诉请求继续给付护理费、辅助器具费或者残疾赔偿金的，人民法院应予受理。赔偿权利人确需继续护理、配制辅助器具，或者没有劳动能力和生活来源的，人民法院应当判令赔偿义务人继续给付相关费用五至十年。

第二十条 赔偿义务人请求以定期金方式给付残疾赔偿金、辅助器具费的，应当提供相应的担保。人民法院可以根据赔偿义务人的给付能力和提供担保的情况，确定以定期金方式给付相关费用。但是，一审法庭辩论终结前已经发生的费用、死亡赔偿金以及精神损害抚慰金，应当一次性给付。

第二十一条 人民法院应当在法律文书中明确定期金的给付时间、方式以及每期给付标准。执行期间有关统计数据发生变化的，给付金额应当适时进行相应调整。

定期金按照赔偿权利人的实际生存年限给付，不受本解释有关赔偿期限的限制。

第二十二条 本解释所称"城镇居民人均可支配收入""农村居民人均纯收入""城镇居民人均消费性支出""农村居民人均年生活消费支出""职工平均工资"，按照政府统计部门公布的各省、自治区、直辖市以及经济特区和计划单列市上一年度相关统计数据确定。

"上一年度",是指一审法庭辩论终结时的上一统计年度。

第二十三条 精神损害抚慰金适用《最高人民法院关于确定民事侵权精神损害赔偿责任若干问题的解释》予以确定。

第二十四条 本解释自 2004 年 5 月 1 日起施行。2004 年 5 月 1 日后新受理的一审人身损害赔偿案件,适用本解释的规定。已经作出生效裁判的人身损害赔偿案件依法再审的,不适用本解释的规定。

在本解释公布施行之前已经生效施行的司法解释,其内容与本解释不一致的,以本解释为准。

最高人民法院关于确定民事侵权精神损害赔偿责任若干问题的解释

(2001 年 2 月 26 日最高人民法院审判委员会第 1161 次会议通过 根据 2020 年 12 月 23 日最高人民法院审判委员会第 1823 次会议通过的《最高人民法院关于修改〈最高人民法院关于在民事审判工作中适用《中华人民共和国工会法》若干问题的解释〉等二十七件民事类司法解释的决定》修正)

为在审理民事侵权案件中正确确定精神损害赔偿责任,根据《中华人民共和国民法典》等有关法律规定,结合审判实践,制定本解释。

第一条 因人身权益或者具有人身意义的特定物受到侵害,自然人或者其近亲属向人民法院提起诉讼请求精神损害赔偿的,人民法院应当依法予以受理。

第二条 非法使被监护人脱离监护,导致亲子关系或者近亲属间的亲属关系遭受严重损害,监护人向人民法院起诉请求赔偿精神损害的,人民法院应当依法予以受理。

第三条 死者的姓名、肖像、名誉、荣誉、隐私、遗体、遗骨等受到侵害,其近亲属向人民法院提起诉讼请求精神损害赔偿的,人民法院应当依法予以支持。

第四条 法人或者非法人组织以名誉权、荣誉权、名称权遭受侵害为由，向人民法院起诉请求精神损害赔偿的，人民法院不予支持。

第五条 精神损害的赔偿数额根据以下因素确定：

（一）侵权人的过错程度，但是法律另有规定的除外；

（二）侵权行为的目的、方式、场合等具体情节；

（三）侵权行为所造成的后果；

（四）侵权人的获利情况；

（五）侵权人承担责任的经济能力；

（六）受理诉讼法院所在地的平均生活水平。

第六条 在本解释公布施行之前已经生效施行的司法解释，其内容有与本解释不一致的，以本解释为准。

最高人民法院关于人身安全保护令案件相关程序问题的批复

（2016年6月6日最高人民法院审判委员会第1686次会议通过 2016年7月11日最高人民法院公告公布 自2016年7月13日起施行 法释〔2016〕15号）

北京市高级人民法院：

你院《关于人身安全保护令案件相关程序问题的请示》（京高法〔2016〕45号）收悉。经研究，批复如下：

一、关于人身安全保护令案件是否收取诉讼费的问题。同意你院倾向性意见，即向人民法院申请人身安全保护令，不收取诉讼费用。

二、关于申请人身安全保护令是否需要提供担保的问题。同意你院倾向性意见，即根据《中华人民共和国反家庭暴力法》请求人民法院作出人身安全保护令的，申请人不需要提供担保。

三、关于人身安全保护令案件适用程序等问题。人身安全保护令案件适用何种程序，反家庭暴力法中没有作出直接规定。人民法院可以比照特别程序进行审理。家事纠纷案件中的当事人向人民法院申请人身安全保护令的，由审理该案的审判组织作出是否发出人身安全保护令的裁定；如果人身安全保护令的申请人在接受其申请的人民法院并无正在进行的家事案件诉讼,由法官以独任审理的方式审理。至于是否需要就发出人身安全保护令问题听取被申请人的意见,则由承办法官视案件的具体情况决定。

四、关于复议问题。对于人身安全保护令的被申请人提出的复议申请和人身安全保护令的申请人就驳回裁定提出的复议申请,可以由原审判组织进行复议;人民法院认为必要的,也可以另行指定审判组织进行复议。

此复。

最高人民法院、最高人民检察院、公安部、司法部关于依法办理家庭暴力犯罪案件的意见

(2015年3月2日 法发〔2015〕4号)

发生在家庭成员之间,以及具有监护、扶养、寄养、同居等关系的共同生活人员之间的家庭暴力犯罪,严重侵害公民人身权利,破坏家庭关系,影响社会和谐稳定。人民法院、人民检察院、公安机关、司法行政机关应当严格履行职责,充分运用法律,积极预防和有效惩治各种家庭暴力犯罪,切实保障人权,维护社会秩序。为此,根据刑法、刑事诉讼法、婚姻法、未成年人保护法、老年人权益保障法、妇女权益保障法等法律,结合司法实践经验,制定本意见。

一、基本原则

1. 依法及时、有效干预。针对家庭暴力持续反复发生,不断恶化升级的特点,人民法院、人民检察院、公安机关、司法行政机关对已发现的家庭暴力,应当依法采取及时、有效的措施,进行妥善处理,不能以家庭暴力发生在家庭成员之间,或者属于家务事为由而置之不理,互相推诿。

2. 保护被害人安全和隐私。办理家庭暴力犯罪案件,应当首先保护被害人的安全。通过对被害人进行紧急救治、临时安置,以及对施

暴人采取刑事强制措施、判处刑罚、宣告禁止令等措施，制止家庭暴力并防止再次发生，消除家庭暴力的现实侵害和潜在危险。对与案件有关的个人隐私，应当保密，但法律有特别规定的除外。

3. 尊重被害人意愿。办理家庭暴力犯罪案件，既要严格依法进行，也要尊重被害人的意愿。在立案、采取刑事强制措施、提起公诉、判处刑罚、减刑、假释时，应当充分听取被害人意见，在法律规定的范围内作出合情、合理的处理。对法律规定可以调解、和解的案件，应当在当事人双方自愿的基础上进行调解、和解。

4. 对未成年人、老年人、残疾人、孕妇、哺乳期妇女、重病患者特殊保护。办理家庭暴力犯罪案件，应当根据法律规定和案件情况，通过代为告诉、法律援助等措施，加大对未成年人、老年人、残疾人、孕妇、哺乳期妇女、重病患者的司法保护力度，切实保障他们的合法权益。

二、案件受理

5. 积极报案、控告和举报。依照刑事诉讼法第一百零八条第一款"任何单位和个人发现有犯罪事实或者犯罪嫌疑人，有权利也有义务向公安机关、人民检察院或者人民法院报案或者举报"的规定，家庭暴力被害人及其亲属、朋友、邻居、同事，以及村（居）委会、人民调解委员会、妇联、共青团、残联、医院、学校、幼儿园等单位、组织，发现家庭暴力，有权利也有义务及时向公安机关、人民检察院、人民法院报案、控告或者举报。

公安机关、人民检察院、人民法院对于报案人、控告人和举报人不愿意公开自己的姓名和报案、控告、举报行为的，应当为其保守秘密，保护报案人、控告人和举报人的安全。

6. 迅速审查、立案和转处。公安机关、人民检察院、人民法院接到家庭暴力的报案、控告或者举报后，应当立即问明案件的初步情况，制作笔录，迅速进行审查，按照刑事诉讼法关于立案的规定，根据自己的管辖范围，决定是否立案。对于符合立案条件的，要及时立案。对于可能构成犯罪但不属于自己管辖的，应当移送主管机关处理，并且通知报案人、控告人或者举报人；对于不属于自己管辖而又必须采取紧急措施的，应当先采取紧急措施，然后移送主管机关。

经审查，对于家庭暴力行为尚未构成犯罪，但属于违反治安管理行为的，应当将案件移送公安机关，依照治安管理处罚法的规定进行处理，同时告知被害人可以向人民调解委员会提出申请，或者向人民法院提起民事诉讼，要求施暴人承担停止侵害、赔礼道歉、赔偿损失等民事责任。

7. 注意发现犯罪案件。公安机关在处理人身伤害、虐待、遗弃等行政案件过程中，人民法院在审理婚姻家庭、继承、侵权责任纠纷等民事案件过程中，应当注意发现可能涉及的家庭暴力犯罪。一旦发现家庭暴力犯罪线索，公安机关应当将案件转为刑事案件办理，人民法院应当将案件移送公安机关；属于自诉案件的，公安机关、人民法院应当告知被害人提起自诉。

8. 尊重被害人的程序选择权。对于被害人有证据证明的轻微家庭暴力犯罪案件，在立案审查时，应当尊重被害人选择公诉或者自诉的权利。被害人要求公安机关处理的，公安机关应当依法立案、侦查。在侦查过程中，被害人不再要求公安机关处理或者要求转为自诉案件的，应当告知被害人向公安机关提交书面申请。经审查确系被害人自愿提出的，公安机关应当依法撤销案件。被害人就这类案件向人民法院提起自诉的，人民法院应当依法受理。

9. 通过代为告诉充分保障被害人自诉权。对于家庭暴力犯罪自诉案件，被害人无法告诉或者不能亲自告诉的，其法定代理人、近亲属可以告诉或者代为告诉；被害人是无行为能力人、限制行为能力人，其法定代理人、近亲属没有告诉或代为告诉的，人民检察院可以告诉；侮辱、暴力干涉婚姻自由等告诉才处理的案件，被害人因受强制、威吓无法告诉的，人民检察院也可以告诉。人民法院对告诉或者代为告诉的，应当依法受理。

10. 切实加强立案监督。人民检察院要切实加强对家庭暴力犯罪案件的立案监督，发现公安机关应当立案而不立案的，或者被害人及其法定代理人、近亲属，有关单位、组织就公安机关不予立案向人民检察院提出异议的，人民检察院应当要求公安机关说明不立案的理由。人民检察院认为不立案理由不成立的，应当通知公安机关立案，公安机关接到通知后应当立案；认为不立案理由成立的，应当将理由告知提出异议的被害人及其法定代理人、近亲属或者有关单位、组织。

11. 及时、全面收集证据。公安机关在办理家庭暴力案件时，要充分、全面地收集、固定证据，除了收集现场的物证、被害人陈述、证人证言等证据外，还应当注意及时向村（居）委会、人民调解委员会、妇联、共青团、残联、医院、学校、幼儿园等单位、组织的工作人员，以及被害人的亲属、邻居等收集涉及家庭暴力的处理记录、病历、照片、视频等证据。

12. 妥善救治、安置被害人。人民法院、人民检察院、公安机关等负有保护公民人身安全职责的单位和组织，对因家庭暴力受到严重伤害需要紧急救治的被害人，应当立即协助联系医疗机构救治；对面临家庭暴力严重威胁，或者处于无人照料等危险状态，需要临时安置的被害人或者相关未成年人，应当通知并协助有关部门进行安置。

13. 依法采取强制措施。人民法院、人民检察院、公安机关对实施家庭暴力的犯罪嫌疑人、被告人，符合拘留、逮捕条件的，可以依法拘留、逮捕；没有采取拘留、逮捕措施的，应当通过走访、打电话等方式与被害人或者其法定代理人、近亲属联系，了解被害人的人身安全状况。对于犯罪嫌疑人、被告人再次实施家庭暴力的，应当根据情况，依法采取必要的强制措施。

人民法院、人民检察院、公安机关决定对实施家庭暴力的犯罪嫌疑人、被告人取保候审的，为了确保被害人及其子女和特定亲属的安全，可以依照刑事诉讼法第六十九条第二款的规定，责令犯罪嫌疑人、被告人不得再次实施家庭暴力；不得侵扰被害人的生活、工作、学习；不得进行酗酒、赌博等活动；经被害人申请且有必要的，责令不得接近被害人及其未成年子女。

14. 加强自诉案件举证指导。家庭暴力犯罪案件具有案发周期较长、证据难以保存，被害人处于相对弱势、举证能力有限，相关事实难以认定等特点。有些特点在自诉案件中表现得更为突出。因此，人民法院在审理家庭暴力自诉案件时，对于因当事人举证能力不足等原因，难以达到法律规定的证据要求的，应当及时对当事人进行举证指导，告知需要收集的证据及收集证据的方法。对于因客观原因不能取得的证据，当事人申请人民法院调取的，人民法院应当认真审查，认为确有必要的，应当调取。

15. 加大对被害人的法律援助力度。人民检察院自收到移送审查起诉的案件材料之日起三日内，人民法院自受理案件之日起三日内，应当告知被害人及其法定代理人或者近亲属有权委托诉讼代理人，如果经济困难，可以向法律援助机构申请法律援助；对于被害人是未成年人、老年人、重病患者或者残疾人等，因经济困难没有委托诉讼代理人的，人民检察院、人民法院应当帮助其申请法律援助。

法律援助机构应当依法为符合条件的被害人提供法律援助，指派熟悉反家庭暴力法律法规的律师办理案件。

三、定罪处罚

16. 依法准确定罪处罚。对故意杀人、故意伤害、强奸、猥亵儿童、非法拘禁、侮辱、暴力干涉婚姻自由、虐待、遗弃等侵害公民人身权利的家庭暴力犯罪，应当根据犯罪的事实、犯罪的性质、情节和对社会的危害程度，严格依照刑法的有关规定判处。对于同一行为同时触犯多个罪名的，依照处罚较重的规定定罪处罚。

17. 依法惩处虐待犯罪。采取殴打、冻饿、强迫过度劳动、限制人身自由、恐吓、侮辱、谩骂等手段，对家庭成员的身体和精神进行摧残、折磨，是实践中较为多发的虐待性质的家庭暴力。根据司法实践，具有虐待持续时间较长、次数较多；虐待手段残忍；虐待造成被害人轻微伤或者患较严重疾病；对未成年人、老年人、残疾人、孕妇、哺乳期妇女、重病患者实施较为严重的虐待行为等情形，属于刑法第二百六十条第一款规定的虐待"情节恶劣"，应当依法以虐待罪定罪处罚。

准确区分虐待犯罪致人重伤、死亡与故意伤害、故意杀人犯罪致人重伤、死亡的界限，要根据被告人的主观故意、所实施的暴力手段与方式、是否立即或者直接造成被害人伤亡后果等进行综合判断。对于被告人主观上不具有侵害被害人健康或者剥夺被害人生命的故意，而是出于追求被害人肉体和精神上的痛苦，长期或者多次实施虐待行为，逐渐造成被害人身体损害，过失导致被害人重伤或者死亡的；或者因虐待致使被害人不堪忍受而自残、自杀，导致重伤或者死亡的，属于刑法第二百六十条第二款规定的虐待"致使被害人重伤、死亡"，应当以虐待罪定罪处罚。对于被告人虽然实施家庭暴力呈现出经常性、持续性、反复性的特点，但其主观上具有希望或者放任被害人重伤或者死亡的故意，持凶器实施暴力，暴力手段残忍，暴力程度较强，直接或者立即造成被害人重伤或者死亡的，应当以故意伤害罪或者故意杀人罪定罪处罚。

依法惩处遗弃犯罪。负有扶养义务且有扶养能力的人，拒绝扶养年幼、年老、患病或者其他没有独立生活能力的家庭成员，是危害严重的遗弃性质的家庭暴力。根据司法实践，具有对被害人长期不予照顾、不提供生活来源；驱赶、逼迫被害人离家，致使被害人流离失所或者生存困难；遗弃患严重疾病或者生活不能自理的被害人；遗弃致使被害人身体严重损害或者造成其他严重后果等情形，属于刑法第二百六十一条规定的遗弃"情节恶劣"，应当依法以遗弃罪定罪处罚。

准确区分遗弃罪与故意杀人罪的界限，要根据被告人的主观故意、所实施行为的时间与地点、是否立即造成被害人死亡，以及被害人对被告人的依赖程度等进行综合判断。对于只是为了逃避扶养义务，并不希望或者放任被害人死亡，将生活不能自理的被害人弃置在福利院、医院、派出所等单位或者广场、车站等行人较多的场所，希望被害人得到他人救助的，一般以遗弃罪定罪处罚。对于希望或者放任被害人死亡，不履行必要的扶养义务，致使被害人因缺乏生活照料而死亡，或者将生活不能自理的被害人带至荒山野岭等人迹罕至的场所扔弃，使被害人难以得到他人救助的，应当以故意杀人罪定罪处罚。

18. 切实贯彻宽严相济刑事政策。对于实施家庭暴力构成犯罪的，应当根据罪刑法定、罪刑相适应原则，兼顾维护家庭稳定、尊重被害人意愿等因素综合考虑，宽严并用，区别对待。根据司法实践，对于实施家庭暴力手段残忍或者造成严重后果；出于恶意侵占财产等卑劣动机实施家庭暴力；因酗酒、吸毒、赌博等恶习而长期或者多次实施家庭暴力；曾因实施家庭暴力受到刑事处罚、行政处罚；或者具有其他恶劣情形的，可以酌情从重处罚。对于实施家庭暴力犯罪情节较轻，或者被告人真诚悔罪，获得被害人谅解，从轻处罚有利于被扶养人的，可以酌情从轻处罚；对于情节轻微不需要判处刑罚的，人民检察院可以不起诉，人民法院可以判处免予刑事处罚。

对于实施家庭暴力情节显著轻微危害不大不构成犯罪的，应当撤销案件、不起诉，或者宣告无罪。

人民法院、人民检察院、公安机关应当充分运用训诫，责令施暴人保证不再实施家庭暴力，或者向被害人赔礼道歉、赔偿损失等非刑罚处罚措施，加强对施暴人的教育与惩戒。

19. 准确认定对家庭暴力的正当防卫。为了使本人或者他人的人身权利免受不法侵害，对正在进行的家庭暴力采取制止行为，只要符合刑法规定的条件，就应当依法认定为正当防卫，不负刑事责任。防卫行为造成施暴人重伤、死亡，且明显超过必要限度，属于防卫过当，应当负刑事责任，但是应当减轻或者免除处罚。

认定防卫行为是否"明显超过必要限度"，应当以足以制止并使防卫人免受家庭暴力不法侵害的需要为标准，根据施暴人正在实施家庭暴力的严重程度、手段的残忍程度，防卫人所处的环境、面临的危险程度、采取的制止暴力的手段、造成施暴人重大损害的程度，以及既往家庭暴力的严重程度等进行综合判断。

20. 充分考虑案件中的防卫因素和过错责任。对于长期遭受家庭暴力后，在激愤、恐惧状态下为了防止再次遭受家庭暴力，或者为了摆脱家庭暴力而故意杀害、伤害施暴人，被告人的行为具有防卫因素，施暴人在案件起因上具有明显过错或者直接责任的，可以酌情从宽处罚。对于因遭受严重家庭暴力，身体、精神受到重大损害而故意杀害施暴人；或者因不堪忍受长期家庭暴力而故意杀害施暴人，犯罪情节不是特别恶劣，手段不是特别残忍的，可以认定为刑法第二百三十二条规定的故意杀人"情节较轻"。在服刑期间确有悔改表现的，可以根据其家庭情况，依法放宽减刑的幅度，缩短减刑的起始时间与间隔时间；符合假释条件的，应当假释。被杀害施暴人的近亲属表示谅解的，在量刑、减刑、假释时应当予以充分考虑。

四、其他措施

21. 充分运用禁止令措施。人民法院对实施家庭暴力构成犯罪被判处管制或者宣告缓刑的犯罪分子，为了确保被害人及其子女和特定亲属的人身安全，可以依照刑法第三十八条第二款、第七十二条第二款的规定，同时禁止犯罪分子再次实施家庭暴力，侵扰被害人的生活、工作、学习，进行酗酒、赌博等活动；经被害人申请且有必要的，禁止接近被害人及其未成年子女。

22. 告知申请撤销施暴人的监护资格。人民法院、人民检察院、公安机关对于监护人实施家庭暴力，严重侵害被监护人合法权益的，在必要时可以告知被监护人及其他有监护资格的人员、单位，向人民法院提出申请，要求撤销监护人资格，依法另行指定监护人。

23. 充分运用人身安全保护措施。人民法院为了保护被害人的人身安全，避免其再次受到家庭暴力的侵害，可以根据申请，依照民事诉讼法等法律的相关规定，作出禁止施暴人再次实施家庭暴力、禁止接近被害人、迁出被害人的住所等内容的裁定。对于施暴人违反裁定的行为，如对被害人进行威胁、恐吓、殴打、伤害、杀害，或者未经被害人同意拒不迁出住所的，人民法院可以根据情节轻重予以罚款、拘留；构成犯罪的，应当依法追究刑事责任。

24. 充分运用社区矫正措施。社区矫正机构对因实施家庭暴力构成犯罪被判处管制、宣告缓刑、假释或者暂予监外执行的犯罪分子，应当依法开展家庭暴力行为矫治，通过制定有针对性的监管、教育和帮助措施，矫正犯罪分子的施暴心理和行为恶习。

25. 加强反家庭暴力宣传教育。人民法院、人民检察院、公安机关、司法行政机关应当结合本部门工作职责，通过以案说法、社区普法、针对重点对象法制教育等多种形式，开展反家庭暴力宣传教育活动，有效预防家庭暴力，促进平等、和睦、文明的家庭关系，维护社会和谐、稳定。

四、收养、寄养

中国公民收养子女登记办法

（1999年5月12日国务院批准 1999年5月25日民政部令第14号发布 根据2019年3月2日《国务院关于修改部分行政法规的决定》修订）

第一条 为了规范收养登记行为，根据《中华人民共和国收养法》（以下简称收养法），制定本办法。

第二条 中国公民在中国境内收养子女或者协议解除收养关系的，应当依照本办法的规定办理登记。

办理收养登记的机关是县级人民政府民政部门。

第三条 收养社会福利机构抚养的查找不到生父母的弃婴、儿童和孤儿的，在社会福利机构所在地的收养登记机关办理登记。

收养非社会福利机构抚养的查找不到生父母的弃婴和儿童的，在弃婴和儿童发现地的收养登记机关办理登记。

收养生父母有特殊困难无力抚养的子女或者由监护人监护的孤儿的，在被收养人生父母或者监护人常住户口所在地（组织作监护人的，在该组织所在地）的收养登记机关办理登记。

收养三代以内同辈旁系血亲的子女，以及继父或者继母收养继子女的，在被收养人生父或者生母常住户口所在地的收养登记机关办理登记。

第四条 收养关系当事人应当亲自到收养登记机关办理成立收养关系的登记手续。

夫妻共同收养子女的，应当共同到收养登记机关办理登记手续；一方因故不能亲自前往的，应当书面委托另一方办理登记手续，委托书应当经过村民委员会或者居民委员会证明或者经过公证。

第五条 收养人应当向收养登记机关提交收养申请书和下列证件、证明材料：

（一）收养人的居民户口簿和居民身份证；

（二）由收养人所在单位或者村民委员会、居民委员会出具的本人婚姻状况和抚养教育被收养人的能力等情况的证明，以及收养人出具的子女情况声明；

（三）县级以上医疗机构出具的未患有在医学上认为不应当收养子女的疾病的身体健康检查证明。

收养查找不到生父母的弃婴、儿童的，并应当提交收养人经常居住地计划生育部门出具的收养人生育情况证明；其中收养非社会福利机构抚养的查找不到生父母的弃婴、儿童的，收养人还应当提交下列证明材料：

（一）收养人经常居住地计划生育部门出具的收养人无子女的证明；

（二）公安机关出具的捡拾弃婴、儿童报案的证明。

收养继子女的，可以只提交居民户口簿、居民身份证和收养人与被收养人生父或者生母结婚的证明。

对收养人出具的子女情况声明，登记机关可以进行调查核实。

第六条 送养人应当向收养登记机关提交下列证件和证明材料：

（一）送养人的居民户口簿和居民身份证（组织作监护人的，提交其负责人的身份证件）；

（二）收养法规定送养时应当征得其他有抚养义务的人同意的，并提交其他有抚养义务的人同意送养的书面意见。

社会福利机构为送养人的，并应当提交弃婴、儿童进入社会福利机构的原始记录，公安机关出具的捡拾弃婴、儿童报案的证明，或者孤儿的生父母死亡或者宣告死亡的证明。

监护人为送养人的，并应当提交实际承担监护责任的证明，孤儿的父母死亡或者宣告死亡的证明，或者被收养人生父母无完全民事行为能力并对被收养人有严重危害的证明。

生父母为送养人的，并应当提交与当地计划生育部门签订的不违反计划生育规定的协议；有特殊困难无力抚养子女的，还应当提交送养人有特殊困难的声明。其中，因丧偶或者一方下落不明由单方送养的，还应当提交配偶死亡或者下落不明的证明。对送养人有特殊困难的声明，登记机关可以进行调查核实；子女由三代以内同辈旁系血亲收养的，还应当提交公安机关出具的或者经过公证的与收养人有亲属关系的证明。

被收养人是残疾儿童的，并应当提交县级以上医疗机构出具的该儿童的残疾证明。

第七条 收养登记机关收到收养登记申请书及有关材料后，应当自次日起30日内进行审查。对符合收养法规定条件的，为当事人办理收养登记，发给收养登记证，收养关系自登记之日起成立；对不符合收养法规定条件的，不予登记，并对当事人说明理由。

收养查找不到生父母的弃婴、儿童的，收养登记机关应当在登记前公告查找其生父母；自公告之日起满60日，弃婴、儿童的生父母或者其他监护人未认领的，视为查找不到生父母的弃婴、儿童。公告期间不计算在登记办理期限内。

第八条 收养关系成立后，需要为被收养人办理户口登记或者迁移手续的，由收养人持收养登记证到户口登记机关按照国家有关规定办理。

第九条 收养关系当事人协议解除收养关系的，应当持居民户口簿、居民身份证、收养登记证和解除收养关系的书面协议，共同到被收养人常住户口所在地的收养登记机关办理解除收养关系登记。

第十条 收养登记机关收到解除收养关系登记申请书及有关材料后，应当自次日起30日内进行审查；符合收养法规定的，为当事人办理解除收养关系的登记，收回收养登记证，发给解除收养关系证明。

第十一条 为收养关系当事人出具证明材料的组织，应当如实出具有关证明材料。出具虚假证明材料的，由收养登记机关没收虚假证明材料，并建议有关组织对直接责任人员给予批评教育，或者依法给予行政处分、纪律处分。

第十二条 收养关系当事人弄虚作假骗取收养登记的，收养关系无效，由收养登记机关撤销登记，收缴收养登记证。

第十三条 本办法规定的收养登记证、解除收养关系证明的式样，由国务院民政部门制订。

第十四条 华侨以及居住在香港、澳门、台湾地区的中国公民在内地收养子女的,申请办理收养登记的管辖以及所需要出具的证件和证明材料,按照国务院民政部门的有关规定执行。

第十五条 本办法自发布之日起施行。

外国人在中华人民共和国收养子女登记办法

(1999年5月12日国务院批准 1999年5月25日民政部令第15号公布 自发布之日起施行)

第一条 为了规范涉外收养登记行为,根据《中华人民共和国收养法》,制定本办法。

第二条 外国人在中华人民共和国境内收养子女(以下简称外国人在华收养子女),应当依照本办法办理登记。

收养人夫妻一方为外国人,在华收养子女,也应当依照本办法办理登记。

第三条 外国人在华收养子女,应当符合中国有关收养法律的规定,并应当符合收养人所在国有关收养法律的规定;因收养人所在国法律的规定与中国法律的规定不一致而产生的问题,由两国政府有关部门协商处理。

第四条 外国人在华收养子女,应当通过所在国政府或者政府委托的收养组织(以下简称外国收养组织)向中国政府委托的收养组织(以下简称中国收养组织)转交收养申请并提交收养人的家庭情况报告和证明。

前款规定的收养人的收养申请、家庭情况报告和证明,是指由其所在国有权机构出具,经其所在国外交机关或者外交机关授权的机构认证,并经中华人民共和国驻该国使馆或者领馆认证的下列文件:

(一)跨国收养申请书;

(二)出生证明;

(三)婚姻状况证明;

（四）职业、经济收入和财产状况证明；

（五）身体健康检查证明；

（六）有无受过刑事处罚的证明；

（七）收养人所在国主管机关同意其跨国收养子女的证明；

（八）家庭情况报告，包括收养人的身份、收养的合格性和适当性、家庭状况和病史、收养动机以及适合于照顾儿童的特点等。

在华工作或者学习连续居住1年以上的外国人在华收养子女，应当提交前款规定的除身体健康检查证明以外的文件，并应当提交在华所在单位或者有关部门出具的婚姻状况证明，职业、经济收入或者财产状况证明，有无受过刑事处罚证明以及县级以上医疗机构出具的身体健康检查证明。

第五条 送养人应当向省、自治区、直辖市人民政府民政部门提交本人的居民户口簿和居民身份证（社会福利机构作送养人的，应当提交其负责人的身份证件）、被收养人的户籍证明等情况证明，并根据不同情况提交下列有关证明材料：

（一）被收养人的生父母（包括已经离婚的）为送养人的，应当提交生父母有特殊困难无力抚养的证明和生父母双方同意送养的书面意见；其中，被收养人的生父或者生母因丧偶或者一方下落不明，由单方送养的，并应当提交配偶死亡或者下落不明的证明以及死亡的或者下落不明的配偶的父母不行使优先抚养权的书面声明；

（二）被收养人的父母均不具备完全民事行为能力，由被收养人的其他监护人作送养人的，应当提交被收养人的父母不具备完全民事行为能力且对被收养人有严重危害的证明以及监护人有监护权的证明；

（三）被收养人的父母均已死亡，由被收养人的监护人作送养人的，应当提交其生父母的死亡证明、监护人实际承担监护责任的证明，以及其他有抚养义务的人同意送养的书面意见；

（四）由社会福利机构作送养人的，应当提交弃婴、儿童被遗弃和发现的情况证明以及查找其父母或者其他监护人的情况证明；被收养人是孤儿的，应当提交孤儿父母的死亡或者宣告死亡证明，以及有抚养孤儿义务的其他人同意送养的书面意见。

送养残疾儿童的，还应当提交县级以上医疗机构出具的该儿童的残疾证明。

第六条 省、自治区、直辖市人民政府民政部门应当对送养人提交的证件和证明材料进行审查，对查找不到生父母的弃婴和儿童公告查找其生父母；认为被收养人、送养人符合收养法规定条件的，将符合收养法规定的被收养人、送养人名单通知中国收养组织，同时转交下列证件和证明材料：

（一）送养人的居民户口簿和居民身份证（社会福利机构作送养人的，为其负责人的身份证件）复制件；

（二）被收养人是弃婴或者孤儿的证明、户籍证明、成长情况报告和身体健康检查证明的复制件及照片。

省、自治区、直辖市人民政府民政部门查找弃婴或者儿童生父母的公告应当在省级地方报纸上刊登。自公告刊登之日起满60日，弃婴和儿童的生父母或者其他监护人未认领的，视为查找不到生父母的弃婴和儿童。

第七条 中国收养组织对外国收养人的收养申请和有关证明进行审查后，应当在省、自治区、直辖市人民政府民政部门报送的符合收养法规定条件的被收养人中，参照外国收养人的意愿，选择适当的被收养人，并将该被收养人及其送养人的有关情况通过外国政府或者外国收养组织送交外国收养人。外国收养人同意收养的，中国收养组织向其发出来华收养子女通知书，同时通知有关的省、自治区、直辖市人民政府民政部门向送养人发出被收养人已被同意收养的通知。

第八条 外国人来华收养子女，应当亲自来华办理登记手续。夫妻共同收养的，应当共同来华办理收养手续；一方因故不能来华的，应当书面委托另一方。委托书应当经所在国公证和认证。

第九条 外国人来华收养子女，应当与送养人订立书面收养协议。协议一式3份，收养人、送养人各执1份，办理收养登记手续时收养登记机关收存1份。

书面协议订立后，收养关系当事人应当共同到被收养人常住户口所在地的省、自治区、直辖市人民政府民政部门办理收养登记。

第十条 收养关系当事人办理收养登记时，应当填写外国人来华收养子女登记申请书并提交收养协议，同时分别提供有关材料。

收养人应当提供下列材料：

（一）中国收养组织发出的来华收养子女通知书；

（二）收养人的身份证件和照片。

送养人应当提供下列材料：

（一）省、自治区、直辖市人民政府民政部门发出的被收养人已被同意收养的通知；

（二）送养人的居民户口簿和居民身份证（社会福利机构作送养人的，为其负责人的身份证件）、被收养人的照片。

第十一条 收养登记机关收到外国人来华收养子女登记申请书和收养人、被收养人及其送养人的有关材料后，应当自次日起7日内进行审查，对符合本办法第十条规定的，为当事人办理收养登记，发给收养登记证书。收养关系自登记之日起成立。

收养登记机关应当将登记结果通知中国收养组织。

第十二条 收养关系当事人办理收养登记后，各方或者一方要求办理收养公证的，应当到收养登记地的具有办理涉外公证资格的公证机构办理收养公证。

第十三条 被收养人出境前，收养人应当凭收养登记证书到收养登记地的公安机关为被收养人办理出境手续。

第十四条 外国人在华收养子女，应当向登记机关交纳登记费。登记费的收费标准按照国家有关规定执行。

中国收养组织是非营利性公益事业单位，为外国收养人提供收养服务，可以收取服务费。服务费的收费标准按照国家有关规定执行。

为抚养在社会福利机构生活的弃婴和儿童，国家鼓励外国收养人、外国收养组织向社会福利机构捐赠。受赠的社会福利机构必须将捐赠财物全部用于改善所抚养的弃婴和儿童的养育条件，不得挪作它用，并应当将捐赠财物的使用情况告知捐赠人。受赠的社会福利机构还应当接受有关部门的监督，并应当将捐赠的使用情况向社会公布。

第十五条 中国收养组织的活动受国务院民政部门监督。

第十六条 本办法自发布之日起施行。1993年11月3日国务院批准，1993年11月10日司法部、民政部发布的《外国人在中华人民共和国收养子女实施办法》同时废止。

收养登记档案管理暂行办法

(2003年12月18日民政部公布 根据2020年10月20日《民政部关于修改部分规范性文件的公告》修订)

第一条 为了加强收养登记档案的规范化管理，更好地为收养工作服务，根据《中华人民共和国民法典》、《中华人民共和国档案法》、《中国公民收养子女登记办法》、《外国人在中华人民共和国收养子女登记办法》、《华侨以及居住在香港、澳门、台湾地区的中国公民办理收养登记的管辖以及所需要出具的证件和证明材料的规定》等法律、法规，制定本办法。

第二条 收养登记档案是指收养登记机关在依法办理收养登记过程中形成的记载收养当事人收养情况、具有保存价值的各种文字、图表、声像等不同形式的历史记录。

收养登记档案是各级民政部门全部档案的重要组成部分。

第三条 收养登记档案由各级民政部门实行集中统一管理，任何个人不得据为己有。

第四条 收养登记档案工作在业务上接受上级民政部门和同级档案行政管理部门的指导、监督和检查。

第五条 收养登记文件材料的归档范围是：

（一）成立收养关系登记材料：

1. 收养登记申请书；
2. 询问笔录；
3. 收养登记审批表；
4. 《中国公民收养子女登记办法》第五、六条，《华侨以及居住在香港、澳门、台湾地区的中国公民办理收养登记的管辖以及所需要出具的证件和证明材料的规定》第三、四、五、六、七条，《外国人在中华人民共和国收养子女登记办法》第十条规定的各项证明材料；
5. 收养登记证复印件；
6. 收养协议；

7. 其他有关材料。

（二）解除收养关系登记材料：

1. 《中国公民收养子女登记办法》第九条规定的各项证明材料；

2. 解除收养关系证明复印件；

3. 其他有关材料。

（三）撤销收养登记材料：

1. 收缴的收养登记证或者因故无法收缴收养登记证而出具的相关证明材料；

2. 其他有关材料。

第六条 收养登记文件材料的归档应当符合以下要求：

（一）凡应当归档的文件材料必须齐全完整。

（二）归档的文件材料中有照片或复印件的，应当图像清晰。

（三）在收养登记工作中形成的电子文件，应当按照《电子文件归档和管理规范》（GB/T18894-2002）进行整理归档，同时应当打印出纸质文件一并归档。

（四）收养登记文件材料应当在登记手续办理完毕后60日内归档。

（五）归档的文件材料除居民身份证、户籍证明、回乡证、旅行证件、护照等身份证明和收养登记证为原件的复印件外，其余均为原件。

第七条 收养登记文件材料的整理应当符合以下规则：

（一）成立收养关系登记类文件材料、解除收养关系登记类文件材料和撤销收养登记类文件材料均以卷为单位整理编号，一案一卷。

（二）每卷收养登记文件材料按照以下顺序排列：

1. 文件目录；

2. 收养登记申请书；

3. 询问笔录；

4. 收养登记审批表；

5. 撤销收养登记材料；

6. 收养人证明材料；

7. 被收养人证明材料；

8. 送养人证明材料；

9. 其他有关材料；

10. 备考表。

第八条 收养登记档案的分类和类目设置为：收养登记档案一般按照年度—国籍（居住地）—收养登记性质来分类。其中，国籍（居住地）分为内地（大陆）公民，华侨，居住在香港、澳门、台湾地区的中国公民，外国人等类别；收养登记性质分为成立收养关系登记类、解除收养关系登记类和撤销收养登记类。

第九条 收养登记档案的保管期限为永久。

第十条 收养登记档案主要供收养登记管理机关使用；其他单位、组织或个人因特殊原因需要查借阅时，须经主管领导批准，并办理查借阅手续。

第十一条 对查借阅的档案严禁损毁、涂改、抽换、圈划、批注、污染等，如发生上述情况时，依据有关法律、法规进行处罚。

第十二条 档案管理人员要严格遵守《中华人民共和国档案法》和《中华人民共和国保守国家秘密法》的有关规定，严密保管档案，同时维护当事人的隐私权，不得泄露档案内容，未经批准不得擅自扩大查借阅范围。

第十三条 在办理外国人来华收养子女登记手续之前，形成的外国收养人档案，以及国内送养人和被送养人档案的管理由民政部另行规定。

第十四条 各省（自治区、直辖市）民政部门可根据当地实际情况制定本办法的具体实施细则。

第十五条 本办法自发布之日起施行。

收养登记工作规范

（2008年8月25日民政部公布 根据2020年10月20日《民政部关于修改部分规范性文件的公告》修订）

为了规范收养登记工作，根据《中华人民共和国民法典》、《外国人在中华人民共和国收养子女登记办法》、《中国公民收养子女登记办法》和《华侨以及居住在香港、澳门、台湾地区的中国公民办理收养登记的管辖以及所需要出具的证件和证明材料的规定》，制定本规范。

第一章　收养登记机关和登记员

第一条　收养登记机关是依法履行收养登记行政职能的各级人民政府民政部门。

收养登记机关应当依照法律、法规及本规范,认真履行职责,做好收养登记工作。

第二条　收养登记机关的职责:

(一)办理收养登记;

(二)办理解除收养登记;

(三)撤销收养登记;

(四)补发收养登记证和解除收养关系证明;

(五)出具收养关系证明;

(六)办理寻找弃婴(弃儿)生父母公告;

(七)建立和保管收养登记档案;

(八)宣传收养法律法规。

第三条　收养登记的管辖按照《外国人在中华人民共和国收养子女登记办法》、《中国公民收养子女登记办法》和《华侨以及居住在香港、澳门、台湾地区的中国公民办理收养登记的管辖以及所需要出具的证件和证明材料的规定》的有关规定确定。

第四条　收养登记机关办理收养登记应当使用民政厅或者民政局公章。

收养登记机关应当按照有关规定刻制收养登记专用章。

第五条　收养登记机关应当设置有专门的办公场所,并在醒目位置悬挂收养登记处(科)标识牌。

收养登记场所应当庄严、整洁,设有收养登记公告栏。

第六条　收养登记实行政务公开,应当在收养登记场所公开展示下列内容:

(一)本收养登记机关的管辖权及依据;

(二)收养法的基本原则以及父母和子女的权利、义务;

(三)办理收养登记、解除收养登记的条件与程序;

(四)补领收养登记证的条件与程序;

（五）无效收养及可撤销收养的规定；

（六）收费项目与收费标准、依据；

（七）收养登记员职责及其照片、编号；

（八）办公时间和服务电话（电话号码在当地114查询台登记）；

（九）监督电话。

收养登记场所应当备有《中华人民共和国民法典》、《外国人在中华人民共和国收养子女登记办法》、《中国公民收养子女登记办法》和《华侨以及居住在香港、澳门、台湾地区的中国公民办理收养登记的管辖以及所需要出具的证件和证明材料的规定》，及其他有关文件供收养当事人免费查阅。

收养登记机关对外办公时间应当为国家法定办公时间。

第七条 收养登记机关应当实行计算机管理。各级民政部门应当为本行政区域内收养登记管理信息化建设创造条件。

第八条 收养登记机关应当配备收养登记员。收养登记员由本级民政部门考核、任免。

第九条 收养登记员的主要职责：

（一）解答咨询；

（二）审查当事人是否具备收养登记、解除收养登记、补发收养登记证、撤销收养登记的条件；

（三）颁发收养登记证；

（四）出具收养登记证明；

（五）及时将办理完毕的收养登记材料收集、整理、归档。

第十条 收养登记员应当熟练掌握相关法律法规和计算机操作，依法行政，热情服务，讲求效率。

收养登记员应当尊重当事人的意愿，保守收养秘密。

第十一条 收养登记员办理收养登记及相关业务应当按照申请—受理—审查—报批—登记—颁证的程序办理。

第十二条 收养登记员在完成表格和证书、证明填写后，应当进行认真核对、检查，并复印存档。对打印或者书写错误、证件被污染或者损坏的，应当作废处理，重新填写。

第二章　收养登记

第十三条　受理收养登记申请的条件是：

（一）收养登记机关具有管辖权；

（二）收养登记当事人提出申请；

（三）当事人持有的证件、证明材料符合规定。

收养人和被收养人应当提交 2 张 2 寸近期半身免冠合影照片。送养人应当提交 2 张 2 寸近期半身免冠合影或者单人照片，社会福利机构送养的除外。

第十四条　收养登记员受理收养登记申请，应当按照下列程序进行：

（一）区分收养登记类型，查验当事人提交的证件和证明材料、照片是否符合此类型的要求；

（二）询问或者调查当事人的收养意愿、目的和条件，告知收养登记的条件和弄虚作假的后果；

（三）见证当事人在《收养登记申请书》（附件1）上签名；

（四）将当事人的信息输入计算机应当用程序，并进行核查；

（五）复印当事人的身份证件、户口簿。单身收养的应当复印无婚姻登记记录证明、离婚证或者配偶死亡证明；夫妻双方共同收养的应当复印结婚证。

第十五条　《收养登记申请书》的填写：

（一）当事人"姓名"：当事人是中国公民的，使用中文填写；当事人是外国人的，按照当事人护照上的姓名填写；

（二）"出生日期"：使用阿拉伯数字，按照身份证件上的出生日期填写为"××××年××月××日"；

（三）"身份证件号"：当事人是内地居民的，填写公民身份号码；当事人是香港、澳门、台湾居民中的中国公民的，填写香港、澳门、台湾居民身份证号，并在号码后加注"（香港）"、"（澳门）"或者"（台湾）"；当事人是华侨的，填写护照号；当事人是外国人的，填写护照号。

证件号码前面有字符的，应当一并填写；

（四）"国籍"：当事人是内地居民、华侨以及居住在香港、澳门、台湾地区的中国公民的，填写"中国"；当事人是外国人的，按照护照上的国籍填写；

（五）"民族"、"职业"和"文化程度"，按照《中华人民共和国国家标准》填写；

（六）"健康状况"填写"健康"、"良好"、"残疾"或者其他疾病；

（七）"婚姻状况"填写"未婚"、"已婚"、"离婚"、"丧偶"；

（八）"家庭收入"填写家庭年收入总和；

（九）"住址"填写户口簿上的家庭住址；

（十）送养人是社会福利机构的，填写"送养人情况（1）"，经办人应当是社会福利机构工作人员。送养人是非社会福利机构的，填写"送养人情况（2）"，"送养人和被收养人关系"是亲属关系的，应当写明具体亲属关系；不是亲属关系的，应当写明"非亲属"。

收养非社会福利机构抚养的查找不到生父母的儿童的，送养人有关内容不填；

（十一）"被收养后改名为"填写被收养人被收养后更改的姓名。未更改姓名的，此栏不填；

（十二）被收养人"身份类别"分别填写"孤儿"、"社会福利机构抚养的查找不到生父母的儿童"、"非社会福利机构抚养的查找不到生父母的儿童"、"生父母有特殊困难无力抚养的子女"、"继子女"。收养三代以内同辈旁系血亲的子女，应当写明具体亲属关系；

（十三）继父母收养继子女的，要同时填写收养人和送养人有关内容。单身收养后，收养人结婚，其配偶要求收养继子女的；送养人死亡或者被人民法院宣告死亡的，送养人有关内容不填；

（十四）《收养登记申请书》中收养人、被收养人和送养人（送养人是社会福利机构的经办人）的签名必须由当事人在收养登记员当面完成；

当事人没有书写能力的，由当事人口述，收养登记员代为填写。收养登记员代当事人填写完毕后，应当宣读，当事人认为填写内容无误，在当事人签名处按指纹。当事人签名一栏不得空白，也不得由他人代为填写、代按指纹。

第十六条　收养登记员要分别询问或者调查收养人、送养人、8周岁以上的被收养人和其他应当询问或者调查的人。

询问或者调查的重点是被询问人或者被调查人的姓名、年龄、健康状况、经济和教育能力、收养人、送养人和被收养人之间的关系、收养的意愿和目的。特别是对年满10周岁以上的被收养人应当询问是否同意被收养和有关协议内容。

询问或者调查结束后，要将笔录给被询问人或者被调查人阅读。被询问人或者被调查人要写明"已阅读询问（或者调查）笔录，与本人所表示的意思一致（或者调查情况属实）"，并签名。被询问人或者被调查人没有书写能力的，可由收养登记员向被询问或者被调查人宣读所记录的内容，并注明"由收养登记员记录，并向当事人宣读，被询问人（被调查人）在确认所记录内容正确无误后按指纹。"然后请被询问人或者被调查人在注明处按指纹。

第十七条　收养查找不到生父母的弃婴、弃儿的，收养登记机关应当根据《中国公民收养子女登记办法》第七条的规定，在登记前公告查找其生父母（附件2）。

公告应当刊登在收养登记机关所在地设区的市（地区）级以上地方报纸上。公告要有查找不到生父母的弃婴、弃儿的照片。办理公告时收养登记员要保存捡拾证明和捡拾地派出所出具的报案证明。派出所出具的报案证明应当有出具该证明的警员签名和警号。

第十八条　办理内地居民收养登记和华侨收养登记，以及香港、澳门、台湾居民中的中国公民的收养登记，收养登记员收到当事人提交的申请书及有关材料后，应当自次日起30日内进行审查。对符合收养条件的，为当事人办理收养登记，填写《收养登记审查处理表》（附件3），报民政局主要领导或者分管领导批准，并填发收养登记证。

办理涉外收养登记，收养登记员收到当事人提交的申请书及有关材料后，应当自次日起7日内进行审查。对符合收养条件的，为当事人办理收养登记，填写《收养登记审查处理表》，报民政厅（局）主要领导或者分管领导批准，并填发收养登记证。

第十九条　《收养登记审查处理表》和收养登记证由计算机打印，未使用计算机进行收养登记的，应当使用蓝黑、黑色墨水的钢笔或者签字笔填写。

第二十条 《收养登记审查处理表》的填写：
（一）"提供证件情况"：应当对当事人提供的证件、证明材料核实后填写"齐全"；
（二）"审查意见"：填写"符合收养条件，准予登记"；
（三）"主要领导或者分管领导签名"：由批准该收养登记的民政厅（局）主要领导或者分管领导亲笔签名，不得使用个人印章或者计算机打印；
（四）"收养登记员签名"：由办理该收养登记的收养登记员亲笔签名，不得使用个人印章或者计算机打印；
（五）"收养登记日期"：使用阿拉伯数字，填写为："××××年××月××日"。填写的日期应当与收养登记证上的登记日期一致；
（六）"承办机关名称"：填写承办单位名称；
（七）"收养登记证字号"填写式样为"（XXXX）AB 收字 YYYYY"（AB 为收养登记机关所在省级和县级或者市级和区级的行政区域简称，XXXX 为年号，YYYYY 为当年办理收养登记的序号）；
（八）"收养登记证印制号"填写颁发给当事人的收养登记证上印制的号码。

第二十一条 收养登记证的填写按照《民政部办公厅关于启用新式〈收养登记证〉的通知》（民办函〔2006〕203号）的要求填写。
收养登记证上收养登记字号、姓名、性别、国籍、出生日期、身份证件号、住址、被收养人身份、更改的姓名，以及登记日期应当与《收养登记申请书》和《收养登记审查处理表》中相应项目一致。
无送养人的，"送养人姓名（名称）"一栏不填。

第二十二条 颁发收养登记证，应当在当事人在场时按照下列步骤进行：
（一）核实当事人姓名和收养意愿；
（二）告知当事人领取收养登记证后的法律关系以及父母和子女的权利、义务；
（三）见证当事人本人亲自在附件3上的"当事人领证签名或者按指纹"一栏中签名；当事人没有书写能力的，应当按指纹。
"当事人领证签名或者按指纹"一栏不得空白，不得由他人代为填写、代按指纹；

（四）将收养登记证颁发给收养人，并向当事人宣布：取得收养登记证，确立收养关系。

第二十三条 收养登记机关对不符合收养登记条件的，不予受理，但应当向当事人出具《不予办理收养登记通知书》（附件4），并将当事人提交的证件和证明材料全部退还当事人。对于虚假证明材料，收养登记机关予以没收。

第三章 解除收养登记

第二十四条 受理解除收养关系登记申请的条件是：
（一）收养登记机关具有管辖权；
（二）收养人、送养人和被收养人共同到被收养人常住户口所在地的收养登记机关提出申请；
（三）收养人、送养人自愿解除收养关系并达成协议。被收养人年满8周岁的，已经征得其同意；
（四）持有收养登记机关颁发的收养登记证。经公证机构公证确立收养关系的，应当持有公证书；
（五）收养人、送养人和被收养人各提交2张2寸单人近期半身免冠照片，社会福利机构送养的除外；
（六）收养人、送养人和被收养人持有身份证件、户口簿。
送养人是社会福利机构的，要提交社会福利机构法定代表人居民身份证复印件。
养父母与成年养子女协议解除收养关系的，无需送养人参与。

第二十五条 收养登记员受理解除收养关系登记申请，应当按照下列程序进行：
（一）查验当事人提交的照片、证件和证明材料。
当事人提供的收养登记证上的姓名、出生日期、公民身份号码与身份证、户口簿不一致的，当事人应当书面说明不一致的原因；
（二）向当事人讲明收养法关于解除收养关系的条件；
（三）询问当事人的解除收养关系意愿以及对解除收养关系协议内容的意愿；
（四）收养人、送养人和被收养人参照本规范第十五条的相关内容

填写《解除收养登记申请书》(附件5);

（五）将当事人的信息输入计算机应当用程序,并进行核查;

（六）复印当事人的身份证件、户口簿。

第二十六条 收养登记员要分别询问收养人、送养人、8周岁以上的被收养人和其他应当询问的人。

询问的重点是被询问人的姓名、年龄、健康状况、民事行为能力、收养人、送养人和被收养人之间的关系、解除收养登记的意愿。对8周岁以上的被收养人应当询问是否同意解除收养登记和有关协议内容。

对未成年的被收养人,要询问送养人同意解除收养登记后接纳被收养人和有关协议内容。

询问结束后,要将笔录给被询问人阅读。被询问人要写明"已阅读询问笔录,与本人所表示的意思一致",并签名。被询问人没有书写能力的,可由收养登记员向被询问人宣读所记录的内容,并注明"由收养登记员记录,并向当事人宣读,被询问人在确认所记录内容正确无误后按指纹。"然后请被询问人在注明处按指纹。

第二十七条 收养登记员收到当事人提交的证件、申请解除收养关系登记申请书、解除收养关系协议书后,应当自次日起30日内进行审查。对符合解除收养条件的,为当事人办理解除收养关系登记,填写《解除收养登记审查处理表》(附件6),报民政厅（局）主要领导或者分管领导批准,并填发《解除收养关系证明》。

"解除收养关系证明字号"填写式样为"（XXXX）AB 解字 YYYYY"（AB 为收养登记机关所在省级和县级或者市级和区级的行政区域简称,XXXX 为年号,YYYYY 为当年办理解除收养登记的序号）。

第二十八条 颁发解除收养关系证明,应当在当事人均在场时按照下列步骤进行:

（一）核实当事人姓名和解除收养关系意愿;

（二）告知当事人领取解除收养关系证明后的法律关系;

（三）见证当事人本人亲自在《解除收养登记审查处理表》"领证人签名或者按指纹"一栏中签名;当事人没有书写能力的,应当按指纹。

"领证人签名或者按指纹"一栏不得空白,不得由他人代为填写、代按指纹;

（四）收回收养登记证，收养登记证遗失应当提交查档证明；

（五）将解除收养关系证明一式两份分别颁发给解除收养关系的收养人和被收养人，并宣布：取得解除收养关系证明，收养关系解除。

第二十九条 收养登记机关对不符合解除收养关系登记条件的，不予受理，但应当向当事人出具《不予办理解除收养登记通知书》（附件7），将当事人提交的证件和证明材料全部退还当事人。对于虚假证明材料，收养登记机关予以没收。

第四章　撤销收养登记

第三十条 收养关系当事人弄虚作假骗取收养登记的，按照《中国公民收养子女登记办法》第十二条的规定，由利害关系人、有关单位或者组织向原收养登记机关提出，由收养登记机关撤销登记，收缴收养登记证。

第三十一条 收养登记员受理撤销收养登记申请，应当按照下列程序进行：

（一）查验申请人提交的证件和证明材料；

（二）申请人在收养登记员面前亲自填写《撤销收养登记申请书》（附件8），并签名。

申请人没有书写能力的，可由当事人口述，第三人代为填写，当事人在"申请人"一栏按指纹。

第三人应当在申请书上注明代写人的姓名、公民身份号码、住址、与申请人的关系。

收养登记机关工作人员不得作为第三人代申请人填写；

（三）申请人宣读本人的申请书，收养登记员作见证人并在见证人一栏签名；

（四）调查涉案当事人的收养登记情况。

第三十二条 符合撤销条件的，收养登记机关拟写《关于撤销×××与×××收养登记决定书》（附件9），报民政厅（局）主要领导或者分管领导批准，并印发撤销决定。

第三十三条 收养登记机关应当将《关于撤销×××与×××收养登记决定书》送达每位当事人，收缴收养登记证，并在收养登记机关的公告栏公告 30 日。

第三十四条 收养登记机关对不符合撤销收养条件的，应当告知当事人不予撤销的原因，并告知当事人可以向人民法院起诉。

第五章 补领收养登记证、解除收养关系证明

第三十五条 当事人遗失、损毁收养证件，可以向原收养登记机关申请补领。

第三十六条 受理补领收养登记证、解除收养关系证明申请的条件是：

（一）收养登记机关具有管辖权；

（二）依法登记收养或者解除收养关系，目前仍然维持该状况；

（三）收养人或者被收养人亲自到收养登记机关提出申请。

收养人或者被收养人因故不能到原收养登记机关申请补领收养登记证的，可以委托他人办理。委托办理应当提交经公证机关公证的当事人的身份证件复印件和委托书。委托书应当写明当事人办理收养登记的时间及承办机关、目前的收养状况、委托事由、受委托人的姓名和身份证件号码。受委托人应当同时提交本人的身份证件。

夫妻双方共同收养子女的，应当共同到收养登记机关提出申请，一方不能亲自到场的，应当书面委托另一方，委托书应当经过村（居）民委员会证明或者经过公证。外国人的委托书应当经所在国公证和认证。夫妻双方一方死亡的，另一方应当出具配偶死亡的证明；离婚的出具离婚证件，可以一方提出申请。

被收养人未成年的，可由监护人提出申请。监护人要提交监护证明；

（四）申请人持有身份证件、户口簿；

（五）申请人持有查档证明。

收养登记档案遗失的，申请人应当提交能够证明其收养状况的证明。户口本上父母子女关系的记载，单位、村（居）民委员会或者近亲属出具的写明当事人收养状况的证明可以作为当事人收养状况证明使用；

（六）收养人和被收养人的2张2寸合影或者单人近期半身免冠照片。

监护人提出申请的，要提交监护人1张2寸合影或者单人近期半身免冠照片。监护人为单位的，要提交单位法定代表人身份证件复印件和经办人1张2寸单人近期半身免冠照片。

第三十七条　收养登记员受理补领收养登记证、解除收养关系证明，应当按照下列程序进行：

（一）查验申请人提交的照片、证件和证明材料。

申请人出具的身份证、户口簿上的姓名、年龄、公民身份号码与原登记档案不一致的，申请人应当书面说明不一致的原因，收养登记机关可根据申请人出具的身份证件补发收养登记证；

（二）向申请人讲明补领收养登记证、解除收养关系证明的条件；

（三）询问申请人当时办理登记的情况和现在的收养状况。

对于没有档案可查的，收养登记员要对申请人进行询问。询问结束后，要将笔录给被询问人阅读。被询问人要写明"已阅读询问笔录，与本人所表示的意思一致"，并签名。被询问人没有书写能力的，可由收养登记员向被询问人宣读所记录的内容，并注明"由收养登记员记录，并向被询问人宣读，被询问人在确认所记录内容正确无误后按指纹。"然后请被询问人在注明处按指纹；

（四）申请人参照本规范第十五条相关规定填写《补领收养登记证申请书》（附件10）；

（五）将申请人的信息输入计算机应用程序，并进行核查；

（六）向出具查档证明的机关进行核查；

（七）复印当事人的身份证件、户口簿。

第三十八条　收养登记员收到申请人提交的证件、证明后，应当自次日起30日内进行审查，符合补发条件的，填写《补发收养登记证审查处理表》（附件11），报民政厅（局）主要领导或者分管领导批准，并填发收养登记证、解除收养关系证明。

《补发收养登记证审查处理表》和收养登记证按照《民政部办公厅关于启用新式〈收养登记证〉的通知》（民办函〔2006〕203号）和本规范相关规定填写。

第三十九条　补发收养登记证、解除收养关系证明，应当在申请人或者委托人在场时按照下列步骤进行：

（一）向申请人或者委托人核实姓名和原登记日期；

（二）见证申请人或者委托人在《补发收养登记证审查处理表》"领证人签名或者按指纹"一栏中签名；申请人或者委托人没有书写能力的，应当按指纹。

"领证人签名或者按指纹"一栏不得空白，不得由他人代为填写、代按指纹；

（三）将补发的收养登记证、解除收养登记证发给申请人或者委托人，并告知妥善保管。

第四十条　收养登记机关对不具备补发收养登记证、解除收养关系证明受理条件的，不予受理，并告知原因和依据。

第四十一条　当事人办理过收养或者解除收养关系登记，申请补领时的收养状况因解除收养关系或者收养关系当事人死亡发生改变的，不予补发收养登记证，可由收养登记机关出具收养登记证明。

收养登记证明不作为收养人和被收养人现在收养状况的证明。

第四十二条　出具收养登记证明的申请人范围和程序与补领收养登记证相同。申请人向原办理该收养登记的机关提出申请，并填写《出具收养登记证明申请书》（附件12）。收养登记员收到当事人提交的证件、证明后，应当自次日起30日内进行审查，符合出证条件的，填写《出具收养登记证明审查处理表》（附件13），报民政厅（局）主要领导或者分管领导批准，并填写《收养登记证明书》（附件14），发给申请人。

第四十三条　"收养登记证明字号"填写式样为"（XXXX）AB证字YYYYY"（AB为收养登记机关所在省级和县级或者市级和区级的行政区域简称，XXXX为年号，YYYYY为当年出具收养登记证明的序号）。

第六章　收养档案和证件管理

第四十四条　收养登记机关应当按照《收养登记档案管理暂行办法》（民发〔2003〕181号）的规定，制定立卷、归档、保管、移交和使用制度，建立和管理收养登记档案，不得出现原始材料丢失、损毁情况。

第四十五条 收养登记机关不得购买非上级民政部门提供的收养证件。各级民政部门发现本行政区域内有购买、使用非上级民政部门提供的收养证件的，应当予以没收，并追究相关责任人的法律责任和行政责任。

收养登记机关已将非法购制的收养证件颁发给收养当事人的，应当追回，并免费为当事人换发符合规定的收养登记证、解除收养关系证明。

报废的收养证件由收养登记机关登记造册，统一销毁。

收养登记机关发现收养证件有质量问题时，应当及时书面报告省（自治区、直辖市）人民政府民政部门。

第七章 监督与管理

第四十六条 各级民政部门应当建立监督检查制度，定期对本级民政部门设立的收养登记处（科）和下级收养登记机关进行监督检查，发现问题，及时纠正。

第四十七条 收养登记机关应当按规定到指定的物价部门办理收费许可证，按照国家规定的标准收取收养登记费，并使用财政部门统一制定的收费票据。

第四十八条 收养登记机关及其收养登记员有下列行为之一的，对直接负责的主管人员和其他直接责任人员依法给予行政处分：

（一）为不符合收养登记条件的当事人办理收养登记的；

（二）依法应当予以登记而不予登记的；

（三）违反程序规定办理收养登记、解除收养关系登记、撤销收养登记及其他证明的；

（四）要求当事人提交《中华人民共和国收养法》、《中国公民收养子女登记办法》、《华侨以及居住在香港、澳门、台湾地区的中国公民办理收养登记的管辖以及所需要出具的证件和证明材料的规定》、《外国人在中华人民共和国收养子女登记办法》和本规范规定以外的证件和证明材料的；

（五）擅自提高收费标准、增加收费项目或者不使用规定收费票据的；

（六）玩忽职守造成收养登记档案损毁的；

（七）泄露当事人收养秘密并造成严重后果的；

（八）购买使用伪造收养证书的。

第四十九条 收养登记员违反规定办理收养登记，给当事人造成严重后果的，应当由收养登记机关承担对当事人的赔偿责任，并对承办人员进行追偿。

第八章 附 则

第五十条 收养查找不到生父母的弃婴、儿童的公告费，由收养人缴纳。

第五十一条 收养登记当事人提交的居民身份证与常住户口簿上的姓名、性别、出生日期应当一致；不一致的，当事人应当先到公安部门更正。

居民身份证或者常住户口簿丢失，当事人应当先到公安户籍管理部门补办证件。当事人无法提交居民身份证的，可提交有效临时身份证办理收养登记。当事人无法提交居民户口簿的，可提交公安部门或者有关户籍管理机构出具的加盖印章的户籍证明办理收养登记。

第五十二条 收养登记当事人提交的所在单位或者村民委员会、居民委员会、县级以上医疗机构、人口计生部门出具的证明，以及本人的申请，有效期6个月。

第五十三条 人民法院依法判决或者调解结案的收养案件，确认收养关系效力或者解除收养关系的，不再办理收养登记或者解除收养登记。

第五十四条 《中华人民共和国收养法》公布施行以前所形成的收养关系，收养关系当事人申请办理收养登记的，不予受理。

附件（略）

家庭寄养管理办法

(2014年9月24日民政部令第54号公布　自2014年12月1日起施行)

第一章　总　　则

第一条　为了规范家庭寄养工作，促进寄养儿童身心健康成长，根据《中华人民共和国未成年人保护法》和国家有关规定，制定本办法。

第二条　本办法所称家庭寄养，是指经过规定的程序，将民政部门监护的儿童委托在符合条件的家庭中养育的照料模式。

第三条　家庭寄养应当有利于寄养儿童的抚育、成长，保障寄养儿童的合法权益不受侵犯。

第四条　国务院民政部门负责全国家庭寄养监督管理工作。

县级以上地方人民政府民政部门负责本行政区域内家庭寄养监督管理工作。

第五条　县级以上地方人民政府民政部门设立的儿童福利机构负责家庭寄养工作的组织实施。

第六条　县级以上人民政府民政部门应当会同有关部门采取措施，鼓励、支持符合条件的家庭参与家庭寄养工作。

第二章　寄养条件

第七条　未满十八周岁、监护权在县级以上地方人民政府民政部门的孤儿、查找不到生父母的弃婴和儿童，可以被寄养。

需要长期依靠医疗康复、特殊教育等专业技术照料的重度残疾儿童，不宜安排家庭寄养。

第八条　寄养家庭应当同时具备下列条件：

（一）有儿童福利机构所在地的常住户口和固定住所。寄养儿童入住后，人均居住面积不低于当地人均居住水平；

（二）有稳定的经济收入，家庭成员人均收入在当地处于中等水平以上；

（三）家庭成员未患有传染病或者精神疾病，以及其他不利于寄养儿童抚育、成长的疾病；

（四）家庭成员无犯罪记录，无不良生活嗜好，关系和睦，与邻里关系融洽；

（五）主要照料人的年龄在三十周岁以上六十五周岁以下，身体健康，具有照料儿童的能力、经验，初中以上文化程度。

具有社会工作、医疗康复、心理健康、文化教育等专业知识的家庭和自愿无偿奉献爱心的家庭，同等条件下优先考虑。

第九条 每个寄养家庭寄养儿童的人数不得超过二人，且该家庭无未满六周岁的儿童。

第十条 寄养残疾儿童，应当优先在具备医疗、特殊教育、康复训练条件的社区中为其选择寄养家庭。

第十一条 寄养年满十周岁以上儿童的，应当征得寄养儿童的同意。

第三章 寄养关系的确立

第十二条 确立家庭寄养关系，应当经过以下程序：

（一）申请。拟开展寄养的家庭应当向儿童福利机构提出书面申请，并提供户口簿、身份证复印件，家庭经济收入和住房情况、家庭成员健康状况以及一致同意申请等证明材料；

（二）评估。儿童福利机构应当组织专业人员或者委托社会工作服务机构等第三方专业机构对提出申请的家庭进行实地调查，核实申请家庭是否具备寄养条件和抚育能力，了解其邻里关系、社会交往、有无犯罪记录、社区环境等情况，并根据调查结果提出评估意见；

（三）审核。儿童福利机构应当根据评估意见对申请家庭进行审核，确定后报主管民政部门备案；

（四）培训。儿童福利机构应当对寄养家庭主要照料人进行培训；

（五）签约。儿童福利机构应当与寄养家庭主要照料人签订寄养协议，明确寄养期限、寄养双方的权利义务、寄养家庭的主要照料人、寄养融合期限、违约责任及处理等事项。家庭寄养协议自双方签字（盖章）之日起生效。

第十三条　寄养家庭应当履行下列义务：

（一）保障寄养儿童人身安全，尊重寄养儿童人格尊严；

（二）为寄养儿童提供生活照料，满足日常营养需要，帮助其提高生活自理能力；

（三）培养寄养儿童健康的心理素质，树立良好的思想道德观念；

（四）按照国家规定安排寄养儿童接受学龄前教育和义务教育。负责与学校沟通，配合学校做好寄养儿童的学校教育；

（五）对患病的寄养儿童及时安排医治。寄养儿童发生急症、重症等情况时，应当及时进行医治，并向儿童福利机构报告；

（六）配合儿童福利机构为寄养的残疾儿童提供辅助矫治、肢体功能康复训练、聋儿语言康复训练等方面的服务；

（七）配合儿童福利机构做好寄养儿童的送养工作；

（八）定期向儿童福利机构反映寄养儿童的成长状况，并接受其探访、培训、监督和指导；

（九）及时向儿童福利机构报告家庭住所变更情况；

（十）保障寄养儿童应予保障的其他权益。

第十四条　儿童福利机构主要承担以下职责：

（一）制定家庭寄养工作计划并组织实施；

（二）负责寄养家庭的招募、调查、审核和签约；

（三）培训寄养家庭中的主要照料人，组织寄养工作经验交流活动；

（四）定期探访寄养儿童，及时处理存在的问题；

（五）监督、评估寄养家庭的养育工作；

（六）建立家庭寄养服务档案并妥善保管；

（七）根据协议规定发放寄养儿童所需款物；

（八）向主管民政部门及时反映家庭寄养工作情况并提出建议。

第十五条　寄养协议约定的主要照料人不得随意变更。确需变更的，应当经儿童福利机构同意，经培训后在家庭寄养协议主要照料人一栏中变更。

第十六条　寄养融合期的时间不得少于六十日。

第十七条　寄养家庭有协议约定的事由在短期内不能照料寄养儿童的，儿童福利机构应当为寄养儿童提供短期养育服务。短期养育服务时间一般不超过三十日。

第十八条　寄养儿童在寄养期间不办理户口迁移手续，不改变与民政部门的监护关系。

第四章　寄养关系的解除

第十九条　寄养家庭提出解除寄养关系的，应当提前一个月向儿童福利机构书面提出解除寄养关系的申请，儿童福利机构应当予以解除。但在融合期内提出解除寄养关系的除外。

第二十条　寄养家庭有下列情形之一的，儿童福利机构应当解除寄养关系：

（一）寄养家庭及其成员有歧视、虐待寄养儿童行为的；

（二）寄养家庭成员的健康、品行不符合本办法第八条第（三）和（四）项规定的；

（三）寄养家庭发生重大变故，导致无法履行寄养义务的；

（四）寄养家庭变更住所后不符合本办法第八条规定的；

（五）寄养家庭借机对外募款敛财的；

（六）寄养家庭不履行协议约定的其他情形。

第二十一条　寄养儿童有下列情形之一的，儿童福利机构应当解除寄养关系：

（一）寄养儿童与寄养家庭关系恶化，确实无法共同生活的；

（二）寄养儿童依法被收养、被亲生父母或者其他监护人认领的；

（三）寄养儿童因就医、就学等特殊原因需要解除寄养关系的。

第二十二条　解除家庭寄养关系，儿童福利机构应当以书面形式通知寄养家庭，并报其主管民政部门备案。家庭寄养关系的解除以儿童福利机构批准时间为准。

第二十三条　儿童福利机构拟送养寄养儿童时，应当在报送被送养人材料的同时通知寄养家庭。

第二十四条　家庭寄养关系解除后，儿童福利机构应当妥善安置寄养儿童，并安排社会工作、医疗康复、心理健康教育等专业技术人员对其进行辅导、照料。

第二十五条　符合收养条件、有收养意愿的寄养家庭，可以依法优先收养被寄养儿童。

第五章　监督管理

第二十六条　县级以上地方人民政府民政部门对家庭寄养工作负有以下监督管理职责：

（一）制定本地区家庭寄养工作政策；
（二）指导、检查本地区家庭寄养工作；
（三）负责寄养协议的备案，监督寄养协议的履行；
（四）协调解决儿童福利机构与寄养家庭之间的争议；
（五）与有关部门协商，及时处理家庭寄养工作中存在的问题。

第二十七条　开展跨县级或者设区的市级行政区域的家庭寄养，应当经过共同上一级人民政府民政部门同意。

不得跨省、自治区、直辖市开展家庭寄养。

第二十八条　儿童福利机构应当聘用具有社会工作、医疗康复、心理健康教育等专业知识的专职工作人员。

第二十九条　家庭寄养经费，包括寄养儿童的养育费用补贴、寄养家庭的劳务补贴和寄养工作经费等。

寄养儿童养育费用补贴按照国家有关规定列支。寄养家庭劳务补贴、寄养工作经费等由当地人民政府予以保障。

第三十条　家庭寄养经费必须专款专用，儿童福利机构不得截留或者挪用。

第三十一条　儿童福利机构可以依法通过与社会组织合作、通过接受社会捐赠获得资助。

与境外社会组织或者个人开展同家庭寄养有关的合作项目，应当按照有关规定办理手续。

第六章　法律责任

第三十二条　寄养家庭不履行本办法规定的义务，或者未经同意变更主要照料人的，儿童福利机构可以督促其改正，情节严重的，可以解除寄养协议。

寄养家庭成员侵害寄养儿童的合法权益，造成人身财产损害的，依法承担民事责任；构成犯罪的，依法追究刑事责任。

第三十三条 儿童福利机构有下列情形之一的，由设立该机构的民政部门进行批评教育，并责令改正；情节严重的，对直接负责的主管人员和其他直接责任人员依法给予处分：

（一）不按照本办法的规定承担职责的；

（二）在办理家庭寄养工作中牟取利益，损害寄养儿童权益的；

（三）玩忽职守导致寄养协议不能正常履行的；

（四）跨省、自治区、直辖市开展家庭寄养，或者未经上级部门同意擅自开展跨县级或者设区的市级行政区域家庭寄养的；

（五）未按照有关规定办理手续，擅自与境外社会组织或者个人开展家庭寄养合作项目的。

第三十四条 县级以上地方人民政府民政部门不履行家庭寄养工作职责，由上一级人民政府民政部门责令其改正。情节严重的，对直接负责的主管人员和其他直接责任人员依法给予处分。

第七章 附　　则

第三十五条 对流浪乞讨等生活无着未成年人承担临时监护责任的未成年人救助保护机构开展家庭寄养，参照本办法执行。

第三十六条 尚未设立儿童福利机构的，由县级以上地方人民政府民政部门负责本行政区域内家庭寄养的组织实施，具体工作参照本办法执行。

第三十七条 本办法自2014年12月1日起施行，2003年颁布的《家庭寄养管理暂行办法》（民发〔2003〕144号）同时废止。

五、继　承

中华人民共和国民法典（节录）

（2020年5月28日第十三届全国人民代表大会第三次会议通过　2020年5月28日中华人民共和国主席令第45号公布　自2021年1月1日起施行）

第六编　继　承

第一章　一般规定

第一千一百一十九条　【继承编的调整范围】本编调整因继承产生的民事关系。

第一千一百二十条　【继承权的保护】国家保护自然人的继承权。

第一千一百二十一条　【继承的开始时间】继承从被继承人死亡时开始。

相互有继承关系的数人在同一事件中死亡，难以确定死亡时间的，推定没有其他继承人的人先死亡。都有其他继承人，辈份不同的，推定长辈先死亡；辈份相同的，推定同时死亡，相互不发生继承。

第一千一百二十二条　【遗产的范围】遗产是自然人死亡时遗留的个人合法财产。

依照法律规定或者根据其性质不得继承的遗产，不得继承。

第一千一百二十三条　【继承的方式】继承开始后，按照法定继承办理；有遗嘱的，按照遗嘱继承或者遗赠办理；有遗赠扶养协议的，按照协议办理。

第一千一百二十四条 【继承和遗赠的接受和放弃】继承开始后，继承人放弃继承的，应当在遗产处理前，以书面形式作出放弃继承的表示；没有表示的，视为接受继承。

受遗赠人应当在知道受遗赠后六十日内，作出接受或者放弃受遗赠的表示；到期没有表示的，视为放弃受遗赠。

第一千一百二十五条 【继承权的丧失及例外】继承人有下列行为之一的，丧失继承权：

（一）故意杀害被继承人；

（二）为争夺遗产而杀害其他继承人；

（三）遗弃被继承人，或者虐待被继承人情节严重；

（四）伪造、篡改、隐匿或者销毁遗嘱，情节严重；

（五）以欺诈、胁迫手段迫使或者妨碍被继承人设立、变更或者撤回遗嘱，情节严重。

继承人有前款第三项至第五项行为，确有悔改表现，被继承人表示宽恕或者事后在遗嘱中将其列为继承人的，该继承人不丧失继承权。

受遗赠人有本条第一款规定行为的，丧失受遗赠权。

▶理解与适用

在遗产继承中，继承人之间因是否丧失继承权发生纠纷，向人民法院提起诉讼的，由人民法院依据民法典第一千一百二十五条的规定，判决确认其是否丧失继承权。

继承人有民法典第一千一百二十五条第一款第一项或者第二项所列之行为，而被继承人以遗嘱将遗产指定由该继承人继承的，可以确认遗嘱无效，并确认该继承人丧失继承权。

继承人伪造、篡改、隐匿或者销毁遗嘱，侵害了缺乏劳动能力又无生活来源的继承人的利益，并造成其生活困难的，应当认定为民法典第一千一百二十五条第一款第四项规定的"情节严重"。

第二章 法定继承

第一千一百二十六条 【继承权男女平等原则】继承权男女平等。

第一千一百二十七条 【继承人的范围及继承顺序】遗产按照下

列顺序继承：

（一）第一顺序：配偶、子女、父母；

（二）第二顺序：兄弟姐妹、祖父母、外祖父母。

继承开始后，由第一顺序继承人继承，第二顺序继承人不继承；没有第一顺序继承人继承的，由第二顺序继承人继承。

本编所称子女，包括婚生子女、非婚生子女、养子女和有扶养关系的继子女。

本编所称父母，包括生父母、养父母和有扶养关系的继父母。

本编所称兄弟姐妹，包括同父母的兄弟姐妹、同父异母或者同母异父的兄弟姐妹、养兄弟姐妹、有扶养关系的继兄弟姐妹。

第一千一百二十八条 【代位继承】被继承人的子女先于被继承人死亡的，由被继承人的子女的直系晚辈血亲代位继承。

被继承人的兄弟姐妹先于被继承人死亡的，由被继承人的兄弟姐妹的子女代位继承。

代位继承人一般只能继承被代位继承人有权继承的遗产份额。

第一千一百二十九条 【丧偶儿媳、女婿的继承权】丧偶儿媳对公婆，丧偶女婿对岳父母，尽了主要赡养义务的，作为第一顺序继承人。

▶理解与适用

本条是关于丧偶儿媳、丧偶女婿作为第一顺序继承人的规定。

赡养义务主要是指对老年人经济上予以供养、生活上予以照料和精神上予以慰藉。具体而言，有以下四个方面的内容：

（1）赡养人应当使患病的老年人及时得到治疗和护理；对经济困难的老年人，应当提供医疗费用。对生活不能自理的老年人，赡养人应当承担照料责任；不能亲自照料的，可以按照老年人的意愿委托他人或者养老机构等照料。

（2）赡养人应当妥善安排老年人的住房，不得强迫老年人居住或者迁居条件低劣的房屋。老年人自有的或者承租的住房，子女或者其他亲属不得侵占，不得擅自改变产权关系或者租赁关系。老年人自有的住房，赡养人有维修的义务。

（3）赡养人有义务耕种或者委托他人耕种老年人承包的田地，照管或者委托他人照管老年人的林木和牲畜等，收益归老年人所有。

（4）家庭成员应当关心老年人的精神需求，不得忽视、冷落老年人。与老年人分开居住的家庭成员，应当经常看望或者问候老年人。

第一千一百三十条　【遗产分配规则】同一顺序继承人继承遗产的份额，一般应当均等。

对生活有特殊困难又缺乏劳动能力的继承人，分配遗产时，应当予以照顾。

对被继承人尽了主要扶养义务或者与被继承人共同生活的继承人，分配遗产时，可以多分。

有扶养能力和有扶养条件的继承人，不尽扶养义务的，分配遗产时，应当不分或者少分。

继承人协商同意的，也可以不均等。

▶理解与适用

本条是关于同一顺序法定继承人分割遗产方法的规定。

法定继承人分割遗产的具体方法是：（1）同一顺序继承人之间遗产应当均等分配。这是对同一顺序继承人的继承权的平等保护。同一顺序的法定继承人的法律地位是平等的，不分男女老幼，不论是有血缘关系还是拟制的血缘关系，都平等地享有继承被继承人遗产的权利，并应该均等地获得遗产。（2）对生活有特殊困难又缺乏劳动能力的继承人，应当予以适当照顾，适当多分。（3）对被继承人尽了主要扶养义务或者与被继承人共同生活的继承人，可以多分财产。（4）对于有扶养能力和扶养条件却不尽扶养义务的继承人，可以不分或者少分。（5）各继承人协商同意不均等分割的，也可以不均等分割。

第一千一百三十一条　【酌情分得遗产权】对继承人以外的依靠被继承人扶养的人，或者继承人以外的对被继承人扶养较多的人，可以分给适当的遗产。

▶理解与适用

依照民法典第一千一百三十一条规定可以分给适当遗产的人，分给他们遗产时，按具体情况可以多于或者少于继承人。

依照民法典第一千一百三十一条规定可以分给适当遗产的人，在其依法取得被继承人遗产的权利受到侵犯时，本人有权以独立的诉讼主体资格向人民法院提起诉讼。

第一千一百三十二条 【继承的处理方式】继承人应当本着互谅互让、和睦团结的精神,协商处理继承问题。遗产分割的时间、办法和份额,由继承人协商确定;协商不成的,可以由人民调解委员会调解或者向人民法院提起诉讼。

第三章 遗嘱继承和遗赠

第一千一百三十三条 【遗嘱继承和遗赠的一般规定】自然人可以依照本法规定立遗嘱处分个人财产,并可以指定遗嘱执行人。

自然人可以立遗嘱将个人财产指定由法定继承人中的一人或者数人继承。

自然人可以立遗嘱将个人财产赠与国家、集体或者法定继承人以外的组织、个人。

自然人可以依法设立遗嘱信托。

第一千一百三十四条 【自书遗嘱】自书遗嘱由遗嘱人亲笔书写,签名,注明年、月、日。

第一千一百三十五条 【代书遗嘱】代书遗嘱应当有两个以上见证人在场见证,由其中一人代书,并由遗嘱人、代书人和其他见证人签名,注明年、月、日。

第一千一百三十六条 【打印遗嘱】打印遗嘱应当有两个以上见证人在场见证。遗嘱人和见证人应当在遗嘱每一页签名,注明年、月、日。

第一千一百三十七条 【录音录像遗嘱】以录音录像形式立的遗嘱,应当有两个以上见证人在场见证。遗嘱人和见证人应当在录音录像中记录其姓名或者肖像,以及年、月、日。

第一千一百三十八条 【口头遗嘱】遗嘱人在危急情况下,可以立口头遗嘱。口头遗嘱应当有两个以上见证人在场见证。危急情况消除后,遗嘱人能够以书面或者录音录像形式立遗嘱的,所立的口头遗嘱无效。

第一千一百三十九条 【公证遗嘱】公证遗嘱由遗嘱人经公证机

构办理。

第一千一百四十条　【作为遗嘱见证人的消极条件】下列人员不能作为遗嘱见证人：

（一）无民事行为能力人、限制民事行为能力人以及其他不具有见证能力的人；

（二）继承人、受遗赠人；

（三）与继承人、受遗赠人有利害关系的人。

第一千一百四十一条　【特留份规定】遗嘱应当为缺乏劳动能力又没有生活来源的继承人保留必要的遗产份额。

▶理解与适用

遗嘱人未保留缺乏劳动能力又没有生活来源的继承人的遗产份额，遗产处理时，应当为该继承人留下必要的遗产，所剩余的部分，才可参照遗嘱确定的分配原则处理。

继承人是否缺乏劳动能力又没有生活来源，应当按遗嘱生效时该继承人的具体情况确定。

第一千一百四十二条　【遗嘱的撤回、变更及效力冲突】遗嘱人可以撤回、变更自己所立的遗嘱。

立遗嘱后，遗嘱人实施与遗嘱内容相反的民事法律行为的，视为对遗嘱相关内容的撤回。

立有数份遗嘱，内容相抵触的，以最后的遗嘱为准。

第一千一百四十三条　【遗嘱无效的情形】无民事行为能力人或者限制民事行为能力人所立的遗嘱无效。

遗嘱必须表示遗嘱人的真实意思，受欺诈、胁迫所立的遗嘱无效。

伪造的遗嘱无效。

遗嘱被篡改的，篡改的内容无效。

第一千一百四十四条　【附义务的遗嘱】遗嘱继承或者遗赠附有义务的，继承人或者受遗赠人应当履行义务。没有正当理由不履行义务的，经利害关系人或者有关组织请求，人民法院可以取消其接受附义务部分遗产的权利。

第四章　遗产的处理

第一千一百四十五条　【遗产管理人的选任】继承开始后，遗嘱执行人为遗产管理人；没有遗嘱执行人的，继承人应当及时推选遗产管理人；继承人未推选的，由继承人共同担任遗产管理人；没有继承人或者继承人均放弃继承的，由被继承人生前住所地的民政部门或者村民委员会担任遗产管理人。

▶理解与适用

本条是关于遗产管理人产生方式的规定，是新增条文。

自然人可以依照本法规定立遗嘱处分个人财产，并可以指定遗嘱执行人。遗产管理人是指对死者遗产负责保存和管理的人。

第一千一百四十六条 【申请指定遗产管理人】对遗产管理人的确定有争议的，利害关系人可以向人民法院申请指定遗产管理人。

第一千一百四十七条 【遗产管理人的职责】遗产管理人应当履行下列职责：

（一）清理遗产并制作遗产清单；
（二）向继承人报告遗产情况；
（三）采取必要措施防止遗产毁损、灭失；
（四）处理被继承人的债权债务；
（五）按照遗嘱或者依照法律规定分割遗产；
（六）实施与管理遗产有关的其他必要行为。

第一千一百四十八条 【遗产管理人的责任】遗产管理人应当依法履行职责，因故意或者重大过失造成继承人、受遗赠人、债权人损害的，应当承担民事责任。

第一千一百四十九条 【遗产管理人的报酬】遗产管理人可以依照法律规定或者按照约定获得报酬。

第一千一百五十条 【继承开始的通知】继承开始后，知道被继承人死亡的继承人应当及时通知其他继承人和遗嘱执行人。继承人中无人知道被继承人死亡或者知道被继承人死亡而不能通知的，由被继承人生前所在单位或者住所地的居民委员会、村民委员会负责通知。

▶理解与适用

本条是关于继承开始后的通知的规定。继承开始时，有的继承人因各种原因可能不知道继承已经开始，因此本条规定相关人员将被继承人死亡的事实通知继承人或者遗嘱执行人，以便保护相关继承人的利益，从而保证继承的顺利进行。

在通知的时间和方式上，一般要求负有通知义务的继承人或相关单位应当及时向其他继承人发出通知；通知的方式以能将被继承人死亡、继承开始的事实传达到继承人为准，一般以口头通知为主，如通过电话通知，也可以采取书面方式如电报、传真、快递等，甚至还可以采取公告的方式。

第一千一百五十一条　【遗产的保管】存有遗产的人，应当妥善保管遗产，任何组织或者个人不得侵吞或者争抢。

第一千一百五十二条　【转继承】继承开始后，继承人于遗产分割前死亡，并没有放弃继承的，该继承人应当继承的遗产转给其继承人，但是遗嘱另有安排的除外。

第一千一百五十三条　【遗产的认定】夫妻共同所有的财产，除有约定的外，遗产分割时，应当先将共同所有的财产的一半分出为配偶所有，其余的为被继承人的遗产。

遗产在家庭共有财产之中的，遗产分割时，应当先分出他人的财产。

第一千一百五十四条　【法定继承的适用范围】有下列情形之一的，遗产中的有关部分按照法定继承办理：

（一）遗嘱继承人放弃继承或者受遗赠人放弃受遗赠；

（二）遗嘱继承人丧失继承权或者受遗赠人丧失受遗赠权；

（三）遗嘱继承人、受遗赠人先于遗嘱人死亡或者终止；

（四）遗嘱无效部分所涉及的遗产；

（五）遗嘱未处分的遗产。

第一千一百五十五条　【胎儿预留份】遗产分割时，应当保留胎儿的继承份额。胎儿娩出时是死体的，保留的份额按照法定继承办理。

第一千一百五十六条　【遗产分割的规则和方法】遗产分割应当有利于生产和生活需要，不损害遗产的效用。

不宜分割的遗产，可以采取折价、适当补偿或者共有等方法处理。

第一千一百五十七条　【再婚时对所继承遗产的处分】夫妻一方死亡后另一方再婚的，有权处分所继承的财产，任何组织或者个人不得干涉。

第一千一百五十八条　【遗赠扶养协议】自然人可以与继承人以外的组织或者个人签订遗赠扶养协议。按照协议，该组织或者个人承担该自然人生养死葬的义务,享有受遗赠的权利。

第一千一百五十九条 【继承遗产与清偿债务】分割遗产,应当清偿被继承人依法应当缴纳的税款和债务;但是,应当为缺乏劳动能力又没有生活来源的继承人保留必要的遗产。

第一千一百六十条 【无人继承的遗产的处理】无人继承又无人受遗赠的遗产,归国家所有,用于公益事业;死者生前是集体所有制组织成员的,归所在集体所有制组织所有。

第一千一百六十一条 【限定继承】继承人以所得遗产实际价值为限清偿被继承人依法应当缴纳的税款和债务。超过遗产实际价值部分,继承人自愿偿还的不在此限。

继承人放弃继承的,对被继承人依法应当缴纳的税款和债务可以不负清偿责任。

第一千一百六十二条 【清偿债务优先于执行遗赠】执行遗赠不得妨碍清偿遗赠人依法应当缴纳的税款和债务。

第一千一百六十三条 【法定继承人、遗嘱继承人、受遗赠人清偿税款债务的顺序和比例】既有法定继承又有遗嘱继承、遗赠的,由法定继承人清偿被继承人依法应当缴纳的税款和债务;超过法定继承遗产实际价值部分,由遗嘱继承人和受遗赠人按比例以所得遗产清偿。

最高人民法院关于适用《中华人民共和国民法典》继承编的解释(一)

(2020年12月25日最高人民法院审判委员会第1825次会议通过 2020年12月29日最高人民法院公告公布 自2021年1月1日起施行 法释〔2020〕23号)

为正确审理继承纠纷案件,根据《中华人民共和国民法典》等相关法律规定,结合审判实践,制定本解释。

一、一般规定

第一条 继承从被继承人生理死亡或者被宣告死亡时开始。

宣告死亡的,根据民法典第四十八条规定确定的死亡日期,为继承开始的时间。

第二条 承包人死亡时尚未取得承包收益的,可以将死者生前对承包所投入的资金和所付出的劳动及其增值和孳息,由发包单位或者接续承包合同的人合理折价、补偿。其价额作为遗产。

第三条 被继承人生前与他人订有遗赠扶养协议,同时又立有遗嘱的,继承开始后,如果遗赠扶养协议与遗嘱没有抵触,遗产分别按协议和遗嘱处理;如果有抵触,按协议处理,与协议抵触的遗嘱全部或者部分无效。

第四条 遗嘱继承人依遗嘱取得遗产后,仍有权依照民法典第一千一百三十条的规定取得遗嘱未处分的遗产。

第五条 在遗产继承中,继承人之间因是否丧失继承权发生纠纷,向人民法院提起诉讼的,由人民法院依据民法典第一千一百二十五条的规定,判决确认其是否丧失继承权。

第六条 继承人是否符合民法典第一千一百二十五条第一款第三项规定的"虐待被继承人情节严重",可以从实施虐待行为的时间、手段、后果和社会影响等方面认定。

虐待被继承人情节严重的,不论是否追究刑事责任,均可确认其丧失继承权。

第七条 继承人故意杀害被继承人的,不论是既遂还是未遂,均应当确认其丧失继承权。

第八条 继承人有民法典第一千一百二十五条第一款第一项或者第二项所列之行为,而被继承人以遗嘱将遗产指定由该继承人继承的,可以确认遗嘱无效,并确认该继承人丧失继承权。

第九条 继承人伪造、篡改、隐匿或者销毁遗嘱,侵害了缺乏劳动能力又无生活来源的继承人的利益,并造成其生活困难的,应当认定为民法典第一千一百二十五条第一款第四项规定的"情节严重"。

二、法定继承

第十条 被收养人对养父母尽了赡养义务，同时又对生父母扶养较多的，除可以依照民法典第一千一百二十七条的规定继承养父母的遗产外，还可以依照民法典第一千一百三十一条的规定分得生父母适当的遗产。

第十一条 继子女继承了继父母遗产的，不影响其继承生父母的遗产。

继父母继承了继子女遗产的，不影响其继承生子女的遗产。

第十二条 养子女与生子女之间、养子女与养子女之间，系养兄弟姐妹，可以互为第二顺序继承人。

被收养人与其亲兄弟姐妹之间的权利义务关系，因收养关系的成立而消除，不能互为第二顺序继承人。

第十三条 继兄弟姐妹之间的继承权，因继兄弟姐妹之间的扶养关系而发生。没有扶养关系的，不能互为第二顺序继承人。

继兄弟姐妹之间相互继承了遗产的，不影响其继承亲兄弟姐妹的遗产。

第十四条 被继承人的孙子女、外孙子女、曾孙子女、外曾孙子女都可以代位继承，代位继承人不受辈数的限制。

第十五条 被继承人的养子女、已形成扶养关系的继子女的生子女可以代位继承；被继承人亲生子女的养子女可以代位继承；被继承人养子女的养子女可以代位继承；与被继承人已形成扶养关系的继子女的养子女也可以代位继承。

第十六条 代位继承人缺乏劳动能力又没有生活来源，或者对被继承人尽过主要赡养义务的，分配遗产时，可以多分。

第十七条 继承人丧失继承权的，其晚辈直系血亲不得代位继承。如该代位继承人缺乏劳动能力又没有生活来源，或者对被继承人尽赡养义务较多的，可以适当分给遗产。

第十八条 丧偶儿媳对公婆、丧偶女婿对岳父母，无论其是否再婚，依照民法典第一千一百二十九条规定作为第一顺序继承人时，不影响其子女代位继承。

第十九条 对被继承人生活提供了主要经济来源，或者在劳务等方面给予了主要扶助的，应当认定其尽了主要赡养义务或主要扶养义务。

第二十条　依照民法典第一千一百三十一条规定可以分给适当遗产的人，分给他们遗产时，按具体情况可以多于或者少于继承人。

第二十一条　依照民法典第一千一百三十一条规定可以分给适当遗产的人，在其依法取得被继承人遗产的权利受到侵犯时，本人有权以独立的诉讼主体资格向人民法院提起诉讼。

第二十二条　继承人有扶养能力和扶养条件，愿意尽扶养义务，但被继承人因有固定收入和劳动能力，明确表示不要求其扶养的，分配遗产时，一般不应因此而影响其继承份额。

第二十三条　有扶养能力和扶养条件的继承人虽然与被继承人共同生活，但对需要扶养的被继承人不尽扶养义务，分配遗产时，可以少分或者不分。

三、遗嘱继承和遗赠

第二十四条　继承人、受遗赠人的债权人、债务人，共同经营的合伙人，也应当视为与继承人、受遗赠人有利害关系，不能作为遗嘱的见证人。

第二十五条　遗嘱人未保留缺乏劳动能力又没有生活来源的继承人的遗产份额，遗产处理时，应当为该继承人留下必要的遗产，所剩余的部分，才可参照遗嘱确定的分配原则处理。

继承人是否缺乏劳动能力又没有生活来源，应当按遗嘱生效时该继承人的具体情况确定。

第二十六条　遗嘱人以遗嘱处分了国家、集体或者他人财产的，应当认定该部分遗嘱无效。

第二十七条　自然人在遗书中涉及死后个人财产处分的内容，确为死者的真实意思表示，有本人签名并注明了年、月、日，又无相反证据的，可以按自书遗嘱对待。

第二十八条　遗嘱人立遗嘱时必须具有完全民事行为能力。无民事行为能力人或者限制民事行为能力人所立的遗嘱，即使其本人后来具有完全民事行为能力，仍属无效遗嘱。遗嘱人立遗嘱时具有完全民事行为能力，后来成为无民事行为能力人或者限制民事行为能力人的，不影响遗嘱的效力。

第二十九条 附义务的遗嘱继承或者遗赠,如义务能够履行,而继承人、受遗赠人无正当理由不履行,经受益人或者其他继承人请求,人民法院可以取消其接受附义务部分遗产的权利,由提出请求的继承人或者受益人负责按遗嘱人的意愿履行义务,接受遗产。

四、遗产的处理

第三十条 人民法院在审理继承案件时,如果知道有继承人而无法通知的,分割遗产时,要保留其应继承的遗产,并确定该遗产的保管人或者保管单位。

第三十一条 应当为胎儿保留的遗产份额没有保留的,应从继承人所继承的遗产中扣回。

为胎儿保留的遗产份额,如胎儿出生后死亡的,由其继承人继承;如胎儿娩出时是死体的,由被继承人的继承人继承。

第三十二条 继承人因放弃继承权,致其不能履行法定义务的,放弃继承权的行为无效。

第三十三条 继承人放弃继承应当以书面形式向遗产管理人或者其他继承人表示。

第三十四条 在诉讼中,继承人向人民法院以口头方式表示放弃继承的,要制作笔录,由放弃继承的人签名。

第三十五条 继承人放弃继承的意思表示,应当在继承开始后、遗产分割前作出。遗产分割后表示放弃的不再是继承权,而是所有权。

第三十六条 遗产处理前或者在诉讼进行中,继承人对放弃继承反悔的,由人民法院根据其提出的具体理由,决定是否承认。遗产处理后,继承人对放弃继承反悔的,不予承认。

第三十七条 放弃继承的效力,追溯到继承开始的时间。

第三十八条 继承开始后,受遗赠人表示接受遗赠,并于遗产分割前死亡的,其接受遗赠的权利转移给他的继承人。

第三十九条 由国家或者集体组织供给生活费用的烈属和享受社会救济的自然人,其遗产仍应准许合法继承人继承。

第四十条 继承人以外的组织或者个人与自然人签订遗赠扶养协议后,无正当理由不履行,导致协议解除的,不能享有受遗赠的权利,其支付的供养费用一般不予补偿；遗赠人无正当理由不履行，导致协议解除的，则应当偿还继承人以外的组织或者个人已支付的供养费用。

第四十一条 遗产因无人继承又无人受遗赠归国家或者集体所有制组织所有时，按照民法典第一千一百三十一条规定可以分给适当遗产的人提出取得遗产的诉讼请求，人民法院应当视情况适当分给遗产。

第四十二条 人民法院在分割遗产中的房屋、生产资料和特定职业所需要的财产时，应当依据有利于发挥其使用效益和继承人的实际需要，兼顾各继承人的利益进行处理。

第四十三条 人民法院对故意隐匿、侵吞或者争抢遗产的继承人，可以酌情减少其应继承的遗产。

第四十四条 继承诉讼开始后，如继承人、受遗赠人中有既不愿参加诉讼，又不表示放弃实体权利的，应当追加为共同原告；继承人已书面表示放弃继承、受遗赠人在知道受遗赠后六十日内表示放弃受遗赠或者到期没有表示的，不再列为当事人。

五、附　则

第四十五条 本解释自2021年1月1日起施行。

遗嘱公证细则

（2000年3月24日司法部令第57号发布　自2000年7月1日起施行）

第一条 为规范遗嘱公证程序，根据《中华人民共和国继承法》、《中华人民共和国公证暂行条例》等有关规定，制定本细则。

第二条 遗嘱是遗嘱人生前在法律允许的范围内，按照法律规定的方式处分其个人财产或者处理其他事务，并在其死亡时发生效力的单方法律行为。

第三条 遗嘱公证是公证处按照法定程序证明遗嘱人设立遗嘱行为真实、合法的活动。经公证证明的遗嘱为公证遗嘱。

第四条 遗嘱公证由遗嘱人住所地或者遗嘱行为发生地公证处管辖。

第五条 遗嘱人申办遗嘱公证应当亲自到公证处提出申请。

遗嘱人亲自到公证处有困难的，可以书面或者口头形式请求有管辖权的公证处指派公证人员到其住所或者临时处所办理。

第六条 遗嘱公证应当由两名公证人员共同办理，由其中一名公证员在公证书上署名。因特殊情况由一名公证员办理时，应当有一名见证人在场，见证人应当在遗嘱和笔录上签名。

见证人、遗嘱代书人适用《中华人民共和国继承法》第十八条的规定。

第七条 申办遗嘱公证，遗嘱人应当填写公证申请表，并提交下列证件和材料：

（一）居民身份证或者其他身份证件；

（二）遗嘱涉及的不动产、交通工具或者其他有产权凭证的财产的产权证明；

（三）公证人员认为应当提交的其他材料。

遗嘱人填写申请表确有困难的，可由公证人员代为填写，遗嘱人应当在申请表上签名。

第八条 对于属于本公证处管辖，并符合前条规定的申请，公证处应当受理。

对于不符合前款规定的申请，公证处应当在三日内作出不予受理的决定，并通知申请人。

第九条 公证人员具有《公证程序规则（试行）》第十条规定情形的，应当自行回避，遗嘱人有权申请公证人员回避。

第十条 公证人员应当向遗嘱人讲解我国《民法通则》、《继承法》中有关遗嘱和公民财产处分权利的规定，以及公证遗嘱的意义和法律后果。

第十一条 公证处应当按照《公证程序规则（试行）》第二十三条的规定进行审查，并着重审查遗嘱人的身份及意思表示是否真实、有无受胁迫或者受欺骗等情况。

第十二条 公证人员询问遗嘱人，除见证人、翻译人员外，其他人员一般不得在场。公证人员应当按照《公证程序规则（试行）》第二十四条的规定制作谈话笔录。谈话笔录应当着重记录下列内容：

（一）遗嘱人的身体状况、精神状况；遗嘱人系老年人、间歇性精神病人、危重伤病人的，还应当记录其对事物的识别、反应能力；

（二）遗嘱人家庭成员情况，包括其配偶、子女、父母及与其共同生活人员的基本情况；

（三）遗嘱所处分财产的情况，是否属于遗嘱人个人所有，以前是否曾以遗嘱或者遗赠扶养协议等方式进行过处分，有无已设立担保、已被查封、扣押等限制所有权的情况；

（四）遗嘱人所提供的遗嘱或者遗嘱草稿的形成时间、地点和过程，是自书还是代书，是否本人的真实意愿，有无修改、补充，对遗产的处分是否附有条件；代书人的情况，遗嘱或者遗嘱草稿上的签名、盖章或者手印是否其本人所为；

（五）遗嘱人未提供遗嘱或者遗嘱草稿的，应当详细记录其处分遗产的意思表示；

（六）是否指定遗嘱执行人及遗嘱执行人的基本情况；

（七）公证人员认为应当询问的其他内容。

谈话笔录应当当场向遗嘱人宣读或者由遗嘱人阅读，遗嘱人无异议后，遗嘱人、公证人员、见证人应当在笔录上签名。

第十三条 遗嘱应当包括以下内容：

（一）遗嘱人的姓名、性别、出生日期、住址；

（二）遗嘱处分的财产状况（名称、数量、所在地点以及是否共有、抵押等）；

（三）对财产和其他事务的具体处理意见；

（四）有遗嘱执行人的，应当写明执行人的姓名、性别、年龄、住址等；

（五）遗嘱制作的日期以及遗嘱人的签名。

遗嘱中一般不得包括与处分财产及处理死亡后事宜无关的其他内容。

第十四条 遗嘱人提供的遗嘱，无修改、补充的，遗嘱人应当在公证人员面前确认遗嘱内容、签名及签署日期属实。

遗嘱人提供的遗嘱或者遗嘱草稿，有修改、补充的，经整理、誊清后，应当交遗嘱人核对，并由其签名。

遗嘱人未提供遗嘱或者遗嘱草稿的，公证人员可以根据遗嘱人的意思表示代为起草遗嘱。公证人员代拟的遗嘱，应当交遗嘱人核对，并由其签名。

以上情况应当记入谈话笔录。

第十五条 两个以上的遗嘱人申请办理共同遗嘱公证的,公证处应当引导他们分别设立遗嘱。

遗嘱人坚持申请办理共同遗嘱公证的,共同遗嘱中应当明确遗嘱变更、撤销及生效的条件。

第十六条 公证人员发现有下列情形之一的,公证人员在与遗嘱人谈话时应当录音或者录像:

(一)遗嘱人年老体弱;

(二)遗嘱人为危重伤病人;

(三)遗嘱人为聋、哑、盲人;

(四)遗嘱人为间歇性精神病患者、弱智者。

第十七条 对于符合下列条件的,公证处应当出具公证书:

(一)遗嘱人身份属实,具有完全民事行为能力;

(二)遗嘱人意思表示真实;

(三)遗嘱人证明或者保证所处分的财产是其个人财产;

(四)遗嘱内容不违反法律规定和社会公共利益,内容完备,文字表述准确,签名、制作日期齐全;

(五)办证程序符合规定。

不符合前款规定条件的,应当拒绝公证。

第十八条 公证遗嘱采用打印形式。遗嘱人根据遗嘱原稿核对后,应当在打印的公证遗嘱上签名。

遗嘱人不会签名或者签名有困难的,可以盖章方式代替在申请表、笔录和遗嘱上的签名;遗嘱人既不能签字又无印章的,应当以按手印方式代替签名或者盖章。

有前款规定情形的,公证人员应当在笔录中注明。以按手印代替签名或者盖章的,公证人员应当提取遗嘱人全部的指纹存档。

第十九条 公证处审批人批准遗嘱公证书之前,遗嘱人死亡或者丧失行为能力的,公证处应当终止办理遗嘱公证。

遗嘱人提供或者公证人员代书、录制的遗嘱,符合代书遗嘱条件或者经承办公证人员见证符合自书、录音、口头遗嘱条件的,公证处可以将该遗嘱发给遗嘱受益人,并将其复印件存入终止公证的档案。

公证处审批人批准之后，遗嘱人死亡或者丧失行为能力的，公证处应当完成公证遗嘱的制作。遗嘱人无法在打印的公证遗嘱上签名的，可依符合第十七条规定的遗嘱原稿的复印件制作公证遗嘱，遗嘱原稿留公证处存档。

第二十条　公证处可根据《中华人民共和国公证暂行条例》规定保管公证遗嘱或者自书遗嘱、代书遗嘱、录音遗嘱；也可根据国际惯例保管密封遗嘱。

第二十一条　遗嘱公证卷应当列为密卷保存。遗嘱人死亡后，转为普通卷保存。

公证遗嘱生效前，遗嘱卷宗不得对外借阅，公证人员亦不得对外透露遗嘱内容。

第二十二条　公证遗嘱生效前，非经遗嘱人申请并履行公证程序，不得撤销或者变更公证遗嘱。

遗嘱人申请撤销或者变更公证遗嘱的程序适用本规定。

第二十三条　公证遗嘱生效后，与继承权益相关的人员有确凿证据证明公证遗嘱部分违法的，公证处应当予以调查核实；经调查核实，公证遗嘱部分内容确属违法的，公证处应当撤销对公证遗嘱中违法部分的公证证明。

第二十四条　因公证人员过错造成错证的，公证处应当承担赔偿责任。有关公证赔偿的规定，另行制定。

第二十五条　本细则由司法部解释。

第二十六条　本细则自2000年7月1日起施行。

赡养协议公证细则

(1991年4月2日　司发〔1991〕048号)

第一条　为规范赡养协议公证程序，根据《中华人民共和国民法通则》、《中华人民共和国婚姻法》、《中华人民共和国继承法》、《中华人民共和国公证暂行条例》、《公证程序规则（试行）》，制定本细则。

第二条　赡养协议是赡养人就履行赡养义务与被赡养人订立的协

议。或赡养人相互间为分担赡养义务订立的协议。

父母或祖父母、外祖父母为被赡养人，子女或孙子女、外孙子女为赡养人。

第三条 赡养协议公证是公证处依法证明当事人签订赡养协议真实、合法的行为。

第四条 赡养协议公证，由被赡养人或赡养人的住所地公证处受理。

第五条 申办赡养协议公证，当事人应向公证处提交以下证件和材料：

（一）赡养协议公证申请表；

（二）当事人的居民身份证或其他身份证明；

（三）委托代理申请，代理人应提交委托人的授权委托书和代理人的身份证明；

（四）当事人之间的亲属关系证明；

（五）赡养协议；

（六）公证处认为应当提交的其他材料。

第六条 符合下列条件的申请，公证处应予受理：

（一）当事人及其代理人身份明确，具有完全民事行为能力；

（二）当事人就赡养事宜已达成协议；

（三）当事人提交了本细则第五条规定的证件和材料；

（四）该公证事项属本公证处管辖。

对不符合前款规定条件的申请，公证处应作出不予受理的决定，并通知当事人。

第七条 赡养协议应包括下列主要内容：

（一）被赡养人和赡养人的姓名、性别、出生日期、家庭住址；

（二）被赡养人和赡养人之间的关系；

（三）赡养人应尽的具体义务。包括照顾被赡养人衣、食、住、行、病、葬的具体措施及对责任田、口粮田、自留地的耕、种、管、收等内容；

（四）赡养人提供赡养费和其他物质帮助的给付方式、给付时间；

（五）对被赡养人财产的保护措施；

（六）协议变更的条件和争议的解决方法；

（七）违约责任；

（八）如有履行协议的监督人，应到场并在协议上签字。

第八条　公证人员应认真接待当事人，按《公证程序规则（试行）》第二十四条规定制作笔录，并着重记录下列内容：

（一）被赡养人的健康、财产、工作状况，劳动和生活自理能力及子女情况，对赡养人的意见和要求；

（二）赡养人的工作、经济状况及赡养能力；

（三）赡养人与被赡养人之间的关系，签订赡养协议的原因和意思表示；

（四）赡养人应尽的具体义务；

（五）违约责任；

（六）设立赡养协议监督人的情况；

（七）公证人员认为应当记录的其他内容。

公证人员接待当事人，须根据民法通则、婚姻法和继承法等有关法律，向当事人说明签订赡养协议的法律依据，协议双方应承担的义务和享有的权利，以及不履行义务应承担的法律责任。

第九条　赡养协议公证，除按《公证程序规则（试行）》第二十三条规定的内容审查外，还应着重审查下列内容：

（一）赡养人必须是被赡养人的晚辈直系亲属；

（二）当事人的意思表示真实、协商一致；

（三）赡养协议条款完备，权利义务明确、具体、可行，协议中不得有处分被赡养人财产或以放弃继承权为条件不尽赡养义务等，侵害被赡养人合法权益的违反法律、政策的内容；

（四）协议监督人应自愿，并有承担监督义务的能力；

（五）公证人员认为应当查明的其他情况。

第十条　符合下列条件的赡养协议，公证处应出具公证书：

（一）当事人具有完全民事行为能力；

（二）委托代理人的代理行为合法；

（三）当事人意思表示真实，自愿；

（四）协议内容真实、合法，赡养人应尽的义务明确、具体、可行，协议条款完备，文字表述准确；

（五）办证程序符合规定。

不符合前款规定的，应当拒绝公证，并在办证期限内将拒绝的理由通知当事人。

第十一条 被赡养人不具有完全民事行为能力，应由赡养人之间共同签订赡养协议，并参照本细则规定办理公证。

第十二条 办理兄、姐与弟、妹之间的扶养协议公证，可参照本细则规定。

第十三条 本细则由司法部负责解释。

第十四条 本细则自一九九一年五月一日起施行。

公证书格式（一）

公证书

（ ）××字第××号

兹证明被赡养人×××（男或女，××××年×月×日出生，现住××省××县××乡××村）与赡养人×××（男或女，××××年×月×日出生，现住××省××县××乡××村）、×××（男或女，××××年×月×日出生，现住××省××县××乡××村），于××××年×月×日自愿签订了前面《赡养协议》，并在我的面前，在前面的协议上签名（盖章）。当事人签订上述协议的行为符合《中华人民共和国民法通则》第五十五条和《中华人民共和国婚姻法》的规定。

××省××县公证处
公证员×××
××××年×月×日

公证书格式（二）

公证书

（ ）××字第××号

兹证明赡养人×××（男或女，××××年×月×日出生，现住××省××县××乡××村）、×××（男或女，××××年×月×日出生，现住××省××县××乡××村）就赡养×××的问题于××××年×月×日自愿签订了前面《赡养协议》，并在我的面前，在前面的协议上签名（盖章）。当事人签订上述协议的行为符合《中华人民共和国民法通则》第五十五条和《中华人民共和国婚姻法》的规定。

××省××县公证处

公证员×××

××××年×月×日

〔注：本格式用于《赡养协议公证细则》第十一条规定的情况〕

遗赠扶养协议公证细则

（1991年4月3日　司发〔1991〕047号）

第一条　为规范遗赠扶养协议公证程序，根据《中华人民共和国民法通则》、《中华人民共和国继承法》、《中华人民共和国公证暂行条例》、《公证程序规则（试行）》，制定本细则。

第二条　遗赠扶养协议是遗赠人和扶养人为明确相互间遗赠和扶养的权利义务关系所订立的协议。

需要他人扶养，并愿将自己的合法财产全部或部分遗赠给扶养人的为遗赠人；对遗赠人尽扶养义务并接受遗赠的人为扶养人。

第三条　遗赠扶养协议公证是公证处依法证明当事人签订遗赠扶养协议真实、合法的行为。

第四条　遗赠人必须是具有完全民事行为能力、有一定的可遗赠的财产、并需要他人扶养的农民。

第五条　扶养人必须是遗赠人法定继承人以外的公民或组织，并具有完全民事行为能力、能履行扶养义务。

第六条　遗赠扶养协议公证，由遗赠人或扶养人的住所地公证处受理。

第七条　办理遗赠扶养协议公证，当事人双方应亲自到公证处提出申请，遗赠人确有困难，公证人员可到其居住地办理。

第八条 申办遗赠扶养协议公证，当事人应向公证处提交以下证件和材料：

（一）当事人遗赠扶养协议公证申请表；

（二）当事人的居民身份证或其他身份证明；

（三）扶养人为组织的，应提交资格证明、法定代表人身份证明，代理人应提交授权委托书；

（四）村民委员会、居民委员会或所在单位出具的遗赠人的家庭成员情况证明；

（五）遗赠财产清单和所有权证明；

（六）村民委员会、居民委员会或所在单位出具的扶养人的经济情况和家庭成员情况证明；

（七）扶养人有配偶的，应提交其配偶同意订立遗赠扶养协议的书面意见；

（八）遗赠扶养协议；

（九）公证人员认为应当提交的其他材料。

第九条 符合下列条件的申请，公证处应受理：

（一）当事人身份明确，具有完全民事行为能力；

（二）当事人就遗赠扶养协议事宜已达成协议；

（三）当事人提交了本细则第八条规定的证件和材料；

（四）该公证事项属于本公证处管辖。

对不符合前款规定条件的申请，公证处应作出不予受理的决定，并通知当事人。

第十条 公证人员接待当事人，应按《公证程序规则（试行）》第二十四条规定制作笔录，并着重记录下列内容：

（一）遗赠人和扶养人的近亲情况、经济状况；

（二）订立遗赠扶养协议的原因；

（三）遗赠人遗赠财产的名称、种类、数量、质量、价值、坐落或存放地点，产权有无争议，有无债权债务及处理意见；

（四）扶养人的扶养条件、扶养能力、扶养方式，及应尽的义务；

（五）与当事人共同生活的家庭成员意见；

（六）遗赠财产的使用保管方法；

（七）争议的解决方法；
（八）违约责任；
（九）公证人员认为应当记录的其他内容。

公证人员接待当事人，须根据民法通则和继承法等有关法律，向当事人说明签订遗赠扶养协议的法律依据，协议双方应承担的义务和享有的权利，以及不履行义务承担的法律责任。

第十一条 遗赠扶养协议应包括下列主要内容：
（一）当事人的姓名、性别、出生日期、住址，扶养人为组织的应写明单位名称、住址、法定代表人及代理人的姓名；
（二）当事人自愿达成协议的意思表示；
（三）遗赠人受扶养的权利和遗赠的义务；扶养人受遗赠的权利和扶养义务，包括照顾遗赠人的衣、食、住、行、病、葬的具体措施及责任田、口粮田、自留地的耕、种、管、收和遗赠财产的名称、种类、数量、质量、价值、坐落或存放地点、产权归属等；
（四）遗赠财产的保护措施或担保人同意担保的意思表示；
（五）协议变更、解除的条件和争议的解决方法；
（六）违约责任。

第十二条 遗赠扶养协议公证，除按《公证程序规则（试行）》第二十三条规定的内容审查外，应着重审查下列内容：
（一）当事人之间有共同生活的感情基础，一般居住在同一地；
（二）当事人的意思表示真实、协商一致，协议条款完备，权利义务明确、具体、可行；
（三）遗赠的财产属遗赠人所有，产权明确无争议；财产为特定的、不易灭失；
（四）遗赠人的债权债务有明确的处理意见；
（五）遗赠人有配偶并同居的，应以夫妻共同为一方签订协议；
（六）扶养人有配偶的，必须征得配偶的同意；
（七）担保人同意担保的意思表示及担保财产；
（八）公证人员认为应当查明的其他情况。

第十三条 符合下列条件的遗赠扶养协议，公证处应出具公证书：
（一）遗赠人和扶养人具有完全民事行为能力；
（二）当事人意思表示真实、自愿；

（三）协议内容真实、合法，条款完备，协议内容明确、具体、可行，文字表述准确；

（四）办证程序符合规定。

不符合前款规定条件的，应当拒绝公证，并在办证期限内将拒绝的理由通知当事人。

第十四条 订立遗赠扶养协议公证后，未征得扶养人的同意，遗赠人不得另行处分遗赠的财产，扶养人也不得干涉遗赠人处分未遗赠的财产。

第十五条 无遗赠财产的扶养协议公证，参照本细则办理。

第十六条 本细则由司法部负责解释。

第十七条 本细则自一九九一年五月一日起施行。

公证书格式（一）

公证书

（　）××字第××号

兹证明遗赠人×××（男或女，××××年×月×日出生，现住××省××市××街××号）与扶养人×××（男或女，××××年×月×日出生，现住××省××市××街××号）于××××年×月×日自愿签订了前面的《遗赠扶养协议》，并在我的面前，在前面的协议上签名（盖章）。×××与×××签订上述协议的行为符合《中华人民共和国民法通则》第五十五条和《中华人民共和国继承法》的规定。

××省××市公证处
公证员×××
××××年×月×日

公证书格式（二）

公证书

（　）××字第××号

兹证明遗赠人×××（男或女，××××年×月×日出生，现住

××省××市××街××号）与扶养人××××（单位名称）代表人×××（男或女，××××年×月×日出生，现住××省××市××街××号）于××××年×月×日自愿签订了前面的《遗赠扶养协议》，并在我的面前，在前面的协议上签名（盖章）。×××与××××（单位名称）的代表人×××签订上述协议符合《中华人民共和国民法通则》第五十五条和《中华人民共和国继承法》的规定。

××省××市公证处
公证员×××
××××年×月×日

实用附录

一、五代以内直系及旁系血亲表*

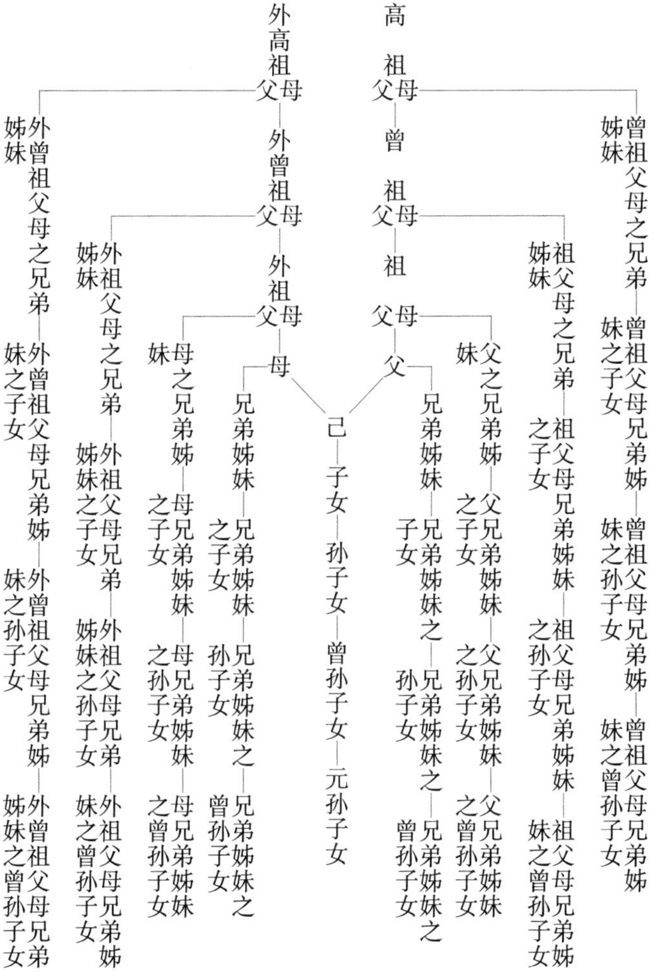
外高祖父母
高祖父母
外曾祖父母之兄弟姊妹
外曾祖父母
曾祖父母
曾祖父母之兄弟姊妹
外祖父母之兄弟姊妹
外祖父母
祖父母
祖父母之兄弟姊妹
母之兄弟姊妹
母
父
父之兄弟姊妹
兄弟姊妹
己
兄弟姊妹
外曾祖父母兄弟姊妹之子女
外祖父母兄弟姊妹之子女
母兄弟姊妹之子女
兄弟姊妹之子女
子女
兄弟姊妹之子女
父兄弟姊妹之子女
祖父母兄弟姊妹之子女
曾祖父母兄弟姊妹之子女
外曾祖父母兄弟姊妹之孙子女
外祖父母兄弟姊妹之孙子女
母兄弟姊妹之孙子女
兄弟姊妹之孙子女
孙子女
兄弟姊妹之孙子女
父兄弟姊妹之孙子女
祖父母兄弟姊妹之孙子女
曾祖父母兄弟姊妹之孙子女
外曾祖父母兄弟姊妹之曾孙子女
外祖父母兄弟姊妹之曾孙子女
母兄弟姊妹之曾孙子女
兄弟姊妹之曾孙子女
曾孙子女
元孙子女
兄弟姊妹之曾孙子女
父兄弟姊妹之曾孙子女
祖父母兄弟姊妹之曾孙子女
曾祖父母兄弟姊妹之曾孙子女

* 仅供参考。

二、夫妻共同财产和个人财产的计算公式

1. 夫妻共同财产的计算公式

公式一：

> 夫妻共同财产＝约定的共同财产＋法定的共同财产

公式二：

> 法定的共同财产＝工资＋奖金＋其他劳动报酬＋生产、经营、投资的收益＋知识产权的收益＋未确定由特定一方继承或受赠与所得的财产＋一方以个人财产投资取得的收益＋住房补贴＋住房公积金＋养老保险金＋破产安置补偿费＋购置的财产＋取得的债权＋复员费（部分）＋军人自主择业费（部分）＋其他应当归共同所有的财产（以上各项均为婚姻关系存续期间取得的）

（1）工资、奖金等计算公式

> 工资、奖金＝工资＋奖金＋红包＋红利＋津贴＋互助金＋餐补＋服装费＋其他工资性的劳动收入

(2) 生产、经营、投资的收益计算公式

> 生产、经营、投资的收益＝经营承包、租赁企业、私营企业、个体工商业、合伙、个人独资、有限责任公司、投资所获得收益

(3) 知识产权的收益计算公式

> 知识产权的收益＝实际取得的财产性收益或者已经明确可以取得的财产性收益

(4) 继承或赠与所得的财产计算要点

> 遗嘱或赠与合同中没有确定只归夫或妻一方的财产（继承权是在婚姻关系存续期间取得或者接受赠与是在婚姻关系存续期间）

(5) 复员费、军人自主择业费（部分）计算公式

> 属于夫妻共同财产的复员费、自主择业费＝夫妻婚姻关系存续年限×年平均值

> 年平均值＝复员费、自主择业费总额÷（70－军人入伍时实际年龄）

(6) 其他应当归共同所有的财产计算公式

> 其他应当归共同所有的财产＝一方以个人财产投资取得的收益＋男女双方实际取得或者应当取得的住房补贴＋住房公积金＋基本养老金＋破产安置补偿费

2. 夫妻个人财产的计算公式

公式一：

> 夫妻个人财产＝约定的夫妻个人财产＋法定的夫妻个人的财产

公式二：

> 法定的夫妻个人的财产＝一方的婚前财产＋一方因受到人身损害获得的医疗费＋残疾人生活补助费等费用＋军人的伤亡保险金＋军人伤残补助金＋军人医药生活补助费＋高原生活补助费＋遗嘱或赠与合同中确定只归夫或妻一方的财产＋一方专用的生活用品＋其他应当归一方的财产

（1）一方的婚前财产计算要点

> 一方婚前的财产不因婚姻关系的延续而转化为夫妻共同财产（当事人另有约定的除外）

（2）一方因受到人身损害获得的医疗费、残疾人生活补助费等费用计算公式

> 一方因受到人身损害获得的医疗费、残疾人生活补助费等费用＝医疗费＋残疾人生活补助费＋精神抚慰金＋一次性工伤残补助金＋交通补助费＋营养补助费＋住院伙食补助费＋护理费＋假肢安装费＋军人的伤亡保险金＋军人伤残补助金＋军人医药生活补助费＋其他一方因身体受到伤害而获得的费用

三、离婚诉讼管辖法院

1. 一般情况下，离婚诉讼由被告住所地的人民法院管辖；被告住所地与经常居住地不一致的，由经常居住地人民法院管辖。

2. 双方当事人均为军人或者军队单位的民事案件由军事法院管辖。

3. 夫妻一方离开住所地超过一年，另一方起诉离婚的案件，可以由原告住所地人民法院管辖。夫妻双方离开住所地超过一年，一方起诉离婚的案件，由被告经常居住地人民法院管辖；没有经常居住地的，由原告起诉时被告居住地人民法院管辖。

4. 在国内结婚并定居国外的华侨，如定居国法院以离婚诉讼须由婚姻缔结地法院管辖为由不予受理，当事人向人民法院提出离婚诉讼的，由婚姻缔结地或者一方在国内的最后居住地人民法院管辖。

5. 在国外结婚并定居国外的华侨，如定居国法院以离婚诉讼须由国籍所属国法院管辖为由不予受理，当事人向人民法院提出离婚诉讼的，由一方原住所地或者在国内的最后居住地人民法院管辖。

6. 中国公民一方居住在国外，一方居住在国内，不论哪一方向人民法院提起离婚诉讼，国内一方住所地人民法院都有权管辖。国外一方在居住国法院起诉，国内一方向人民法院起诉的，受诉人民法院有权管辖。

7. 中国公民双方在国外但未定居，一方向人民法院起诉离婚的，应由原告或者被告原住所地人民法院管辖。

8. 已经离婚的中国公民，双方均定居国外，仅就国内财产分割提起诉讼的，由主要财产所在地人民法院管辖。

9. 因不动产纠纷提起的诉讼，由不动产所在地人民法院管辖。此处的不动产纠纷，是指因不动产的权利确认、分割、相邻关系等引起的物权纠纷。不动产已登记的，以不动产登记簿记载的所在地为不动产所在地；不动产未登记的，以不动产实际所在地为不动产所在地。

四、婚姻家庭编新旧条文对比

相关法律规定	民法典
	第五编　婚姻家庭
	第一章　一般规定
《婚姻法》① 　　第一条　本法是婚姻家庭关系的基本准则。	第一千零四十条　本编调整因婚姻家庭产生的民事关系。
第二条　实行婚姻自由、一夫一妻、男女平等的婚姻制度。 　　保护妇女、儿童和老人的合法权益。 　　实行计划生育。	第一千零四十一条　婚姻家庭受国家保护。 　　实行婚姻自由、一夫一妻、男女平等的婚姻制度。 　　保护妇女、未成年人、老年人、残疾人的合法权益。
第三条　禁止包办、买卖婚姻和其他干涉婚姻自由的行为。禁止借婚姻索取财物。 　　禁止重婚。禁止有配偶者与他人同居。禁止家庭暴力。禁止家庭成员间的虐待和遗弃。	第一千零四十二条　禁止包办、买卖婚姻和其他干涉婚姻自由的行为。禁止借婚姻索取财物。 　　禁止重婚。禁止有配偶者与他人同居。 　　禁止家庭暴力。禁止家庭成员间的虐待和遗弃。
第四条　夫妻应当互相忠实，互相尊重；家庭成员间应当敬老爱幼，互相帮助，维护平等、和睦、文明的婚姻家庭关系。	第一千零四十三条　家庭应当树立优良家风，弘扬家庭美德，重视家庭文明建设。 　　夫妻应当互相忠实，互相尊重，互相关爱；家庭成员应当敬老爱幼，互相帮助，维护平等、和睦、文明的婚姻家庭关系。

---

　　①　"第五编　婚姻家庭"对照表左侧列中，没有特别标注法名的，内容为《婚姻法》条文。

相关法律规定	民法典
《收养法》 第一条 为保护合法的收养关系，维护收养关系当事人的权利，制定本法。	第一千零四十四条 收养应当遵循最有利于被收养人的原则，保障被收养人和收养人的合法权益。 禁止借收养名义买卖未成年人。
《民通意见》 12. <u>民法通则中规定的近亲属</u>，<u>包括</u>配偶、父母、子女、兄弟姐妹、祖父母、外祖父母、孙子女、外孙子女。	第一千零四十五条 亲属包括配偶、血亲和姻亲。 配偶、父母、子女、兄弟姐妹、祖父母、外祖父母、孙子女、外孙子女<u>为近亲属</u>。 配偶、父母、子女和其他共同生活的近亲属为家庭成员。
	第二章　结　婚
第五条 结婚<u>必须</u>男女双方完全自愿，<u>不许任何一方对他方</u>加以强迫<u>或任何第三者</u>加以干涉。	第一千零四十六条 结婚<u>应当</u>男女双方完全自愿，<u>禁止</u>任何一方对<u>另一方</u>加以强迫，<u>禁止</u>任何<u>组织或者个人</u>加以干涉。
第六条 结婚年龄，男不得早于二十二周岁，女不得早于二十周岁。~~晚婚晚育应予鼓励。~~	第一千零四十七条 结婚年龄，男不得早于二十二周岁，女不得早于二十周岁。
第七条 ~~有下列情形之一的，禁止结婚：~~ （一）<u>直系血亲和</u>三代以内的旁系血亲~~；~~ ~~（二）患有医学上认为不应当结婚的疾病。~~	第一千零四十八条 直系血亲<u>或者</u>三代以内的旁系血亲禁止结婚。
第八条 要求结婚的男女双方<u>必须</u>亲自到婚姻登记机关<u>进行</u>结婚登记。符合本法规定的，予以登记，发给结婚证。<u>取得结婚证</u>，即确立<u>夫妻</u>关系。未办理结婚登记的，应当补办登记。	第一千零四十九条 要求结婚的男女双方<u>应当</u>亲自到婚姻登记机关<u>申请</u>结婚登记。符合本法规定的，予以登记，发给结婚证。<u>完成结婚登记</u>，即确立<u>婚姻</u>关系。未办理结婚登记的，应当补办登记。

相关法律规定	民法典
第九条 登记结婚后，根据男女双方约定，女方可以成为男方家庭的成员，男方可以成为女方家庭的成员。	**第一千零五十条** 登记结婚后，按照男女双方约定，女方可以成为男方家庭的成员，男方可以成为女方家庭的成员。
第十条 有下列情形之一的，婚姻无效： （一）重婚的； （二）有禁止结婚的亲属关系的； （三）婚前患有医学上认为不应当结婚的疾病，婚后尚未治愈的； （四）未到法定婚龄的。	**第一千零五十一条** 有下列情形之一的，婚姻无效： （一）重婚； （二）有禁止结婚的亲属关系； （三）未到法定婚龄。
第十一条 因胁迫结婚的，受胁迫的一方可以向婚姻登记机关或人民法院请求撤销该婚姻。受胁迫的一方撤销婚姻的请求，应当自结婚登记之日起一年内提出。被非法限制人身自由的当事人请求撤销婚姻的，应当自恢复人身自由之日起一年内提出。	**第一千零五十二条** 因胁迫结婚的，受胁迫的一方可以向人民法院请求撤销婚姻。 请求撤销婚姻的，应当自胁迫行为终止之日起一年内提出。 被非法限制人身自由的当事人请求撤销婚姻的，应当自恢复人身自由之日起一年内提出。
	第一千零五十三条 一方患有重大疾病的，应当在结婚登记前如实告知另一方；不如实告知的，另一方可以向人民法院请求撤销婚姻。 请求撤销婚姻的，应当自知道或者应当知道撤销事由之日起一年内提出。

相关法律规定	民法典
第十二条　无效或被撤销的婚姻，<u>自始无效。</u>当事人不具有夫妻的权利和义务。同居期间所得的财产，由当事人协议处理；协议不成<u>时</u>，由人民法院根据照顾无过错方的原则判决。对重婚导致的<u>婚姻无效</u>的财产处理，不得侵害合法婚姻当事人的财产权益。当事人所生的子女，适用本法<u>有关</u>父母子女的规定。	第一千零五十四条　无效<u>的</u>或者被撤销的婚姻<u>自始没有法律约束力，</u>当事人不具有夫妻的权利和义务。同居期间所得的财产，由当事人协议处理；协议不成<u>的</u>，由人民法院根据照顾无过错方的原则判决。对重婚导致的<u>无效婚姻</u>的财产处理，不得侵害合法婚姻当事人的财产权益。当事人所生的子女，适用本法<u>关于</u>父母子女的规定。 　　<u>婚姻无效或者被撤销的，无过错方有权请求损害赔偿。</u>
	第三章　家庭关系
	第一节　夫妻关系
第十三条　夫妻在家庭中地位平等。	第一千零五十五条　夫妻在<u>婚姻</u>家庭中地位平等。
第十四条　夫妻双方都有<u>各用</u>自己姓名的权利。	第一千零五十六条　夫妻双方都有<u>各自使用</u>自己姓名的权利。
第十五条　夫妻双方都有参加生产、工作、学习和社会活动的自由，一方不得对<u>他方</u>加以限制<u>或</u>干涉。	第一千零五十七条　夫妻双方都有参加生产、工作、学习和社会活动的自由，一方不得对<u>另一方</u>加以限制<u>或者</u>干涉。
第二十一条第一款　父母对子女有抚养教育的义务，<s>子女对父母有赡养扶助的义务。</s>	第一千零五十八条　<u>夫妻双方平等</u>享有对未成年子女抚养、教育和保护的权利，共同承担对未成年子女抚养、教育和保护的义务。
第二十条　夫妻有<u>互相扶养</u>的义务。 　　<u>一方不履行扶养义务时，需要扶养的一方</u>，有要求对方付给扶养费的权利。	第一千零五十九条　夫妻有<u>相互扶养</u>的义务。 　　<u>需要扶养的一方，在另一方不履行扶养义务时</u>，有要求<u>其给付</u>扶养费的权利。

283

相关法律规定	民法典
《最高人民法院关于适用〈中华人民共和国婚姻法〉若干问题的解释（一）》 第十七条 婚姻法第十七条关于"夫妻对夫妻共同所有的财产，有平等的处理权"的规定，应当理解为： （一）夫或妻在处理夫妻共同财产上的权利是平等的。因日常生活需要而处理夫妻共同财产的，任何一方均有权决定。 （二）夫或妻非因日常生活需要对夫妻共同财产做重要处理决定，夫妻双方应当平等协商，取得一致意见。他人有理由相信其为夫妻双方共同意思表示的，另一方不得以不同意或不知道为由对抗善意第三人。	第一千零六十条 夫妻一方因家庭日常生活需要而实施的民事法律行为，对夫妻双方发生效力，但是夫妻一方与相对人另有约定的除外。 夫妻之间对一方可以实施的民事法律行为范围的限制，不得对抗善意相对人。
第二十四条第一款 夫妻有相互继承遗产的权利。	第一千零六十一条 夫妻有相互继承遗产的权利。
第十七条 夫妻在婚姻关系存续期间所得的下列财产，归夫妻共同所有： （一）工资、奖金； （二）生产、经营的收益； （三）知识产权的收益； （四）继承或赠与所得的财产，但本法第十八条第三项规定的除外； （五）其他应当归共同所有的财产。 夫妻对共同所有的财产，有平等的处理权。	第一千零六十二条 夫妻在婚姻关系存续期间所得的下列财产，为夫妻的共同财产，归夫妻共同所有： （一）工资、奖金、劳务报酬； （二）生产、经营、投资的收益； （三）知识产权的收益； （四）继承或者受赠的财产，但是本法第一千零六十三条第三项规定的除外； （五）其他应当归共同所有的财产。 夫妻对共同财产，有平等的处理权。

相关法律规定	民法典
第十八条 有下列 ~~情形之一的,~~ 为夫妻一方的财产： （一）一方的婚前财产； （二）一方因身体受到伤害获得的<u>医疗费、残疾人生活补助费等费用</u>； （三）遗嘱<u>或</u>赠与合同中确定只归~~夫或妻~~一方的财产； （四）一方专用的生活用品； （五）其他应当归一方的财产。	第一千零六十三条 下列财产为夫妻一方的<u>个人</u>财产： （一）一方的婚前财产； （二）一方因<u>受到人身损害</u>获得的<u>赔偿或者补偿</u>； （三）遗嘱<u>或者</u>赠与合同中确定只归一方的财产； （四）一方专用的生活用品； （五）其他应当归一方的财产。
《最高人民法院关于审理涉及夫妻债务纠纷案件适用法律有关问题的解释》 第一条 夫妻双方共同<u>签字</u>或者夫妻一方事后追认等共同意思表示所负的债务~~,应当认定为夫妻共同债务~~。 第二条 夫妻一方在婚姻关系存续期间以个人名义为家庭日常生活需要所负的债务，<u>债权人以属于夫妻共同债务为由主张权利的，人民法院应予支持</u>。 第三条 夫妻一方在婚姻关系存续期间以个人名义超出家庭日常生活需要所负的债务，<u>债权人以属于夫妻共同债务为由主张权利的，人民法院不予支持</u>，但债权人能够证明该债务用于夫妻共同生活、共同生产经营或者基于夫妻双方共同意思表示的除外。	第一千零六十四条 夫妻双方共同<u>签名</u>或者夫妻一方事后追认等共同意思表示所负的债务，以及夫妻一方在婚姻关系存续期间以个人名义为家庭日常生活需要所负的债务，<u>属于夫妻共同债务</u>。 夫妻一方在婚姻关系存续期间以个人名义超出家庭日常生活需要所负的债务，<u>不属于夫妻共同债务；但是</u>，债权人能够证明该债务用于夫妻共同生活、共同生产经营或者基于夫妻双方共同意思表示的除外。

相关法律规定	民法典
第十九条　夫妻可以约定婚姻关系存续期间所得的财产以及婚前财产归各自所有、共同所有或部分各自所有、部分共同所有。约定应当采用书面形式。没有约定或约定不明确的，适用本法第十七条、第十八条的规定。 夫妻对婚姻关系存续期间所得的财产以及婚前财产的约定，对双方具有约束力。 夫妻对婚姻关系存续期间所得的财产约定归各自所有的，夫或妻一方对外所负的债务，第三人知道该约定的，以夫或妻一方所有的财产清偿。	第一千零六十五条　男女双方可以约定婚姻关系存续期间所得的财产以及婚前财产归各自所有、共同所有或者部分各自所有、部分共同所有。约定应当采用书面形式。没有约定或者约定不明确的，适用本法第一千零六十二条、第一千零六十三条的规定。 夫妻对婚姻关系存续期间所得的财产以及婚前财产的约定，对双方具有法律约束力。 夫妻对婚姻关系存续期间所得的财产约定归各自所有，夫或者妻一方对外所负的债务，相对人知道该约定的，以夫或者妻一方的个人财产清偿。
《最高人民法院关于适用〈中华人民共和国婚姻法〉若干问题的解释（三）》 第四条　婚姻关系存续期间，夫妻一方请求分割共同财产的，人民法院不予支持，但有下列重大理由且不损害债权人利益的除外： （一）一方有隐藏、转移、变卖、毁损、挥霍夫妻共同财产或者伪造夫妻共同债务等严重损害夫妻共同财产利益行为的； （二）一方负有法定扶养义务的人患重大疾病需要医治，另一方不同意支付相关医疗费用的。	第一千零六十六条　婚姻关系存续期间，有下列情形之一的，夫妻一方可以向人民法院请求分割共同财产： （一）一方有隐藏、转移、变卖、毁损、挥霍夫妻共同财产或者伪造夫妻共同债务等严重损害夫妻共同财产利益的行为； （二）一方负有法定扶养义务的人患重大疾病需要医治，另一方不同意支付相关医疗费用。

相关法律规定	民法典
	第二节　父母子女关系和其他近亲属关系
第二十一条　~~父母对子女有抚养教育的义务；子女对父母有赡养扶助的义务。~~ 　　父母不履行抚养义务~~时~~，未成年~~的~~<u>或</u>不能独立生活的子女，有要求父母付给抚养费的权利。 　　子女不履行赡养义务~~时~~，无劳动能力~~的~~<u>或</u>生活困难的父母，有要求子女~~付~~<u>给</u>赡养费的权利。 　　~~禁止溺婴、弃婴和其他残害婴儿的行为。~~	**第一千零六十七条**　父母不履行抚养义务<u>的</u>，未成年**子女**<u>或者</u>不能独立生活的**成年**子女，有要求父母给付抚养费的权利。 　　**成年**子女不履行赡养义务<u>的</u>，<u>缺乏</u>劳动能力<u>或者</u>生活困难的父母，有要求**成年**子女**给付**赡养费的权利。
第二十三条　父母有保护和教育未成年子女的权利和义务。在未成年子女对国家、集体<u>或</u>他人造成损害<u>时</u>，父母有承担民事责任~~的义务~~。	**第一千零六十八条**　父母有<u>教育、保护</u>未成年子女的权利和义务。未成年子女**造成他人损害的**，父母**应当依法**承担民事责任。
第三十条　子女应当尊重父母的婚姻权利，不得干涉父母再婚以及婚后的生活。子女对父母的赡养义务，不因父母的婚姻关系变化而终止。	**第一千零六十九条**　子女应当尊重父母的婚姻权利，不得干涉父母**离婚**、再婚以及婚后的生活。子女对父母的赡养义务，不因父母的婚姻关系变化而终止。
第二十四条第二款　父母和子女有相互继承遗产的权利。	**第一千零七十条**　父母和子女有相互继承遗产的权利。
第二十五条　非婚生子女享有与婚生子女同等的权利，任何<u>人</u>不得加以危害和歧视。 　　不直接抚养非婚生子女的生父<u>或</u>生母，应当负担子女的~~生活费和教育费，直至子女能独立生活为止~~。	**第一千零七十一条**　非婚生子女享有与婚生子女同等的权利，任何<u>组织或者个人</u>不得加以危害和歧视。 　　不直接抚养非婚生子女的生父<u>或者</u>生母，应当负担**未成年子女或者不能独立生活的成年子女的抚养费**。

相关法律规定	民法典
第二十七条 继父母与继子女间，不得虐待或歧视。 继父或继母和受其抚养教育的继子女间的权利和义务，适用本法对父母子女关系的有关规定。	第一千零七十二条 继父母与继子女间，不得虐待或者歧视。 继父或者继母和受其抚养教育的继子女间的权利义务关系，适用本法关于父母子女关系的规定。
	第一千零七十三条 对亲子关系有异议且有正当理由的，父或者母可以向人民法院提起诉讼，请求确认或者否认亲子关系。 对亲子关系有异议且有正当理由的，成年子女可以向人民法院提起诉讼，请求确认亲子关系。
第二十八条 有负担能力的祖父母、外祖父母，对于父母已经死亡或父母无力抚养的未成年的孙子女、外孙子女，有抚养的义务。有负担能力的孙子女、外孙子女，对于子女已经死亡或子女无力赡养的祖父母、外祖父母，有赡养的义务。	第一千零七十四条 有负担能力的祖父母、外祖父母，对于父母已经死亡或者父母无力抚养的未成年孙子女、外孙子女，有抚养的义务。 有负担能力的孙子女、外孙子女，对于子女已经死亡或者子女无力赡养的祖父母、外祖父母，有赡养的义务。
第二十九条 有负担能力的兄、姐，对于父母已经死亡或父母无力抚养的未成年的弟、妹，有扶养的义务。由兄、姐扶养长大的有负担能力的弟、妹，对于缺乏劳动能力又缺乏生活来源的兄、姐，有扶养的义务。	第一千零七十五条 有负担能力的兄、姐，对于父母已经死亡或者父母无力抚养的未成年弟、妹，有扶养的义务。 由兄、姐扶养长大的有负担能力的弟、妹，对于缺乏劳动能力又缺乏生活来源的兄、姐，有扶养的义务。

相关法律规定	民法典
	第四章 离　　婚
第三十一条　男女双方自愿离婚的，~~准予离婚。双方必须~~到婚姻登记机关申请离婚。~~婚姻登记机关查明双方确实是自愿并对子女和财产问题已有适当处理时，发给离婚证~~。	第一千零七十六条　夫妻双方自愿离婚的，应当签订书面离婚协议，并亲自到婚姻登记机关申请离婚登记。 　　离婚协议应当载明双方自愿离婚的意思表示和对子女抚养、财产以及债务处理等事项协商一致的意见。
	第一千零七十七条　自婚姻登记机关收到离婚登记申请之日起三十日内，任何一方不愿意离婚的，可以向婚姻登记机关撤回离婚登记申请。 　　前款规定期限届满后三十日内，双方应当亲自到婚姻登记机关申请发给离婚证；未申请的，视为撤回离婚登记申请。
第三十一条　~~男女双方自愿离婚的，准予离婚。双方必须到婚姻登记机关申请离婚。~~婚姻登记机关查明双方确实是自愿并对子女和财产问题已有适当处理时，发给离婚证。	第一千零七十八条　婚姻登记机关查明双方确实是自愿离婚，并已经对子女抚养、财产以及债务处理等事项协商一致的，予以登记，发给离婚证。
第三十二条　男女一方要求离婚的，可由有关部门进行调解或直接向人民法院提出离婚诉讼。 　　人民法院审理离婚案件，应当进行调解；如感情确已破裂，调解无效，应准予离婚。 　　有下列情形之一，调解无效的，应准予离婚： 　　（一）重婚或有配偶者与他人同居的；	第一千零七十九条　夫妻一方要求离婚的，可以由有关组织进行调解或者直接向人民法院提起离婚诉讼。 　　人民法院审理离婚案件，应当进行调解；如果感情确已破裂，调解无效的，应当准予离婚。 　　有下列情形之一，调解无效的，应当准予离婚： 　　（一）重婚或者与他人同居；

289

相关法律规定	民法典
（二）实施家庭暴力**或**虐待、遗弃家庭成员**的**； 　（三）有赌博、吸毒等恶习屡教不改**的**； 　（四）因感情不和分居满二年**的**； 　（五）其他导致夫妻感情破裂的情形。 　一方被宣告失踪，另一方提出离婚诉讼的，<u>应</u>准予离婚。	（二）实施家庭暴力<u>或者</u>虐待、遗弃家庭成员； 　（三）有赌博、吸毒等恶习屡教不改； 　（四）因感情不和分居满二年； 　（五）其他导致夫妻感情破裂的情形。 　一方被宣告失踪，另一方提起离婚诉讼的，<u>应当</u>准予离婚。 　**经人民法院判决不准离婚后，双方又分居满一年，一方再次提起离婚诉讼的，应当准予离婚。**
	第一千零八十条　完成离婚登记，或者离婚判决书、调解书生效，即解除婚姻关系。
第三十三条　现役军人的配偶要求离婚，<u>须得</u>军人同意，但军人一方有重大过错的除外。	第一千零八十一条　现役军人的配偶要求离婚，<u>应当征得</u>军人同意，<u>但是</u>军人一方有重大过错的除外。
第三十四条　女方在怀孕期间、分娩后一年内<u>或中止</u>妊娠后六个月内，男方不得提出离婚。女方提出离婚<u>的，</u>或人民法院认为确有必要受理男方离婚请求的，<u>不在此限</u>。	第一千零八十二条　女方在怀孕期间、分娩后一年内<u>或者终止</u>妊娠后六个月内，男方不得提出离婚<u>；但是</u>，女方提出离婚<u>或者</u>人民法院认为确有必要受理男方离婚请求的除外。
第三十五条　离婚后，男女双方自愿恢复<u>夫妻</u>关系的，<u>必须</u>到婚姻登记机关进行<u>复婚</u>登记。	第一千零八十三条　离婚后，男女双方自愿恢复<u>婚姻</u>关系的，<u>应当</u>到婚姻登记机关<u>重新</u>进行<u>结婚</u>登记。
第三十六条　父母与子女间的关系，不因父母离婚而消除。离婚后，子女无论由父<u>或</u>母直接抚养，仍是父母双方的子女。	第一千零八十四条　父母与子女间的关系，不因父母离婚而消除。离婚后，子女无论由父<u>或者</u>母直接抚养，仍是父母双方的子女。

相关法律规定	民法典
离婚后，父母对于子女仍有抚养和教育的权利和义务。 离婚后，哺乳期内的子女，以随哺乳的母亲抚养为原则。哺乳期后的子女，如双方因抚养问题发生争执不能达成协议时，由人民法院根据子女的权益和双方的具体情况判决。	离婚后，父母对于子女仍有抚养、教育、**保护**的权利和义务。 离婚后，**不满两周岁的子女，**以由母亲直接抚养为原则。已满两周岁的子女，父母双方对抚养问题协议不成的，由人民法院根据双方的具体情况，按照最有利于未成年子女的原则判决。子女已满八周岁的，应当尊重其真实意愿。
第三十七条　离婚后，<u>一方抚</u>养的子女，另一方应负担必要的生活费和教育费的一部或全部，负担费用的多少和期限的长短，由双方协议；协议不成时，由人民法院判决。	第一千零八十五条　离婚后，<u>子女由一方直接抚养的</u>，另一方应<u>当</u>负担部分或者全部抚养费。负担费用的多少和期限的长短，由双方协议；协议不成<u>的</u>，由人民法院判决。
<u>关于子女生活费和教育费的协议或</u>判决，不妨碍子女在必要时向父母任何一方提出超过协议<u>或</u>判决原定数额的合理要求。	<u>前款规定的协议或者</u>判决，不妨碍子女在必要时向父母任何一方提出超过协议<u>或者</u>判决原定数额的合理要求。
第三十八条　离婚后，不直接抚养子女的父<u>或</u>母，有探望子女的权利，另一方有协助的义务。 行使探望权利的方式、时间由当事人协议；协议不成<u>时</u>，由人民法院判决。 父<u>或</u>母探望子女，不利于子女身心健康的，由人民法院依法中止探望的权利；中止的事由消失后，应当恢复探望的权利。	第一千零八十六条　离婚后，不直接抚养子女的父<u>或者</u>母，有探望子女的权利，另一方有协助的义务。 行使探望权利的方式、时间由当事人协议；协议不成<u>的</u>，由人民法院判决。 父<u>或者</u>母探望子女，不利于子女身心健康的，由人民法院依法中止探望；中止的事由消失后，应当恢复探望。

相关法律规定	民法典
第三十九条　离婚时，夫妻的共同财产由双方协议处理；协议不成时，由人民法院根据财产的具体情况，照顾子女和女方权益的原则判决。 　　夫或妻在家庭土地承包经营中享有的权益等，应当依法予以保护。	第一千零八十七条　离婚时，夫妻的共同财产由双方协议处理；协议不成的，由人民法院根据财产的具体情况，按照照顾子女、女方和无过错方权益的原则判决。 　　对夫或者妻在家庭土地承包经营中享有的权益等，应当依法予以保护。
第四十条　夫妻书面约定婚姻关系存续期间所得的财产归各自所有，一方因抚育子女、照料老人、协助另一方工作等付出较多义务的，离婚时有权向另一方请求补偿，另一方应当予以补偿。	第一千零八十八条　夫妻一方因抚育子女、照料老年人、协助另一方工作负担较多义务的，离婚时有权向另一方请求补偿，另一方应当给予补偿。具体办法由双方协议；协议不成的，由人民法院判决。
第四十一条　离婚时，原为夫妻共同生活所负的债务，应当共同偿还。共同财产不足清偿的，或财产归各自所有的，由双方协议清偿；协议不成时，由人民法院判决。	第一千零八十九条　离婚时，夫妻共同债务应当共同偿还。共同财产不足清偿或者财产归各自所有的，由双方协议清偿；协议不成的，由人民法院判决。
第四十二条　离婚时，如一方生活困难，另一方应从其住房等个人财产中给予适当帮助。具体办法由双方协议；协议不成时，由人民法院判决。	第一千零九十条　离婚时，如果一方生活困难，有负担能力的另一方应当给予适当帮助。具体办法由双方协议；协议不成的，由人民法院判决。
第四十六条　有下列情形之一，导致离婚的，无过错方有权请求损害赔偿： 　　（一）重婚的； 　　（二）有配偶者与他人同居的； 　　（三）实施家庭暴力的； 　　（四）虐待、遗弃家庭成员的。	第一千零九十一条　有下列情形之一，导致离婚的，无过错方有权请求损害赔偿： 　　（一）重婚； 　　（二）与他人同居； 　　（三）实施家庭暴力； 　　（四）虐待、遗弃家庭成员； 　　（五）有其他重大过错。

相关法律规定	民法典
第四十七条 离婚时，一方隐藏、转移、变卖、毁损夫妻共同财产，或伪造债务企图侵占另一方财产的，分割夫妻共同财产时，对隐藏、转移、变卖、毁损夫妻共同财产或伪造债务的一方，可以少分或不分。离婚后，另一方发现有上述行为的，可以向人民法院提起诉讼，请求再次分割夫妻共同财产。人民法院对前款规定的妨害民事诉讼的行为，依照民事诉讼法的规定予以制裁。	第一千零九十二条 夫妻一方隐藏、转移、变卖、毁损、挥霍夫妻共同财产，或者伪造夫妻共同债务企图侵占另一方财产的，在离婚分割夫妻共同财产时，对该方可以少分或者不分。离婚后，另一方发现有上述行为的，可以向人民法院提起诉讼，请求再次分割夫妻共同财产。
	第五章 收 养
	第一节 收养关系的成立
《收养法》 第四条 下列不满十四周岁的未成年人可以被收养： （一）丧失父母的孤儿； （二）查找不到生父母的弃婴和儿童； （三）生父母有特殊困难无力抚养的子女。	第一千零九十三条 下列未成年人，可以被收养： （一）丧失父母的孤儿； （二）查找不到生父母的未成年人； （三）生父母有特殊困难无力抚养的子女。
《收养法》 第五条 下列公民、组织可以作送养人： （一）孤儿的监护人； （二）社会福利机构； （三）有特殊困难无力抚养子女的生父母。	第一千零九十四条 下列个人、组织可以作送养人： （一）孤儿的监护人； （二）儿童福利机构； （三）有特殊困难无力抚养子女的生父母。

相关法律规定	民法典
《收养法》 第十二条 未成年人的父母均不具备完全民事行为能力的，该未成年人的监护人~~不得将其送养，但父母对该未成年人有严重危害可能的除外~~。	第一千零九十五条 未成年人的父母均不具备完全民事行为能力<u>且可能严重危害该未成年人的</u>，该未成年人的监护人<u>可以将其送养</u>。
《收养法》 第十三条 监护人送养<u>未成年</u>孤儿的，<u>须</u>征得有抚养义务的人同意。有抚养义务的人不同意送养、监护人不愿意继续履行监护职责的，应当依照<u>《中华人民共和国民法通则》</u>的规定<u>变更监护人</u>。	第一千零九十六条 监护人送养孤儿的，<u>应当</u>征得有抚养义务的人同意。有抚养义务的人不同意送养、监护人不愿意继续履行监护职责的，应当依照<u>本法第一编</u>的规定<u>另行确定监护人</u>。
《收养法》 第十条第一款 生父母送养子女，<u>须</u>双方共同送养。生父母一方不明或者查找不到的可以单方送养。	第一千零九十七条 生父母送养子女，<u>应当</u>双方共同送养。生父母一方不明或者查找不到的，可以单方送养。
《收养法》 第六条 收养人<u>应当同时具备</u>下列条件： （一）无子女； （二）有抚养教育被收养人的能力； （三）未患有在医学上认为不应当收养子女的疾病； （四）年满三十周岁。	第一千零九十八条 收养人应当同时具备下列条件： （一）无子女<u>或者只有一名子女</u>； （二）有抚养、教育和保护被收养人的能力； （三）未患有在医学上认为不应当收养子女的疾病； **（四）无不利于被收养人健康成长的违法犯罪记录；** （五）年满三十周岁。

相关法律规定	民法典
《收养法》 第七条　收养三代以内同辈旁系血亲的子女，可以不受本法第四条第三项、第五条第三项、第九条和被收养人不满十四周岁的限制。 华侨收养三代以内同辈旁系血亲的子女，还可以不受收养人无子女的限制。	第一千零九十九条　收养三代以内旁系同辈血亲的子女，可以不受本法第一千零九十三条第三项、第一千零九十四条第三项和第一千一百零二条规定的限制。 华侨收养三代以内旁系同辈血亲的子女，还可以不受本法第一千零九十八条第一项规定的限制。
《收养法》 第八条　收养人只能收养一名子女。 收养孤儿、残疾儿童或者社会福利机构抚养的查找不到生父母的弃婴和儿童，可以不受收养人无子女和收养一名的限制。	第一千一百条　无子女的收养人可以收养两名子女；有子女的收养人只能收养一名子女。 收养孤儿、残疾未成年人或者儿童福利机构抚养的查找不到生父母的未成年人，可以不受前款和本法第一千零九十八条第一项规定的限制。
《收养法》 第十条第二款　有配偶者收养子女，须夫妻共同收养。	第一千一百零一条　有配偶者收养子女，应当夫妻共同收养。
《收养法》 第九条　无配偶的男性收养女性的，收养人与被收养人的年龄应当相差四十周岁以上。	第一千一百零二条　无配偶者收养异性子女的，收养人与被收养人的年龄应当相差四十周岁以上。
《收养法》 第十四条　继父或者继母经继子女的生父母同意，可以收养继子女，并可以不受本法第四条第三项、第五条第三项、第六条和被收养人不满十四周岁以及收养一名的限制。	第一千一百零三条　继父或者继母经继子女的生父母同意，可以收养继子女，并可以不受本法第一千零九十三条第三项、第一千零九十四条第三项、第一千零九十八条和第一千一百条第一款规定的限制。

相关法律规定	民法典
《收养法》 第十一条　收养人收养与送养人送养，须双方自愿。收养年满十周岁以上未成年人的，应当征得被收养人的同意。	第一千一百零四条　收养人收养与送养人送养，应当双方自愿。收养八周岁以上未成年人的，应当征得被收养人的同意。
《收养法》 第十五条　收养应当向县级以上人民政府民政部门登记。收养关系自登记之日起成立。 　　收养查找不到生父母的弃婴和儿童的，办理登记的民政部门应当在登记前予以公告。 　　收养关系当事人愿意订立收养协议的，可以订立收养协议。 　　收养关系当事人各方或者一方要求办理收养公证的，应当办理收养公证。	第一千一百零五条　收养应当向县级以上人民政府民政部门登记。收养关系自登记之日起成立。 　　收养查找不到生父母的未成年人的，办理登记的民政部门应当在登记前予以公告。 　　收养关系当事人愿意签订收养协议的，可以签订收养协议。 　　收养关系当事人各方或者一方要求办理收养公证的，应当办理收养公证。 　　县级以上人民政府民政部门应当依法进行收养评估。
《收养法》 第十六条　收养关系成立后，公安部门应当依照国家有关规定为被收养人办理户口登记。	第一千一百零六条　收养关系成立后，公安机关应当按照国家有关规定为被收养人办理户口登记。
《收养法》 第十七条　孤儿或者生父母无力抚养的子女，可以由生父母的亲属、朋友抚养。 　　抚养人与被抚养人的关系不适用收养关系。	第一千一百零七条　孤儿或者生父母无力抚养的子女，可以由生父母的亲属、朋友抚养；抚养人与被抚养人的关系不适用本章规定。

相关法律规定	民法典
《收养法》 第十八条 配偶一方死亡，另一方送养未成年子女的，死亡一方的父母有优先抚养的权利。	第一千一百零八条 配偶一方死亡，另一方送养未成年子女的，死亡一方的父母有优先抚养的权利。
《收养法》 第二十一条 外国人依照本法可以在中华人民共和国收养子女。 外国人在中华人民共和国收养子女，应当经其所在国主管机关依照该国法律审查同意。收养人应当提供由其所在国有权机构出具的有关收养人的年龄、婚姻、职业、财产、健康、有无受过刑事处罚等状况的证明材料，该证明材料应当经其所在国外交机关或者外交机关授权的机构认证，并经中华人民共和国驻该国使领馆认证。该收养人应当与送养人订立书面协议，亲自向省级人民政府民政部门登记。 收养关系当事人各方或者一方要求办理收养公证的，应当到国务院司法行政部门认定的具有办理涉外公证资格的公证机构办理收养公证。	第一千一百零九条 外国人依法可以在中华人民共和国收养子女。 外国人在中华人民共和国收养子女，应当经其所在国主管机关依照该国法律审查同意。收养人应当提供由其所在国有权机构出具的有关其年龄、婚姻、职业、财产、健康、有无受过刑事处罚等状况的证明材料，并与送养人签订书面协议，亲自向省、自治区、直辖市人民政府民政部门登记。 前款规定的证明材料应当经收养人所在国外交机关或者外交机关授权的机构认证，并经中华人民共和国驻该国使领馆认证，但是国家另有规定的除外。
《收养法》 第二十二条 收养人、送养人要求保守收养秘密的，其他人应当尊重其意愿，不得泄露。	第一千一百一十条 收养人、送养人要求保守收养秘密的，其他人应当尊重其意愿，不得泄露。

相关法律规定	民法典
	第二节 收养的效力
《婚姻法》 第二十六条 国家保护合法的收养关系。养父母和养子女间的权利和义务，适用本法对父母子女关系的有关规定。 养子女和生父母间的权利和义务，因收养关系的成立而消除。 《收养法》 第二十三条 自收养关系成立之日起，养父母与养子女间的权利义务关系，适用~~法律~~关于父母子女关系的规定；养子女与养父母的近亲属间的权利义务关系，适用~~法律~~关于子女与父母的近亲属关系的规定。 养子女与生父母及其他近亲属间的权利义务关系，因收养关系的成立而消除。	第一千一百一十一条 自收养关系成立之日起，养父母与养子女间的权利义务关系，适用**本法**关于父母子女关系的规定；养子女与养父母的近亲属间的权利义务关系，适用**本法**关于子女与父母的近亲属关系的规定。 养子女与生父母<u>以及</u>其他近亲属间的权利义务关系，因收养关系的成立而消除。
《收养法》 第二十四条 养子女可以随养父或者养母的姓，经当事人协商一致，也可以保留原<u>姓</u>。	第一千一百一十二条 养子女可以随养父或者养母的<u>姓氏</u>，经当事人协商一致，也可以保留原<u>姓氏</u>。
《收养法》 第二十五条 ~~违反《中华人民共和国民法通则》第五十五条和~~本法规定的收养行为<u>无法律效力</u>。 <u>收养行为被人民法院确认无效的，从行为开始时起就没有法律效力。</u>	第一千一百一十三条 有本法第一编关于民事法律行为无效规定情形或者违反本编规定的收养行为无效。 <u>无效的收养行为自始没有法律约束力。</u>

相关法律规定	民法典
	第三节　收养关系的解除
《收养法》 　　第二十六条　收养人在被收养人成年以前，不得解除收养关系，<u>但收养人、送养人双方协议解除的除外</u>，养子女<s>年满</s>十周岁以上的，应当征得本人同意。 　　收养人不履行抚养义务，有虐待、遗弃等侵害未成年养子女合法权益行为的，送养人有权要求解除养父母与养子女间的收养关系。送养人、收养人不能达成解除收养关系协议的，可以向人民法院<u>起诉</u>。	第一千一百一十四条　收养人在被收养人成年以前，不得解除收养关系，<u>但是收养人、送养人双方协议解除的除外</u>。养子女八周岁以上的，应当征得本人同意。 　　收养人不履行抚养义务，有虐待、遗弃等侵害未成年养子女合法权益行为的，送养人有权要求解除养父母与养子女间的收养关系。送养人、收养人不能达成解除收养关系协议的，可以向人民法院<u>提起诉讼</u>。
《收养法》 　　第二十七条　养父母与成年养子女关系恶化、无法共同生活的，可以协议解除收养关系。不能达成协议的，可以向人民法院<u>起诉</u>。	第一千一百一十五条　养父母与成年养子女关系恶化、无法共同生活的，可以协议解除收养关系。不能达成协议的，可以向人民法院<u>提起诉讼</u>。
《收养法》 　　第二十八条　当事人协议解除收养关系的，应当到民政部门办理解除收养关系<s>的</s>登记。	第一千一百一十六条　当事人协议解除收养关系的，应当到民政部门办理解除收养关系登记。
《收养法》 　　第二十九条　收养关系解除后，养子女与养父母<u>及其他近亲属</u>间的权利义务关系即行消除，与生父母<u>及其他近亲属</u>间的权利义务关系自行恢复，<u>但</u>成年养子女与生父母<u>及其他近亲属</u>间的权利义务关系是否恢复，可以协商确定。	第一千一百一十七条　收养关系解除后，养子女与养父母<u>以及其他近亲属</u>间的权利义务关系即行消除，与生父母<u>以及其他近亲属</u>间的权利义务关系自行恢复。<u>但是</u>，成年养子女与生父母<u>以及其他近亲属</u>间的权利义务关系是否恢复，可以协商确定。

相关法律规定	民法典
《收养法》 第三十条 收养关系解除后，经养父母抚养的成年养子女，对缺乏劳动能力又缺乏生活来源的养父母，应当给付生活费。因养子女成年后虐待、遗弃养父母而解除收养关系的，养父母可以要求养子女补偿收养期间支出的~~生活费和教育费~~。 生父母要求解除收养关系的，养父母可以要求生父母适当补偿收养期间支出的~~生活费和教育费~~，但因养父母虐待、遗弃养子女而解除收养关系的除外。	第一千一百一十八条 收养关系解除后，经养父母抚养的成年养子女，对缺乏劳动能力又缺乏生活来源的养父母，应当给付生活费。因养子女成年后虐待、遗弃养父母而解除收养关系的，养父母可以要求养子女补偿收养期间支出的**抚养费**。 生父母要求解除收养关系的，养父母可以要求生父母适当补偿收养期间支出的**抚养费**；但是，因养父母虐待、遗弃养子女而解除收养关系的除外。